장상현의
故事成語
❷

이 도서의 국립중앙도서관 출판예정도서목록(CIP)은
서지정보유통지원시스템 홈페이지(http://seoji.nl.go.kr)와
국가자료종합목록 구축시스템(http://kolis-net.nl.go.kr)에서
이용하실 수 있습니다. (CIP제어번호 : CIP2020030785)

역사 속에서 삶의 해답을 찾다

장상현의 故事成語 ❷

장상현 편저

오늘의 문학사

제2권을 엮으며

인생의 여정이 결코 여유롭고 행복할 수만은 없다는 것을 이제 어렴풋이나마 알 것 같다. 또 사람이 제 생각과 이상을 갖고 몸부림친다고 해서 원하는 것을 쉽게 얻는 게 아니라는 것도 느낄 수 있다.

누군가가 자기의 재능과 능력을 일깨워주고 방향을 제시함이 있을 때 비로소 자기의 목표와 방향을 결정할 수가 있다. 그러나 사람이 자신의 재능과 능력을 파악하기란 결코 그리 만만한 일이 아니다.

우리 속담에 승불단발(僧不斷髮)이라는 말이 있다. 곧 "중이 제 머리 못 깎는다"라는 말이다. 본 책에 수록한 목불견첩(目不見睫)이라는 고사성어도 마찬가지이다.

사람은 혼자 생각에 자신은 무척이나 똑똑하다고 생각한다. 그러나 사실 한 치 앞도 내다볼 줄 모르는 무지한 동물에 지나지 않는다. 천지재변(天地災變)에 대해서는 오히려 미물인 곤충이나 동물들은 미리 알고 대처하여 재앙을 피할 수 있는데, 사람만은 감지하지 못하고 재앙을 당하는 일이 허다하다.

이제 사람들은 자만과 욕심을 버려야 할 때가 되었다. 그 자만과 끝없는 욕심이 자신을 죄악의 구렁텅이로 몰아넣고 있으며, 헤어날 수 없는 천장지옥(千丈地獄)으로 뛰어들게 한다는 것을 인식해야 할 것이다. 이러한 현상을 조금이라도 해소할 방법이 선조들의 성공과 실패가 담긴 고사성어라는 것을 강조하고 싶다.

단순히 이야깃거리, 재밋거리로만 생각하기에는 너무나 주옥같은 교훈이 담겨있음을 새삼 느끼면서 고사성어를 높게 평가한다.

조선조 중종 때 문신이던 유경심(柳景深)의 구촌집(龜寸集)에 의하면,

> 人君之鑑 不在於鏡 而在於古(인군지감 부재어경 이재어고)
> 임금이 비추어 살펴볼 것은 거울에 있지 않고 옛일에 있다.

옛일을 거울삼아야 함은 임금뿐만 아니라 모든 사람에게 해당한다.

곧 고사성어에서 그 교훈을 찾는 것이 가장 빠른 방법은 아닐까?

역사나 고사는 우리에게 좋은 사건은 참고하여 장려하게 하고, 좋지 않은 사건은 거울삼아 올바른 가치관을 창출하는 데 큰 도움을 준다.

고사성어를 대할 때 중요한 덕목 중의 하나가 약속(約束)이다. 물론 선행(善行), 양심(良心), 도리(道理) 등 많은 인류의 가치 있는 삶에 대한 조언과 실천도 중요하지만, 약속을 잘 지키고 이행하는 덕목은 사람 사는 세상에 없어서는 안 될 필수 항목이다.

얼마 전, 어느 목사님을 뵈었는데 그분을 통해 약속에 대한 성경 말씀을 들었다.

홍수 심판 후에 하나님은 노아의 가정과 약속을 맺는다. 죄가 있음에

도 멸망시키지 않고 영원히 보호하겠다는 약속이다. 그 증거로 구름 속에 무지개를 걸어놓았다. '구름 속의 무지개가 왜 약속의 증거가 될까?' 무지개는 활이라는 뜻이다.

"무지개 모양을 보면 활처럼 생겼잖습니까? 그런데 거기에 화살 하나를 딱 올려놓으면 그 화살은 어디로 날아갈까요? 지금 약속받은 노아에게입니까? 아니면 약속하시는 하나님 당신에게입니까? 당연히 그 화살은 하나님 가슴팍으로 날아갑니다."

이것은 무엇을 의미하는 걸까? 이와 비슷한 사건이 구약성경 창세기 15장 '하나님께서 아브라함과 언약을 맺는 모습'에서도 그대로 재연된다. 약속을 맺을 때 마지막 과정은 약속의 당사자가 반드시 쪼갠 고기 사이의 타오르는 불꽃 사이로 지나야 한다. 그 까닭은 맺은 약속을 지키지 않으면 이처럼 죽는다는 것을 나타내기 때문이다.

'구름 속의 무지개'는 약속한 것을 지키지 않으면 하나님인 내가 화살에 맞아 죽겠다는 마음을 우리에게 각인시키는 것이다. 이런 우리를 향한 하나님의 마음을 알라는 것이다.

장 상 현

차례

일러두기

1. 본 책에 수록한 고사성어는 일상에서 많이 사용하는 것으로 선별하였습니다.
2. 독자의 편의를 위해 한글로 쓰고 한자는 (괄호) 안에 표기하였습니다.
3. 가급적 원문에 충실히 하고자 하였습니다(필요한 경우 원문 첨부).
4. 본래의 뜻과 비유 등 이해가 쉽도록 구성하였습니다.
5. 유사성어를 병행하여 여러 개의 고사성어를 습득하는 효과를 누리도록 하였습니다.
6. 고사성어와 관련한 고전 문구를 첨부하여 고전 공부를 병행토록 하였습니다.
7. 순서는 '가다다' 순으로 정리하였습니다.

01

甘井先竭(감정선갈)

물맛이 좋은 우물은 빨리 마른다.

ㄴ**글자 뜻** **甘**(달 감) **井**(우물 정) **先**(먼저 선) **竭**(다할 갈)
ㄴ**출전** **장자외편**(莊子外篇) **제20편 山木**(산목)
ㄴ**의미·비유**
재주가 뛰어난 사람이 일찍 쇠함을 비유한 말

사건유래의 요약

공자(孔子)가 진(陳)나라와 채(蔡)나라 사이에서 포위당했을 때, 이레 동안이나 더운밥을 먹지 못했다. 그때 대부 임(任)이라는 사람이 공자(孔子)를 찾아와 위문하며 말했다.

"그대는 지금이라도 곧 죽을 것 같구나."

공자(孔子)가 대답했다.

"그렇습니다."

"그대는 죽기를 싫어하는가?"

"그렇습니다."

"내가 시험 삼아 죽지 않는 도를 말해 보리라. 동해에 의태(意怠 : 제비)라는 새가 있는데, 그 새는 본성이 느릿느릿해서 얼른 보면 아무런 능력이 없는 듯하지만, 날 때에는 동무를 이끌어 날고, 쉴 때는 동무와 함께 쉬며, 나아갈 때에는 앞에 서지 않고, 물러설 때에는 뒤에 서지 않으며, 먹이를 먹을 때에는 먼저 맛보지 않고 반드시 그 나머지를 먹는다. 그러므로 그는 다른 새들 무리에게 배척 받지 않고, 사람들도 그를 해치지 않는 것이다. 대개 곧은 나무는 먼저 베이고(直木先伐 직목선벌), 물 맛이 좋은 우물은 먼저 마른다(甘井先竭 감정선갈). 내가 그대를 생각하건대, 그대는 지혜를 자랑하여 그로써 어리석은 사람들을 놀라게 하고, 몸을 닦아 그로써 남의 잘못을 드러내며, 마치 해와 달을 들고 다니듯 세상에 드러났으니, 그러므로 화를 면하지 못하는 것이다."

"내가 일찍 대성한 사람(老子를 말함)에게 들으니, '스스로 자기의 공을 자랑하는 사람은 도리어 공이 없고, 공을 이루고 물러나지 않는 사람은 반드시 실패하며, 이름을 떨치고도 거기에 머물러 있는 사람은 반드시 이지러진다(自伐者無功 功成者墮 名成者虧 자벌자무공 공성자타 명성자휴).'고 한다. 누가 능히 자기의 공과 이름을 버리어 뭇 사람에게 돌려 줄 수 있겠는가? 그 도가 천하에 두루 흘러도 그 드러난 자리에 거(居)하지 않고, 그 덕이 천하에 두루 펼쳐도 그 이름에 머물지 않아서, 마음을 순진하게 하고 행동을 평범하게 하여 마치 미친 사람(꾸미는 마음이 없음)같이 하며, 자기의 한 일을 숨기고 자기의 권세를 버리어, 그것을 공명으로 삼지 않는다. 그러므로 남을 허물할 일도 없고 남의 허물을 받을 일도 없는 것이다. 대개 지인은 이름을 구하지 않거니, 그대는 어째서 그것을 즐거워하는가?"

공자(孔子)는 이 말을 듣고, "훌륭하신 말씀입니다."하고, 이내 사귀는 친구들과의 교류를 끊고 제자들을 보내고는, 혼자 큰 늪가에 숨어 가죽옷을 입고 나무 열매를 주워 먹으며 살았다.

그랬더니 짐승들 속에 들어가도 무리가 흩어지지 않았고, 새들 속에 들어가도 그 행렬이 흐트러지지 않았다. 이렇게 새와 짐승들도 그를 싫어하지 않았으니 하물며 사람들이야 어떠하였겠는가!

곧은 나무는 집을 짓는데 유용하다. 때문에 목수들이 즐겨 찾는다. 따라서 타고난 수명을 누리지 못하고 베어지게 마련이다.

맛있는 샘물 역시 마찬가지다. 사람들이 많이 찾기 때문에 금방 마르기 쉽다. 재능이 뛰어나면 소중한 생명을 해칠 수 있다는 경고이다.

유사성어

소년등과(少年登科) **촉석봉정**(矗石逢釘)

생활 속의 지혜

❶ 자신의 분수를 잘 파악하여 분수 넘치는 행위는 금물

❷ 능력과 실력이 있어도 늘 겸손하고, 남을 존중하는 마음 소지

❸ 주어진 환경과 여건에 잘 동화하며 긍정적으로 적응하자.

보충자료

好名者行卑而自處高 務實者行高而自處卑(호명자행비이자처고 무실자행고이자처비)

명성을 좋아하는 자는 행실을 낮게 하면서도 스스로 높은 체 하고 실질에 힘쓰는 사람은 행실은 고결한데도 스스로 낮은체 한다.

1955년 12월, '로자 파크스'라는 흑인 여성이 미국 남부 앨라배마주(州)에서 버스를 타고 있었다. 로자는 타고 내리기 편한 앞줄의 좌석이 텅텅 비어있었지만, 뒷줄 좌석에 앉아야 했다. 당시 미국은 버스의 좌석마저 백인과 흑인을 따로 구분할 만큼 흑인에 대한 차별이 극심했다. 곧 많은 사람들이 버스에 올라타 버스 안이 매우 혼잡해졌다. 그리고 로자 파크스는 경찰에 체포되었다. 버스에서 백인에게 자리를 양보하지 않았다는 것이 그녀가 체포된 이유였다.

'흑인과 개는 출입금지'라는 푯말을 써 붙인 식당이 당당히 영업하던 그 시절 결국 흑인들의 분노가 폭발했다. 폭력에는 폭력으로 갚아주자고 말하던 사람들을 만류한 사람은 바로 마틴 루터 킹 목사였다.

킹 목사를 중심으로 흑인들은 버스 안 타기 운동을 시작했다. 출퇴근을 위해 몇 시간을 걸어야 했지만 흑인들은 평화로운 방법으로 자신들의 의견을 표출하였다. 하지만 평화시위에 또 다른 폭력이 대응했다. 버스 안 타기 운동에 참여한 흑인들이 체포되고 킹 목사의 집에는 폭탄테러가 벌어지기도 했다. 하지만 킹 목사의 노력과 의지는 멈추지 않았고, 1963년 2월 28일 미국 워싱턴에 모인 25만 명의 군중 앞에서 연설했다.

"나에게는 꿈이 있습니다. 옛 노예의 후손들과 옛 주인의 후손들이 형제처럼 손을 맞잡고 나란히 앉게 되는 꿈입니다." 킹 목사가 "나에게는 꿈이 있습니다."(I have a dream)라는 역사적인 명연설을 한지 11개월 후, 드디어 흑인들은 미국에서의 투표권을 얻고 차별을 극복할 수 있었다. 킹 목사는 억압과 폭력 속에서 평생 살아갔으며 그의 마지막 역시 백인 우월주의자의 흉탄에 아까운 생을 마감했다.

하지만 그는 마지막까지 폭력이 아닌 사랑의 의지와 평화의 노력으로 세상을 바꿀 수 있다고 믿었다.

"오직 사랑만이 미움을 몰아낼 수 있습니다." — 마틴 루터 킹

02

甘呑苦吐(감탄고토)

달면 삼키고 쓰면 뱉는다.

ㄴ**글자 뜻** 甘(달 감) 呑(삼킬 탄) 苦(쓸 고) 吐(토할 토)
ㄴ**출전** 다산 정약용의 이담속찬(茶山 丁若鏞 耳談續纂)
ㄴ**의미·비유**
❶ 信義를 돌보지 않고 자기의 利益만 꾀함.
❷ 자신의 비위에 따라 사리의 옳고 그름을 판단함에 대한 비유

사건유래의 요약

사람은 누구나 이익을 탐한다. 득(得)이 되는 곳에는 들러붙고, 해(害)가 되는 곳은 외면하는 것이 인지상정이다.

'苦吐(고토)'란 속담이 있다. 신의(信義)를 돌보지 않고 자기의 이익만 꾀하거나 자신의 비위에 따라서 사리의 옳고 그름을 판단하는 것을 비유하는 말이다.

다산(茶山) 정약용(丁若鏞)이 엮은 이담속찬(耳談續纂, 纂은 모을 찬)에 이 말이 나온다.

이 책도 241개의 속담을 한자 8자로 표현하고 그 아래 한문으로 뜻을 적어놓아 소중한 민속자료로 되어 있다.

이 말이 나온 처음에는 '이전에는 달게 먹던 것도 지금은 쓰다고 뱉는다. 사람은 이익에 따라 교묘히 바뀐다(昔以甘茹 今乃苦吐 言人情巧於自利也/ 석이감여 금내고토 언인정교어자리야)'는 뜻으로 사용됐다.

뒷간 갈 적과 올 적 마음 다르다는 것도 '上圊而歸 心異去時/ 상청이귀 심이거시)'로 올라 있다.

이 말에 따르는 나무 이야기가 있다.

나무에는 달과 바람, 새란 친구가 있다. 달은 밤을 같이 지내주고 언제나 웃을 뿐 말이 없는 이심전심의 친구다. 바람은 변덕 많고 제멋대로 찾아왔다 후딱 가버릴 뿐 아니라 세게 불어 상처를 안기기도 하고, 새는 노래를 불러 주기는 하지만 역시 제 맘대로 왔다 가서 믿을 수 없다. 그래도 나무는 달이라 환대하고 바람과 새를 박대하는 법이 없이, 오면 다행으로 생각하고 오지 않는다고 불행해 하는 법이 없다.

득에 따라 좌우되는 인간에게 믿음이 밑바탕이 되는 붕우유신(朋友有信)의 가르침을 인간에게 준다.

쓰게 되면 뱉는 세태가 지나쳐 손가락질을 받는 일은 부지기수다. 정치권에선 노정객(老政客)들이 이곳저곳을 옮기는 것이나 당내에서 진흙탕 싸움하는 것이나 자기 이익 따라 춤추는 것을 보면 왠지 씁쓸하다.

유사성어

조변석개(朝變夕改) **염량세태**(炎凉世態) **부염기한**(附炎棄寒)

생활 속의 지혜

❶ 이중적이고, 이기적인 사람은 가급적 가까이 하지 않는다.
❷ 아첨과 아양을 습관으로 하는 자는 반드시 경계해야 한다.
❸ 나는 남에게 오늘도 감탄고토를 하지 않았는가를 반성해 본다.

보충자료

飄風不終朝 驟雨不終日(표풍부종조 취우부종일)

회오리 바람이라도 아침 나절을 넘기지 못하고, 소나기는 하루 종일 오지 않는다.

옛부터 오래 동안 전해져 오는 고사성어나 한시(漢詩)는 세상사의 이치나 사람의 마음을 예리하게 꿰뚫고 있어 많은 깨우침을 주고 있다.

그래서 정치인이나 기업가 등 사회 지도층에 있는 인사들이 잘 들먹이며 자신의 처지나 심경을 대변하는 말로도 활용해 왔다.

또 힘없는 야인(野人)이나 민초(民草)들도 하고 싶은 말을 대신하여 세상을 비판하거나 세태를 비꼬려고 할 때 곧잘 인용하기도 했다.

따라서 감탄고토는 촌철살인으로 사태를 명확하게 밝혀주고 만인을 시원하게 해주는 매력이 넘쳐 그 생명이 다함이 없이 계속 이어져 오는 것이다.

정치권의 세태를 보자면 얄팍한 처세와 인심이 횡행하는 것 같아 감탄고토(甘呑苦吐)라는 고사성어가 쉽게 떠오른다. 우리네 인생사에서도 흔히 겪을 수 있는 일이기에 이미 익히 잘 알고 있을 것이다. 사람이면 누구나 그러할 수 있지만 그렇게 하지도 말고, 당하지도 말라는 경계의 뜻도 아울러 담겨져 있다.

그러나 정치권을 비롯해 돈벌이의 세계에서는 감탄고토란 살아남기 위한 생존 전략으로 나쁘게 활용하는 철칙이 되어버렸다. 실제로 감탄고토에 익숙하지 않은 사람이 경쟁사회에서 성공하기는 쉽지 않고 대체로 낭패(狼狽)를 당하고 실패하는 경우가 많다. 그렇다고 익숙하지도 않는 사람이 흉내를 내다가는 곧바로 간파되어, 오히려 자신을 망치게 하는 응보(應報)가 되어 돌아오기도 한다.

이러한 사례들은 역사를 통해서 수없이 보아왔고, 또 지금도 현실에서 날마다 수없이 나타나 폐해를 끼치고 있는 것이다.

그러므로 감탄고토는 쉽게 하려고 해서도 안 되고, 또 쉽게 당해서도 안 되는 양날의 칼과 같이 위험한 전략임도 알아야 한다.

감탄고토의 말이 당(唐)나라 시인 두보(杜甫)가 지은 한시(漢詩) 빈교행(貧交行)이라는 제목의 말일 것이다. 빈교행은 가난한 사귐의 노래라는 뜻으로 풀이하는데, 어려워도 우정과 의리를 소중히 잘 지켜나가는 것을 상징하는 말이다.

> 飜手作雲覆手雨(번수작운복수우)/ 紛紛輕薄何須數(분분경박하수수)/ 君不見管飽貧時交(군불견관포빈시교)/ 此道今人棄如土(차도금인기여토)
>
> 가난할 때의 사귐 손바닥 뒤집어 비와 구름 바꾸듯 어지럽고 경박한 짓 어찌 다 셀 수 있나 가난할 때 관포지교 그대는 모르는가? 요즘 사람은 의리를 흙처럼 버리네! — 杜甫의 詩(두보의 시)

손을 번쩍 들어 구름을 만들다가 다시 손바닥을 뒤집어 비를 내리게 하는 것처럼 어지럽고 경박한 짓을 어찌 다 셀 수 있을까?

그대는 관중(管仲)과 포숙아(飽叔牙)가 가난했던 시절 나누었던 우정을 보지 못하였는가?

이러한 도리를 요즘 사람들은 쓰레기처럼 버린다.

위의 시는 의리를 저버리고 배신하기를 손바닥 뒤집듯 쉽게 하는 경솔하고 천박한 세태를 한탄하며, 관포지교(管鮑之交)를 교훈 삼아 후덕한 인심과 의리를 지키라고 훈계하는 시이다. 새삼 가슴에 스며드는 듯한 느낌을 받는다.

03

激濁揚淸(격탁양청)

탁한 물은 흘려보내고, 맑은 물은 끌어들인다.

ㄴ**글자 뜻** 激(물결부딪쳐흐를 격) 濁(흐릴 탁) 揚(오를 양) 淸(맑을 청)
ㄴ**출전** 구당서(舊唐書) 왕규전(王珪傳)
ㄴ**의미·비유**
사람들에게 해가 되는 악을 물리치고 선을 불러들인다.

사건유래의 요약

당(唐)나라 태종(太宗)의 중신인 왕규(王珪)가 태종의 물음에 대답하는 과정에 나온 말이다. 그 내용의 일부는 다음과 같다.

왕규는 산서성(山西省) 기현(祁縣)사람이다.

당 고조(唐 高祖)의 큰 아들인 태자(太子) 건성(建成)의 측근이었으나 당 고조(唐 高祖)의 둘째 아들 세민(世民=太宗)이 태자인 형을 죽이고 자신이 태자가 되었다. 이에 왕규는 수주로 유배되었다가 세민(太宗)이 즉위하여 불러 간의대부(諫議大夫)로 임명되었다.

왕규는 언제나 성의와 충성을 다했으며, 태종도 충언을 받아들이는 경우가 많았다. 왕규는 특히 인물의 그릇을 분별하는 능력이 뛰어났다.

당시 방현령(房玄齡), 이정(李靖), 온언박(溫彦博), 대주(戴冑), 위징(魏徵)과 왕규(王珪)등이 국정을 주도 했는데, 어느 때 태종은 이들을 함께 주연에 초대하여 즐기다가 태종이 왕규에게 말하였다.

"경은 인물의 그릇을 분별하는 능력이 뛰어나고 담론도 탁월하니, 방현령 등의 인물됨이 어떠한지 모두 품평할 수 있을 것이오. 또 자신이 그들에 비해 어느 점이 어진지 헤아릴 수 있소?"

왕규가 대답하였다.

"부지런히 국사를 처리하고 알고 있는 것을 모두 실행함에 있어서는 제가 방현령(房玄齡)만 못합니다. 문무의 재능을 겸비해 밖으로 출정 나가서는 장수가 되고, 조정으로 들어와서는 재상 노릇을 할 수 있다는 점에서는 제가 이정(李靖)에 미치지 못합니다. 정사를 펼쳐 상소하는 것이 상세하고 밝으며, 군주의 명령을 아래로 전달하고 신하의 말을 군주에게 받아들이도록 하는 일에 성실함은 제가 온언박(溫彦博)에 미치지 못합니다. 매우 복잡하고 긴급한 문제를 처리하고, 각종 사무를 반드시 처리함에 있어서는 저는 대주(戴胄)만 못합니다. 끊임없이 천자에게 간언하는 일을 마음에 두고, 우리 군주가 요순에 미치지 못함을 자신의 부끄러움으로 생각하는 점에서는 제가 위징(魏徵)에 미치지 못합니다. 그러나 세상의 혼탁함을 제거하고 청렴함을 드날리며(激濁揚清), 사악한 것을 증오하고 선량한 것을 좋아하는 점에서는 제가 위에 든 대신들과 비교하여 약간 뛰어납니다."

왕규가 말을 마치자 태종은 왕규의 말이 정확하다고 생각했고, 또한 그 자리의 대신들도 모두 왕규가 각각 마음속으로 생각하고 있던 것을 말했다면서 그의 평론이 상당히 정확하다고 생각하였다.

유사성어

거직조왕(擧直錯枉) **변간용현**(辨姦用賢) **권선징악**(勸善懲惡)
질악호선(疾惡好善)

생활 속의 지혜

❶ 좋은 생각과 실천의 초지일관(初志一貫)

❷ 아랫 사람들의 말을 잘 경청할 줄 알아야 한다.

❸ 리더는 다양한 여론을 경청하며 명찰하여 실천해야 한다.

보충자료

衆煦漂山 聚蚊成雷 朋黨執虎 十夫橈椎(중후표산 취문성뢰 붕당집호 십부요추)

뭇사람의 입김에 산이 떠내려가고, 모기 소리가 모여 우레가 되고, 패거리를 지으면 범을 사로잡고, 사나이 열 명이 합심하면 쇠공이를 휘게 할 수 있다.

성 프란시스의 일화이다. 어느 날 저녁 프란시스 수도사의 수도원 문을 두드리는 사람이 있었다. 프란시스가 나가 보았더니 한 험상궂은 나병환자가 서 있었다. 그는 몹시 추우니 방에서 몸을 녹이면 안 되겠느냐고 간청하였다.

프란시스는 그의 손을 잡고 방으로 안내했다. 그러자 그 환자는 다시 저녁을 먹게 해달라고 부탁을 했다.

그래서 두 사람은 함께 같은 식탁에서 저녁을 먹었다. 밤이 깊어지자 그 환자는 다시 부탁하기를 자기가 너무 추우니 프란시스에게 알몸으로 자기를 녹여 달라고 간청을 하였다. 프란시스는 입었던 옷을 모두 벗고 자신의 체온으로 그 나병환자를 녹여 주었다.

이튿날 아침 프란시스가 일어나보니 그 환자는 온데 간데 없었다. 뿐만 아니라, 왔다가 간 흔적조차 없었다. 프란시스는 곧 모든 것을 깨닫고는 자신과 같이 비천한 사람을 찾아와 주셨던 예수님께 다음과 같은 감사의 기도를 올렸다.

주여!
저로 하여금 당신의 평화의 도구가 되게 하소서.
미움이 있는 곳에 사랑을
모욕이 있는 곳에 용서를

의혹이 있는 곳에 믿음을
절망이 있는 곳에 희망을
어두움에 빛을
슬픔이 있는 곳에 기쁨을 가져오는 자가 되게 하소서
위로 받기보다는 위로하고
이해 받기보다는 이해하며
사랑 받기보다는 사랑하게 하여 주소서
우리는 줌으로써 받고
용서함으로써 용서받으며
자기를 버리고 죽음으로써
영생을 얻기 때문입니다.

— 성 프란시스의 기도문

속복수전서(續福壽全書)의 첫 장은 제목이 석복(惜福)이다. 복을 나누려들지 말고 아끼라는 뜻이다. 여러 아들이 있었는데 광릉군 이극배(李克培)이야기가 나온다.

그는 자제들을 경계하여 "사물은 성대하면 반드시 쇠약해진다. 너희들은 자만해서는 안 된다." 그리고는 두 손자 이름을 수겸(守謙), 수공(守恭)이라고 지어 주었다.

홍언필(洪彥弼)은 가법(家法)이 몹시 엄했다. 아들 홍섬(洪暹)은 벼슬이 판서에 올랐어도 겉옷까지 제대로 차려입지 않고는 감히 들어가 문안을 여쭙지 못했다. 홍언필이 몸이 안 좋을 때 아들에게 손님을 접대케 했는데 그의 검소한 복장과 말, 태도가 겸손했으므로 처음 보는 사람은 그가 한 나라의 판서라고 생각 할 수 없었다. .

판서는 평소에 초헌(조선시대 종 2품 이상의 벼슬아치가 타던 수레)을 타지 않았는데 하루는 어찌하다 타고 나갔다가 그 길로 부친을 찾아뵈었다. 그 때 마침 홍언필이 밖에서 들어오다 아들이 타고 온

초헌을 보았다. 아버지는 즉시 사람을 불러 그 초헌을 대문위에 매달아 두었다가 오랜 뒤에 그 초헌을 내려 내주며 말했다.

"아비가 가마를 타는데 자식이 초헌을 타니 그러고도 네가 편안하더냐?"

소동파가 말했다.

"입과 배의 욕망이 어찌 끝이 있겠는가? 매번 절약하고 검소함을 더 함이 또한 복을 아끼고 수명을 늘리는 방법이다."(口腹之欲 何窮之有 每加節儉 亦是惜福延壽之道 구복지욕 하궁지유 매가절검 역시 석복연수지도)

04

耕當問奴(경당문노)

농사짓는 일은 마땅히 머슴에게 물어보아야 함.

ㄴ**글자 뜻** **耕**(밭갈 경) **當**(당할 당) **問**(물을 문) **奴**(종 노)
ㄴ**출전** 남조송서(南朝時代의 宋書)
ㄴ**의미·비유**
❶ 모든 일은 그 일에 대하여 잘 아는 사람과 의논해야 한다.
❷ 정책을 다루는 일은 더욱 전문가의 자문(諮問)을 필요로 한다.

사건유래의 요약

사람은 누구나 자기만이 잘 하는 분야가 있어 그 일로 살아간다. 보통 사람은 어느 정도 타고난 재주이든, 뒤늦게 각별한 노력으로 습득했든 그것으로 생업을 영위한다. 하지만 모두에 능통할 수는 없어 분야마다 전문가가 있기 마련이다. 높은 자리에 있는 고위직이 잘 모르는 분야에서 결정을 내려야 할 때 전문가의 의견을 구하는 것은 당연하다.

논밭을 경작하는 농사일은 글을 많이 읽어 아는 것이 많은 주인도 모르는 분야다. 이런 일은 의당 머슴에게 물어보아야 한다는 뜻으로 중국 남북조시대(南北朝時代)는 남쪽에 한족의 송(宋)나라가, 북쪽의 오호십육국(五胡十六國)과 대치한 서기 420~589년 시기를 말한다. 북쪽의 혼란을 수습한 북위(北魏)가 북방의 이민족을 치려고 군사를 일으키자 송나라의 문제(文帝)는 정벌할 기회가 왔다고 판단했다. 당시 송에는 심경지(沈慶之)라는 책략이 뛰어난 무관이 있었다. 먼저 왕이 출병의사를 물었으나 아직 북위를 이길 수 없다는 답변을 들었다. 그러나 문제(文帝)는 고집을 꺾지 않고 전쟁경험이 없는 문신들을 불러 모아 논의했다. 심경지가 북벌의 실패를 들어 문신들을 꾸짖으며 여전히 반대했다.

"국가를 다스리는 일은 집안일에 비유할 수 있습니다. 밭가는 일은 농부에게 물어보고, 베 짜는 일은 하녀에게 물어야 합니다."(治國譬如治家 耕當問奴 織當問婢 치국비여치가 경당문노 직당문비)

그러면서 임금께 얼굴 허연 선비들과 전쟁을 도모하면 안 된다고 간언했다. 여기서 백면서생(白面書生)이란 성어도 나왔다. 이처럼 강력한 반대에도 불구하고 문제는 군사를 일으켰다가 참패했다.

아랫사람에게 물어보는 것은 직위가 높은 사람에겐 체면이 깎이는 일이라 생각하기 쉽다. 부족함을 채워 일을 더욱 잘 처리하기 위한 것인데도 말이다. 하지만 전문가들도 다른 사람은 모른다고 벽을 쳐서 접근을 막고 자기들만의 이익을 도모하지는 않았는지 생각해야 한다.

방산(防產 : 방위산업의 준말)이나 원전(原電 : 원자력발전소의 준말)등에서 일어나는 비리가 마피아라고 욕먹는 이유를 깨달아야 한다.

유사성어

직당문비(織當問婢) **불치하문**(不恥下問) **백면서생**(白面書生)

생활 속의 지혜

❶ 항상 남과의 소통과 의사 교류를 통해 보다 나은 생활 구현

❷ 남에게 묻는 것을 부끄럽게 여기지 말라.

❸ 항상 전문가에게 조언을 구하고 배워야 한다.

보충자료

迷而不詢謂之頑 矜而不屈謂之吝 善導而不遵 謂之窒 三者皆無以自進而明者不爲(미이불순위지완 긍이불굴위지린 선도이불준 위지질 삼자개무이자진이명자불위)

헤매이면서 묻지 않는 것을 고집스럽다고 하고, 자신을 뽐내며 남에게 굽히지 않는 것을 쩨쩨하다고 하고, 잘 이끌어 주는 데도 따르지 않는 것을 꽉 막혔다고 한다. 이 세 가지는 스스로 진보할 수 없는 경우로 현명한 자는 그렇게 하지 않는다.

약 2,200년 전 항우(項羽)와 유방(劉邦)이 천하 패권을 다투던 초한쟁패(楚漢爭霸)시절에 진평(陳平)이란 인물이 있었으니, 그는 유방이 위기에 처할 때마다 절묘한 계책을 내놓아 난관을 헤쳐 나갈 수 있도록 도운 인물로 그에게 붙은 별명이 있었으니 지낭(智囊), 즉 꾀주머니였다. 진평은 그저 평범한 꾀돌이가 아니었다.

진평은 젊어서부터 포부가 대단했으나 마을 제사에서 사람들에게 고기를 나눠주는 일을 맡은 일이 전부일 정도였다.

그러나 이런 하찮은 것 같은 일에도 진평은 진정성 있게 공평하게 고기를 나눠주는 일을 했고, 그래서 마을 사람들은 한결 같이 그를 칭찬했다.

마을의 큰 제사에 사용했던 고기를 직급이나 지위 고하에 따라 형평성 있게 서운함 없이 분배한다는 것이 쉬운 일은 아니다.

여러 명 되는 사람을 누구 하나 나서서 먹거리를 분배한다 치면 똑같이 나눠주려 해도 자못 어림잡아 집어주다 보면 많이 남고, 아니면 수고한 내 몫도 못 챙기게 모자라는 수가 종종 생긴다.

하물며 마을의 큰 제사에 쓰인 소, 돼지를 제사가 끝난 후 동네 유지, 벼슬아치, 제사를 주관한 집사 어르신들, 그리고 평민들까지 차등(差等)을 두면서도 원망 없게 나눠주는 일은 정확한 판단이나 공의로움이 없으면 어려운 일이다.

그런데 마을 사람들은 모두 진평을 칭찬했지만 정작 본인은 대수롭지 않게 여기며 '천하를 나누라고 하면 더 공평하게 잘 할 텐데!'라며 자신의 신세를 한탄이기도 했다.

마을 제사에서 고기 나누는 일을 맡은 것을 '주재(主宰)'라고 부른다. 고기 나누는 일을 주도한다는 뜻이다. 재상(宰相)이란 단어의 기원이 '고기를 고루 나눈다'는 글자의 뜻이다.

제사 고기를 주재하듯 나랏일을 골고루 잘 주재하는 것이 곧 재상의 할일이요 그런 사람이 곧 宰相(재상)이다.

'상(相)'은 돕는다, 보좌하다는 뜻이니 합쳐 임금을 돕고 보좌하여 천하의 일을 주재하는 자리가 바로 재상의 직분이란 것이다.

한나라 유방(劉邦)이 항우(項羽)를 물리치고 한(漢)나라를 건국하자 지낭(智囊) 진평은 일등공신에 올랐고, 소하(蕭何), 조참(曹參)을 거쳐 여태후(呂太后) 때에는 마침내 천하의 일을 주재하는 재상(당시는 丞相이라 불렀음) 자리에 올랐다.

여태후(呂太后) 집권 때는 공신들이 수난을 많이 받았지만 진평은 지혜롭게 처신하였는데, 여태후의 경계를 풀기 위해 늘 술과 여자를 가까이 하며 똑똑한 척 하지 않고 자신의 지혜를 감추었다.

여태후가 죽자 진평은 즉시 여씨 세력들을 소탕하고 문제(文帝)를 추대하여 왕으로 올리고 주발(周勃)과 공동 재상 자리에 앉게 된다.

다행히 문제는 여태후와는 달리 덕치(德治)과 인정(仁政)으로 정국을 안정시켰는데, 하루는 문제가 조회석(朝會席)에서 우승상 주발에게 1년에 형사 사건으로 판결하는 건수가 얼마나 되냐고 물었다.

주발은 당황하며 이마에 땀을 흘리며 모른다고 대답하자 이어서 1년의 재정 수입·지출 상황을 묻자 역시 주발은 이 질문에도 답을 하지 못하고 식은 땀만 흘렸다.

그러자 이번엔 좌승상 진평에게 같은 질문을 했다.

진평은 조금도 당황하지 않고 "그건 담당하는 관리가 따로 있습니다."라고 답했습니다. 문제가 담당 관리는 누구냐고 묻자 진평은 "형사 사건이 궁금하시면 정위(廷尉)에게 물으시면 되고, 재정이 궁금하시면 치속내사(治粟內史)에게 물으시면 됩니다."라고 답했다.

그러자 문제는 "그렇다면 재상이 하는 일은 무엇이오?"라고 물었다.

진평은 "황공하옵니다. 무릇 재상이란 위로는 천자를 보좌하며 음양을 다스려 사시(四時)를 순조롭게 하고, 아래로는 만물이 제때에 성장하도록 살피며, 밖으로는 사방 오랑캐와 제후들을 진압하고 어루만지며, 안으로는 백성들을 가까이 따르게 하며, 경대부(卿大夫)로 하여금 그 직책을 제대로 이행하게 하는 것입니다."

진평의 대답에 문제는 칭찬을 아끼지 않았는데, 반면에 우승상 주발은 크게 부끄러워하면서 진평에게 "그대는 어찌 내게 미리 가르쳐 주지 않았소?"라며 계면쩍어 했다. 진평은 웃으며 "그대는 승상의 자리에 있으면서 승상의 임무도 모르시오? 만약 폐하께서 도성내의 도적 숫자가 몇이냐 물으셨다면 그대는 어떻게 대답하겠소?"라고 면박을 주자 주발은 부끄러워 병을 핑계 삼아 재상의 자리를 내놓으니 이로부터 나라에 재상은 진평이 유일하게 되었다.

경당문노 직당문비(耕當問奴 織當問婢)란 말은 "논밭 가는 농사일은 하인에게 물을 것이요, 베 짜는 일은 여종에게 물으면 될 일"이란 뜻이다. 재상이 어찌 정국의 모든 일을 정밀하게 알 수 있겠는가? 각자 맡은 책임부서의 장관이나 부서 책임자가 알 수 있는 것이다.

국가라는 대사는 일개 서생이 책상머리에서 해 댈 수 있는 통계놀음이 아닌 것이다. 통치자는 통치자에 걸맞는 대범함이 국가를 끌고 가는 수레의 횡대 같은 역할을 할 것이다.

경당문노에 대하여는 진실한 고사 있어 소개한다.

중국에 서진(西晉)과 동진(東晉)시대가 끝나고 남북조(南北朝)시대에 이르러 남조(南朝)의 송(宋)이 북조(北朝)의 위(魏)를 해마다 침공했는데 송의 왕현모(王玄謨)가 송주(宋主-송의 임금)를 권하여 대군을 일으켜 위(魏)를 공격하고자 했다.

심경지(沉慶之)가 이를 듣고 임금에게 간하기를,

"경당문노 직당문비(耕當問奴 織當問婢)라 하니 논밭 가는 농사일은 하인에게 물을 것이요, 베짜는 일은 여종에게 물으면 될 일을 어찌 적국을 치려는 마당에 저 한낱 백면서생(白面書生-글만 읽고 세상일에 경험이 없는 사람-왕현모를 지칭)에 불과한 문외한에게 묻습니까?" 하고 간했으나 송주는 듣지 않고 위나라를 공격했다.

왕현모는 처음에 하남의 땅 제주(濟州) 확오성(碻磝城)을 빼앗는 전과를 올렸는데 이 소식을 들은 위주(魏主)는 크게 노하여 "내가 배내털이 마르기도 전에 하남이 우리 땅이라고 들었다. 그러나 지금은 날이 더우니 황하의 물이 얼기를 기다렸다가 철기(鐵騎)로 유린하기로 하자"하고 출병을 자제하고 겨울이 되기를 기다려 황하의 물이 얼자 곧 기병하여 얼어붙은 하수를 건너 위주(魏主) 스스로 장수가 되어 군대를 거느려 맞서니 그 군사가 백만이라 했다.

마침내 송나라 왕현모의 군사는 패하여 퇴각하고 하남은 위주가 되찾았다. 주위에서 왕현모의 잘못을 들어 처형할 것을 주장했으나 오히려 왕현모의 침공 의견에 반기를 내걸었던 심경지(沈慶之)가 만류하면서 "위주의 군사 백만은 왕현모로써도 어찌 할 수 없는 대군이었으니 불가항력이었습니다. 그러니 왕현모를 죽인들 오히려 국력을 약하게 만드는 요인이니 그를 죽이는 것은 좋은 계책이 아닙니다." 하면서 왕현모의 위기를 모면해 주었다.

결국 위주와 화의가 성립되어 위군(魏軍)은 물러갔으나 그 피해의 참상은 이루 말로 다 할 수 없었다고 한다.

많은 사람이 죽고, 인가(人家)가 불타 '춘연귀소어임목'(春燕歸巢於林木)이라 하여 '봄에 돌아온 제비가 집 지을 인가가 없어 숲으로 가 둥지를 지었다'는 고사가 있을 정도였다 한다.

이 이야기는 송사(宋史)의 심경지(沈慶之) 열전과 십팔사략(十八史略) 4권 남북조 편에 나오는 이야기이다.

이처럼 위 고사가 주는 교훈과 같이 耕當問奴 織當問婢(경당문노 직당문비)는 각자 맡은 전문 분야가 따로 있다는 뜻이다.

05

矯角殺牛(교각살우)

뿔을 바로 잡으려다 소를 죽임.

ㄴ **글자 뜻** **矯**(바로잡을 교) **角**(뿔 각) **殺**(죽일 살) **牛**(소 우)
ㄴ **출전** **곽박(郭璞) 진의 현중기**(晉의 玄中記)
ㄴ **의미·비유**
잘못된 점을 잡으려다 그 방법이나 정도가 지나쳐 일을 그르침

사건유래의 요약

"소는 동물 중에 인도주의자이고 부처요 성자이다"(이광수)라고 한 말이 과장이 아닌 것이 소는 모든 것을 인간에게 주기만 한다.

고기는 최상의 식용이고, 우유는 건강을 챙겨준다. 힘든 일을 도맡아 농사일을 도와주고, 재산으로서도 큰 구실을 해 집안 자녀들의 대학공부를 책임졌다. 그래서 가족을 뜻하는 식구(食口)와 함께 사는 생구(生口)라 하며 다른 동물에 비해 귀히 여겼다.

하지만 고대에서는 이러한 소를 사육하는 가장 큰 목적이 제사를 지낼 때 희생(犧牲)을 위한 것이었다고 한다. 희생의 글자 모두 소우(牛)자가 들어가는 것을 보면 알 수 있다.

특별할 특(特)자는 재물로 바치는 수소를 가리켰는데, 하늘에 제사지낼 소는 특별히 뿔도 가지런히 멋지게 나야했다. 고대 중국에서는 큰 종을 제작할 때 뿔이 곧게 나있고 잘생긴 소의 피를 종에 바르고 제사를 지내는 풍습이 있었다.

한 농부가 제사에 쓸 소를 몰고 와 보니 뿔이 약간 삐뚤어져 있었다. 그것을 바로 펴려고 단단한 끈으로 양 뿔을 동여 맸더니 나중에는 뿔이 빠져 소가 죽었다. 조그마한 결점을 고치려다 그 방법이 지나쳐 오히려 큰 손해를 입게 되었다.

진(秦)나라에 이어 중국을 두 번째로 통일한 한(漢)나라의 고조(高祖) 유방(劉邦)은 진나라가 멸망한 원인을 군현제로 보고, 봉건제를 부활시켜 공신들을 왕으로 봉했다. 그러자 왕들의 반란이 잇따랐다. 고조는 혈족들을 왕후(王侯)에 봉하는 것으로 바꿨다. 그런데 이들 역시 기고만장하여 황제 자리를 넘보았다. 고조는 결국 큰 왕국을 분할하여 여러 개의 소국으로 만들어 제후들의 권세를 약화시켰다.

유사성어

교왕과정(矯枉過正) **소탐대실**(小貪大失) **우생마사**(牛生馬死)

생활 속의 지혜

❶ 돌다리도 두드리며 건넌다. (매사에 세밀히 관찰하고 검토해야 한다.)

❷ 성급함을 참고 천천히 중지를 모은다. (급할수록 돌아가라.)

❸ 빈대 잡으려다 초가삼간 태운다.

보충자료

莫畏於慾 莫善於忍(막외어욕 막선어인)

욕망보다 무서운 것은 없고 인내보다 더 좋은 것은 없다.

홀어머니 밑에서 어렵게 자란 소녀가 있었다. 소녀는 총명했고 공부도 잘했다. 가정형편이 어려운 소녀는 인문계 진학을 포기하고 여상(女商)에 진학했다. 사회생활을 하루라도 빨리 시작해서 동생들 공부도 시키고, 홀어머니도 잘 모셔야 한다고 생각한 효성이 지극한 소녀였다.

새 아침을 맞으며

동녘 바다에서 떠오르는 햇살은
하늘과 땅 나무와 바다를 비치고 있지만
때로 검은 구름이 짙게 깔려
미세먼지로 질식할지 몰라

눈부시게 피어나는 꽃과 나무와 숲
그것들이 다투어 솟아나고 있지만
그 중 어느 것이 뿌리 내리고
환한 웃음으로 우리와 함께 할지

이 넉넉한 배움의 터전
어둠이 걷히고 철석같은 진리의 보석
갈고 닦은 우리의 소중한 작업
누구보다 앞에 나아가 지혜를 쌓으리

오늘은 새아침 영원한 아침이듯

엄마에게는 힘이 되는 절대적 존재가 되어 갔다. 아들이 자신의 부족함을 채워주는 절대적 존재가 되다 보니 살우 엄마는 점점 더 극성스럽게 변해갔다.

엄마는 살우가 전교 1등을 하지 못하는 것을 이해하지 못했다. 조금 만 더 노력하면 1등을 할 수 있을 거라는 자기 최면에 빠지게 되었다. 부족한 과목도 국·영·수가 아닌 체육이니 전교 1등은 문제가 없다고 확신했다. 실기 점수가 편성되어 있는 모든 과목들에 개인 전담 코치를 붙이고 혹독하게 훈련을 시켰다. 운동에는 영 재능이 없던 살우는 미칠 지경이었다. 하지만 착한 살우는 엄마의 기대를 저버릴 수가 없어 말 한 마디 못하고 로봇이 되어 갔다.

코치로부터 살우가 기초체력과 지구력이 부족하다는 말을 들은 엄마는 학교 등교 전에 살우에게 운동장 열 바퀴를 돌게 했다. 살우가 조금이라도 늦으면 엄마는 날카롭게 꾸짖었다. 살우는 점점 자신이 죽어간다는 것을 알고 있었다. 그러나 효자인 살우는 엄마에게 힘들다는 말을 하지 못했다. 말을 한들 정신력이 부족하다고 야단만 맞을 것이라는 것을 잘 알고 있기 때문이었다.

매일 새벽 5시에 일어나 운동장을 도는 것은 중학생인 살우가 감당하기에는 너무나 큰 고통이었다. 열대야가 한 달이나 지속된 무더운 여름 날 살우는 너무 힘들고 아파서 새벽운동을 나가고 싶지 않았다. 그러나 엄마의 칼날 같은 불호령에 로봇처럼 일어나 운동장으로 힘없이 걸어갔다. 살우는 한 바퀴도 채 돌지 못하고 힘없이 쓰러졌다. 14살의 살우는 그렇게 세상을 마감했다.

살우가 떠난 뒤 엄마는 살우의 일기를 보게 되었다.

"엄마 ! 미안해요! 엄마의 꿈을 이루어 드리지 못할 것 같아요! 저는 제가 죽어 간다는 것을 알아요. 그러나 실망하실 엄마를 생각하면

차마 그 말을 할 수가 없어요. 엄마 사랑해요. 그리고 많이많이 미안해요!".

엄마는 통곡하고 울부짖었지만 아무 것도 되돌릴 수 없었다. 며칠 후 엄마도 살우를 따라 세상을 떠났다.

교각살우(矯角殺牛) 뿔을 바로 잡으려다 소를 죽인다.

인간은 누구나 조금씩 부족하다. 욕심이 지나치다 보면 가장 소중한 것을 잃게 마련이다. 「살우와 살우 엄마 이야기」는 이 시대를 살아가는 우리가 가슴 깊이 새겨야 할 교훈이다.

인간은 만물의 영장이다. 그러나 인간이 가진 영리함은 욕심이라는 허울에 뒤집어 씌워 감당하지 못하는 불행을 맺게 되는 것 또한 인간의 삶이다.

님께서 중학교 교사 신분으로 충남대 국어국문학과에 3학년으로 편입한 것으로 알고 있다. 선생님은 1962년 『자유문학』 신인상에 당선되었고, 1965년 모교인 충남대 전임교수로 발령을 받았다. 선생님은 언제부터인지는 모르겠으나 대전 대흥동 대미보개 근처 정원이 있는 2층 양옥집에 살았다. 내가 선생님의 2층 서재를 드나든 것이 10여 년이 족히 넘는 것 같다. 1990년대 초 대전 둔산에 많은 아파트가 들어섰다. 이때 선생님은 둔산동 아파트로 이사하였다. 선생님은 아파트단지에 사는 심경을 어느 지면에 밝힌 일이 있다.

> 둔산 아파트단지로 이사한 뒤 벽 틈에 갇혀 있는 듯 답답하여 시간이 나는 대로 고향의 산과 들을 자주 찾았다. 아직까지 시골의 냇물과 바람은 오염되지 않아서인지 한 바퀴 돌고나면 마음이 후련해진다. 더욱이 조그만 암자라도 찾는 날이면 하루해가 지는 아쉬움을 바라보면 마음이 포근해진다.

이처럼 산과 들, 산사, 천변 등에서 만나는 사물들은 시적 모티프의 원천이 되었다. 이러한 자연은 마

범대순 사형 왜 앞서 떠나셨소
"60년대 사화집"목차 속에
"범"씨 성이 신기했소
더구나 "흑인고수루이의 북"은 더 생소했소
그러나 꾸준히 무등산에 오르셨으니

손광운 시인 늘 같은 미소로
부드럽게 손잡아 주던 멋스런 시인
"에라 만수"소리의 남도가락
홍 돈우는 그러나 "껄껄대며 웃고 싱거워 울부짖는 목소리"
이 모든 소리가 뒹굴어 지껄이것다

정재완 시인 그대의 잔잔한 목소리
귓전에 남았지만 그대는 흙으로
돌아간 지 어제께 같구려

청마를 좋아하는 순수 생명 의지를 찾아
모래처럼 햇살가루가 부서지고 있을까.

(秦)나라 군을 물리친 것도 이름 없는 부하 군졸의 계책을 수용한 결과이기도 하였다.

조사는 아들 조괄(趙括)과 병법에 대해 자주 토론을 하였다. 그러나 어릴 때부터 병법을 두루 읽은 조괄의 언변이 하도 출중하여 실전을 갖춘 자신도 아들을 당해 낼 수 없었다. 한편 그의 아내는 그런 아들이 앞으로 나라의 큰 장수가 될 것이라며 자랑스러워했다.

그러나 조사는 아들 조괄에 대해 불안해했다. 모름지기 전쟁에 나서는 장수는 밤잠을 자지 않고 생각에 생각을 거듭해야 하고 자신을 낮춰 많은 사람들의 의견을 들어야 하며 그렇게 해도 모자랄 판에 아들 조괄은 전쟁 경험이 없으면서도 마치 모든 걸 다 아는 것처럼 생각하고 전쟁을 너무 가볍게 여기는 모습을 보이니 걱정이 되었다.

그는 병들어 죽게 되자 아내에게, "조괄은 장수가 될 재목이 못 된다. 조괄이 장수가 되면 필시 집안을 망치고 나아가 나라를 망치게 될 것이다. 훗날 임금이 조괄에게 장수 자리를 내리거든 임금께 꼭 내 말을 전하여 장수가 되는 일이 없도록 하라."라고 당부했다.

조사가 죽은 후 진나라는 장수 백기를 앞세워 조나라를 공격해왔다. 진나라와 장평에서 국운을 걸고 전면전을 벌이게 된 조나라의 혜문왕은 지구전만 벌이는 노장 염파(인상여와의 문경지교로 유명한 명장)가 못마땅했다. 세상을 떠난 조사를 그리워한 나머지 그 아들 조괄로 총사령관을 교체했다.

그러자, 조사의 아내는 임금을 찾아가 남편의 유언을 전하며 만류를 했지만, 임금이 뜻을 바꾸지 않자, 결국 "조괄이 대패하더라도 조씨(趙氏) 집안에는 죄를 묻지 않겠다"는 약속을 받고 물러났다.

조괄은 자신만만하게 군사를 이끌고 섣불리 공격에 나섰다가 진서의 「나무」에서는 '치열한 갈등이나 긴장보다는 조용한 기원의 자세나 안정된 관조의 모습'을 보인다. 선생님께서는 한동안 나무들을 무척 사랑했고, 나무와 속삭이면서 시를 썼다. 고 한 일이 있다(『하늘을 섬기며』). 이 시에서 '나무'는 잎과 꽃가루와 한 몸이 되어 '신열'과 같은 고통일지라도 '어린 아이의 손가락 사이에서 자는 고요 그 내음'처럼 새 생명의 조화로움을 [illegible]다.

숲 속에 들어가면 마음이 편해지고 평화를 느끼는 것은 당연하다. 이 시에서 화자가 '아니라'고 부정하는 것은 역설적 진술이다. 어린 시절, 죽음과 삶을 넘나들었던 열병의 기억은 평생 지워지지 않는 흉터다. 이러한 상처와 아픔은 어린 시절뿐만 아니다. 선생님은 '한평생 [illegible] 쓰라리게까지 하였고, 나 아닌 타인들은 나의 마음을 모른다. 왜 이렇게 고통스러운가를 알지 못한다.' 고 고백한 일이 있다. 이러한 아픔과 고통을 가슴 깊숙한 곳에 저미어 놓고 있다. 이 시에서 화자는 숲 속에 들어서면 이러한 아픔이 되살아나면서도 역설적으로 후련해진다. 숲은 아픔이나 고통에서 탈출

나라군의 유인책에 말려 식량 보급이 끊어진 채 고립되고 말았다. 지구전을 벌였던 노장 염파였다면 어떤 작전에 말려들지 않았을 것이다.

조괄은 최후의 돌파를 벌이다가 전사하고 말았고, 40만 대군이 모두 진나라에 항복했다. 너무나 많은 포로를 잡은 진나라는 마땅한 대책을 세우지 못하자 이들을 전부 몰살시키고 말았다. 이 참혹한 패배는 조나라가 패망으로 가는 첫걸음이 됐다. 조나라는 34년 후 진나라에 멸망했다.

조사는 장수의 직분에 충실했던 인물이었다. 그랬기 때문에 말이 앞서는 아들 조괄의 단점을 정확하게 파악하였고, 죽으면서까지 나라를 위해 아들이 장수가 되는 것을 막으려 했었다.

나라의 리더라면 조나라 명장 조사의 마음가짐을 가슴 깊이 새겨야 할 것이다. 조나라 명장 조사의 마 음가짐을 배워보자.

요즈음 공무원 세계에서 많이 이루어지는 것이 탁상공론(卓上空論)이다. 현장을 보지 않고, 개념이나 이론만 내세워 일을 처리하다 보면 일을 망치는 결과를 초래하게 된다.

현장은 [illegible] 현장에서 땀방울이 굵은 자는 그 일에 대처함이 합리적이고 결정적이다. 이론도 중요하지만, 현장에서의 경력을 결코 소홀하게 취급해서는 안 될 것이다.

의 목소리였는데... 그 후 선생님의 시집 원고를 한 달이 넘어서야 받아볼 수 있었다. 선생님께서 바로 원고를 보낸다고 하였는데, 내가 이메일 주소를 잘못 보낸 모양이었다.

선생님의 전화를 받고나서 나의 서재에서 선생님의 창작 열정을 찾기 시작했다. 『비 속에서』(1976), 『불타는 달』(1979), 『바다와 새』(1981), 『어둠은 가고 밝음만 있게 하소서』(1985), 『그리움 떠도는 바람 되어』(1987), 『모래여 모래여』(1991), 『그리움만 남으리라』(1993), 『둔산에 와서』(1996), 『산방에 다녀와서』(1998), 『최원규 시전집』(2000), 『신은 작은 것까지 버리지 않는다』(2005), 『오랜 우물 곁에서』(2012), 『저녁을 위한 명상』(2016) 등이 꽂혀있고, 최근에 시선집인 『하늘을 섬기며』(2018)를 받았다. 선생님의 첫 시집이라는 『金彩赤』(1961)을 비롯하여 『겨울歌曲』(1966), 『瞬間의 여울』(1971), 『子音訟』(1973)은 가지고 있지 않았다. 하지만 나의 서재에서 평생 쏟아 부은 선생님의 열정을 읽어내기는 어렵지 않았다. 그 외에도 산문인 『꺼지지 않는 불꽃』(1993), 『시는 삶이다』(2009), 『찾으며 버리며』(2018) 등도

금방 눈에 들어왔다. 『한국근대시론』(1977), 『한국현대시의 이해와 감상』(1982), 『韓國現代詩論攷』(1985), 『한국현대시의 형상과 비평』(1985) 등 전공서적과 함께 누렇게 바랜 책부터 최근에 발행된 책까지 20여 권이 넘었다.

이러한 저술만 보아도 선생님께서는 평생 시와 함께 살았다는 것을 알 수 있다. 전공 서적보다는 시집이 훨씬 많았다. 선생님은 1962년 『자유문학』 신인상에 「裸木」이 당선되어 등단하였다. 그 후 60년 동안 시 선집을 포함하여 17권의 시집을 냈으니 3년에 한 권씩 시집을 세상에 내놓은 셈이다. 선생님은 시를 쓰는 일이 '이 지구상에서 가장 귀중한 일이며, 어떤 일보다도 재미있고 신나는 일이다.'(『하늘을 섬기며』)고 한다. 학문은 이성과 논리로 하지만, 창작은 감성과 직관으로 한다. 선생님께서는 어쩌면 평생을 감성과 직관으로 살아왔다고 할 수 있다. 더구나 선생님은 이 글에서 "언제나 시를 쓴다는 사실이 처음 시도하는 일처럼 생소하고 약간은 흥분마저 느끼며 두려움까지 생긴다."고 한다. 또한 "시는 내 정신의 재다. 정신이 타고 있을 때는 불줄기로 하여 걷생님은 고향과 산과 숲, 산사 등을 만나면서 내밀한 [illegible] 이를 평화로 전환시킨다. 이러한 과정에서, 삶을 다시 관조하고, 허무를 넘어서려는 몸짓이 시편 구석구석에서 살아난다. 빈 마음으로 세상을 바라보고, 삶의 진정한 기쁨과 비탄을 노래한다. 이러한 시 창작 태도가 삶을 지탱하면서도 삶의 고통의 울타리를 벗어나는 방식이 아닐까.

선생님은 7~8년 전부터 큰사위에게 이끌려 교회에 나간다고 한다. 오랫동안 선생님의 시는 불교적 사유가 근간이 되었다. 불교적 사유를 바탕으로 고뇌의 해탈과 영원에 대한 기원 혹은 허무와 초극을 노래하였다. 그러나 선생님은 이제 "솟아오르고/ 달아오르고/ 부글거"(「냄비」에서)렸던 삶에서 빠져나와 "내가 나를 얼싸안고/ 괜찮아 괜찮아 등 두드리며// 땅에 꿇어 앉아/ 한없이 고마운 나를 찾아 기도"(「기도」에서)를 한다. 또 다른 「기도」라는 시에서 선생님은 '불빛 같은 분노를 멈추'고, '지난 세월의 기억을 또 망각의 늪에서 헤어 나와 그 아픔을 잊게 하'고, 청자 빛 맑은 하늘에 나의 모습을 있게 하여 주소서

룡(石季龍)이 죽고 호족(胡族) 사이에 내분이 일어나자 진나라에서는 이 기회에 중원 땅을 회복하기 위해, 은호를 중원 장군에 임명했다. 은호는 군사를 이끌고 출병했으나 [illegible] 제대로 싸우지도 못하고 결국 패배하고 돌아왔다.

환온은 기다렸다는 듯이 은호를 규탄하는 상소(上疏)를 올려 그를 변방으로 귀양 보내고 말았다.

은호가 간문제를 원망하며 말하기를 "사람을 백 척 다락에 올라가게 해놓고 사다리를 치워 버리는구나!"라 했다.

殷中軍廢後, 恨簡文曰: [上人著百尺樓上, 擔梯將去.]

은중군폐후, 한간문왈: [상인저백척루상, 담제장거.]

08

騎虎難下(기호난하)

호랑이를 타면 내리기가 어렵다

글자 뜻 騎(말탈 기) 虎(범 호) 難(어려울 난) 下(아래 하)

ㄴ **출전** 진서(晉書) 온교전(溫嶠傳)

ㄴ **의미·비유**

❶ 호랑이 등을 타면 내리기가 어렵다.

❷ 무슨 일을 한다가 도중에 그만두려고 해도 그만둘 수 없는 상황.

사건유래의 요약

진(晉)나라 성제(成帝, 재위 326~342)때, 역양(歷陽)을 지키던 장수 소준(蘇峻)과, 수춘(壽春)을 지키던 장수 조약(祖約)이 중서령 경량(庚亮)을 징벌한다는 명분하에 건강(建康)으로 진격했다.

강주(江州)자사 온교(溫嶠)는 경량과 함께 형주(荊州)자사 도간(陶侃)을 맹주로 추대하고 반란군 토벌에 나섰다. 그러나 도간은 반란군들의 강한 세력에 밀려 계속 패하였으며, 얼마 후에는 군량마저 떨어지고 말았다. 그러자 도간이 온교에게 말했다.

"군대를 일으킬 때, 그대는 나에게 장수나 군량은 얼마든지 있다면서 맹주를 맡아 달라고 하지 않았는가? 하지만 지금 여러 차례 전투에서 패했는데, 장수들은 어디에 있는가? 군량이 더 이상 공급되지 않으면 나는 서쪽으로 돌아갈 테니, 좋은 계책을 생각해 보도록 하게. 나중에 조건이 되어 다시 적을 멸해도 늦지 않을 걸세."

온교가 말했다.

"장군의 생각은 잘못되었습니다. 옛날을 살펴보면 군사들이 이기는 것은 화합에 있습니다. 광무제 유수(劉秀)가 곤양에서, 조조(曹

제2권

하고 간절히 기도를 한다. 이러한 구도의 전환은 하나와 인연이 아닐 수 없다. 아래 시에서 화자는 이미 기독교에 깊숙이 발길을 들여놓고 있음을 읽을 수 있다.

나는 요즘 하나님과 함께 가는
널따란 길로 들어섰다
그러나 예수는 보이지 않고
물결 따라 밀려서 서성댔다
죄 지은 내가 주인 노릇을 하며
양떼를 몰고 가듯 자꾸 가다가
십자가에 못 박혀 달려 돌아가신
광야의 무덤에서
사흘간 그와 함께 빛나고
아리따운 새싹이 흙을 뚫고
나오는 요한의 기쁨의 꿈을 보였다.

「하루 내려 오고」 전문

이 시에서 화자는 "나는 요즘 하나님과 함께 가는 널따란 길로 들어섰다"고 한다. 화자는 "십자가에 못 박혀 달려 돌아가신/ 광야의 무덤에서/ 사흘간 그와 함께 빛나고/ 아리따운 새싹이 흙을 뚫고/ 나

허약한 고리가 느슨해진 까닭인지 모른다

풀어진 온몸의 나사가 헐겁게 돌아
부드런 나무의 맑은 회귀일지 모른다
바람 부는 날 조용히 하늘을 본다.

-「구순을 바라보며」 전문

화자는 발목에서 허리까지 아프고 머리 뼛속까지 어질어질하다고 한다. 그러나 이러한 변화가 '부드런 나무의 맑은 회귀일지 모른다'고 하면서 '바람 부는 날 조용히 하늘을 본다'고 한다. 이러한 토로의 속뜻은 시선집인 『하늘을 섬기며』의 '시인의 말'에서 짐작할 수 있다. 선생님께서는 구순을 바라보며 '인식의 거미줄'에 촘촘히 걸려있듯 지난 세월의 기억과 체험, 사랑과 아픔, 혼동과 긴장 등이 걸려있을 것이다. 그럼에도 이 글에서 선생님은 "나는 기쁨과 행운이 겹쳐진 삶을 살아왔다. 시를 쓰는데 그친 것이 아니라, 시를 알고자하는 이들에게 시를 가르치며, 아름다운 시를 느끼며 지내왔기 때문이다. 참으로 기쁘고 황홀하다."고 언급한다. 기쁘고 황홀하다는 것은 평생 시와 함께 살았기 때문이리라. 구순을 바라보고 있어서 몸이 여기 저기 아플지라도 허망하다고 하지 않는다. 아픈 몸일지라도 '부드런 나무의 맑은 회귀'처럼 인식하고, 담담하게 '바람 부는 날 조용히 하늘을' 바라볼 수 있는 여유를 가진다.

선생님께서는 많은 제자를 길렀다. 선생님을 지도교수로 모셨던 손종호, 양애경, 서정학 등은 이미 시인으로 교수로 문단에 이름이 널리 알려져 있고, 정순진을 비롯하여 이형권과 나는 문학평론을 하면서 대학 교수로 활동하고 있다. 학부는 아닐지라도 당시 여러 대학의 내로라하는 많은 현직 교수들이 선생님 아래에서 시 전공의 학위과정을 밟았다. 그 외에도 많은 시인들이 선생님의 가르침을 받아 시인이 되었다.

그리고 선생님께서는 한국시단이나 학계의 거목이라고 할 만한 분들과 가까이 지냈다. 내가 아는 분만해도 조연현, 조병화, 정한모, 신동집, 문덕수, 김용직, 박성용, 성찬경, 박희진 선생 등등 수없이 많다. 그 외에도 선생님께서는 술 한잔 하면 박용래 선생부터 교유하셨던 문인들의 이야기가 밤늦도록 이어진다. 그 중에서도 박용래 선생 이야기가 재미있

올라서면 툭 부러질 듯 아슬아슬해 잘못해서 저 물속에 빠지면 영영 못 돌아올 것 같아서 이러지도 저러지도 못하는 진퇴양난에 처해 망설이고 있는 소의 뒤를 쫓아오는 사람들이 있다고 가정하면 그들에게 잡힌다면 결국 뼈가 으스러지도록 부림만 당하다 도축되어 생을 마칠 수밖에 없게 될 거라 이야기를 하였다.

결국, 이 이야기는 소(牛)는 어떤 선택을 해야 하는지에 대한 메시지를 던지고 있다.

○○○ 선생님으로부터 듣게 되는 특별수업은 7가지의 외나무다리를 건너는 방법에 대한 것이었는데, 첫 번째 수업의 주제는 '진퇴양난의 갈림길이라는 외나무다리'였다. 앞으로도 갈 수 없고, 뒤로도 갈 수 없는 외통수에서 묘수를 만나는 것 같은 상황인데, 이와 같은 상황을 해결할 수 있는 방법은 앞뒤를 살펴서 답이 나오지 않으면 좌우를 살펴보게 된다면 진퇴양난의 위기는 얼마든지 새로운 기회로 만들 수 있다는 것이다.

두 번째 수업은 '타성의 외나무다리'였다. 타성에 빠진 사람들은 처음에는 별로 두렵지 않고 오히려 편안하고 즐겁게 생활하지만, 어느 날 갑자기 큰 두려움에 휘말리게 되는데, 결국 타성이라는 건 작고 사소한 습관에서 비롯된다는 것이다. 이것을 해결하는 방법 역시 작고 사소한 습관에서 비롯되는데, "티끌 모아 태산을 이루듯" 사소한 것부터 실천하는 습관이 타성을 무너뜨리는 거대한 힘을 발휘한다는 메시지이다.

세 번째 수업의 주제는 '실패의 두려움이라는 외나무다리'이다. 많은 사람은 실패할까 봐서 시도해보지 않고 중도에서 포기하곤 하는데, 실수나 실패 자체가 중요한 것이 아니라 실수나 실패로부터 무엇을 배우는지가 더 중요하다는 메시지를 던지고 있다. 이런 외나무다리를 건너는 방법은 해보지도 않고 후회하는 것보다는 그냥 한번 저

질러보는 도전이라는 것으로 Try Once More(한 번 더 도전하라)이다.

네 번째 수업의 주제는 '아는 자의 두려움이란 외나무다리를 건너는 방법'이다. 실력과 경험, 비전까지 세울 줄 아는 사람들이 왜 목표를 향해 나가지 못하고 머뭇거릴까라는 것이다. 이것은 결국 두려움 때문이라는 것으로 이것의 해결방법은 끝까지 포기하지 않는 정신이다. 포기하고 싶을 때 포기를 포기하고, 패배를 패배시키는 힘의 중심에 용기가 있다는 메시지이다.

다섯 번째의 수업 주제는 '설상가상의 위기라는 외나무다리'이다. "살다보면 뒤로 넘어져도 코가 깨진다."는 속담처럼 어려움이 가중되는 고통스런 상황이 계속되는 위기를 맞게 되는데, 이것을 극복하는 방법은 뜻을 굽히지 않고 처음 가졌던 열정을 끝까지 밀고 나가는 것이라는 메시지이다.

여섯 번째의 수업은 '용기와 만용이라는 외나무다리'로 자기 자신이라는 외나무다리라는 것이다. 이것을 극복하기 위해선 배수의 진을 치고 자신과의 싸움에서 이겨야 된다는 메시지이다.

마지막 수업의 주제는 '한번만 건드려도 폭발할 것 같은 일촉즉발의 위기라는 외나무다리'를 건너는 것이다. 일촉즉발의 위기를 건너기 위해선 지금 이 순간 최선을 다해야 된다는 교훈을 주고 있다. 어제도 없고 내일도 없으며, 오로지 오늘 이 순간만이 있을 뿐이라는 메시지이다.

특별수업의 내용은 결국 진퇴양난(進退兩難)에 대사대성(大思大成)하라. 백척간두(百尺竿頭)에 즉행집완(卽行執完)하라. 누란지세(累卵之勢)에 백절불굴(百折不屈)하라. 여리박빙(如履薄氷)에 불포가인(不抛加忍)하라. 설상가상(雪上加霜)에 초지일관(初志一貫)하라. 기호지세(騎虎之勢)에 배수지진(背水之陣)하라. 일촉즉발(一觸

은 '찾는 일이 무엇인지도 모르면서 계속 찾는다.'고 한다. 내가 판단할 때 선생님이 여생 끝까지 찾는 것은 '유독 맑은 날 밤에만 빛'나는 언어다. 그것이 선생님께 살아있는 힘의 근원이며, 생명체이기 때문이다.

선생님은 광주를 "빛은 예사롭지 않다/ 그냥 고은 빛이 아니라/ 피 끓고 숨 쉬는 빛고을이다/ 바른 길로 번져가는 크나큰 불덩이다"(「광주를 생각하다」에서)라고 벅찬 감정으로 노래한다. 그러나 이 시에서 연상의 고리는 이내 광주 출신의 시인들로 이어진다. '차 한 잔을 앞에 놓고 말씀이 없으셨다'는 김현승 시인, '범 씨 성이 신기했다'는 범대순 시인, '에라 만수 소리의 남도가락 홍 돋웠다'는 손광운 시인, '잔잔한 목소리가 귀전에 남아있다'는 정재완 시인 등을 회상한다. 또한 선생님보다 열 살쯤 아래였던 변재열 시인도 올해 세상을 떠났다. "가끔 술 한잔하면/ 무지개 같은 바리톤을 소리 내었으니/ 저 하늘 가장자리 그 넘어/ 그대 속에 같이 부르자고 손 내미네"(「변 시인 그리다」에서)처럼 가까이 지내던 시인의 떠남에 대한 안타까움이 시 속에 깊이 스며있다.

09

陶朱之富(도주지부)

도주공(陶朱公) 범려(范蠡)의 富

ㄴ **글자 뜻** **陶**(질그릇 도) **朱**(붉을 주) **之**(어조사 지) **富**(부자 부)
ㄴ **출전** **사기(史記), 화식열전(貨殖列傳)**
ㄴ **의미·비유**
천하제일의 부호. (큰 부호를 일컫는다.)

사건유래의 요약

월(越)나라 때 범려(范蠡)라는 명신(名臣)이 있었는데 그의 늙었을 적의 이름은 도주(陶朱)였다.

월왕(越王) 구천(句踐)은 상장군 범려의 말을 듣지 않고 오(吳)나라와 싸워 크게 패하였다.

구천은 범려의 조언을 듣지 않은 것을 후회하고 후일을 기약하면서 오나라와 굴욕적인 화해를 하게 되었다. 범려의 조언에 힘입어 구천은 부국강병에 힘썼다. 그 후 20년 뒤에는 드디어 오(吳)나라를 멸망시키고 패자(覇者)가 되었으며 범려는 상장군이 되었다.

그러나 범려는 "날으는 새가 없어지면 활이 더 필요치 않으며 민첩한 토끼가 죽으면 좋은 개도 더 필요치 않게 되어 잡아먹히게 된다." 고 말하면서 제(齊)나라로 건너갔다.

제나라에서 범려는 이름을 치이자피(鴟夷子皮)로 바꾸고 장사를 시작하여 엄청난 부를 얻었다. 제나라에서는 그의 재능을 높이 사 그를 재상으로 삼고자 했다.

"천금의 부를 누리면서 재상이 된다는 것은 영화의 극치이다. 오래도록 높은 명성을 유지하는 것은 좋지 않다."고 말하면서 자신의 재산을 아낌없이 나누어주고 도(陶)로 옮겨갔다.

거기서도 그는 장사를 시작해 큰 부를 얻게 되어 도주공(陶朱公)이라 불리게 되었는데 이것도 역시 아낌없이 다른 사람들에게 나누어 주었다.

이리하여 그는 19년 동안 세 차례나 큰 부를 얻어 가난한 사람들에게 나누어 주어 칭송을 받았는데 가업을 물려받은 후손들도 더욱 큰 부를 얻게 되었다.

이후 큰 부자가 된 사람을 도주지부(陶朱之富)라고 부르게 되었다.

유사성어

억만장자(億萬長者) 진합태산(塵合泰山)

생활 속의 지혜

❶ 지나친 욕심은 자신을 망하게 한다.
❷ 성공했을 때 많은 사람에게 베풀어라.
❸ 자연 순리에 순응하며 베풀고 편하게 사는 것이 행복이다.

보충자료

飽而知人之饑(포이지인지기)
배부를 때 배곯은 사람을 헤아리고
溫而知人之寒(온이지인지한)
따뜻할 때 추위에 떠는 사람을 헤아리고
逸而知人之勞(일이지인지노)
편안할 때 힘든 사람의 사정을 헤아려라

'천금지자 불사어시(千金之子 不死於市)'라는 성어는 천금을 가진 사람의 아들은 죽을 죄를 지어도 시장바닥에 끌려 나가 사형을 당하지는 않는다는 말이다. 돈이 많으면 그 돈으로 죽을 목숨도 건질 수 있다는 돈의 위력을 말하는 속담이기도 하다.

'돈만 있으면 귀신도 부린다(有錢使鬼神)'고 한 위진(魏晋) 시대의 유행어도 이와 같은 뜻이다.

범려(范蠡)가 도(陶라는 지방)에서 도주공(陶朱公)이란 이름으로 억만장자가 된 후의 일이다. 범려는 그 곳에서 늦게 막내아들을 보았는데, 그 아들이 장성했을 때 범려의 둘째 아들이 사람을 죽이고 초나라에 갇혀 있었다.

이 소식을 듣자 범려는 "사람을 죽였으면 죽는 것이 당연한 일이다. 그러나 내가 들으니 천금을 가진 자의 자식은 시장바닥에서 죽지 않는다."는 말을 들었다며, 막내아들을 시켜 가보라고 했다.

범려가 순금 천 일(溢)을 자루 속에 숨겨 수레에 실려 막내를 초나라로 보내려 할 때, 큰아들이 자기가 가겠다고 야단이었다. 범려가 안된다고 하자,

"집에 큰 자식이 있는데도 굳이 어린 동생을 보내려 하니 이것은 저를 못난 놈으로 생각하기 때문입니다. 아버지에게 못난 놈으로 취급 받을 바에는 차라리 죽어버리고 말겠습니다." 하고 정말 죽을 것 같이 설쳐 댔다.

보다 못한 범려의 부인이, "여보 영감, 지금 막내를 보낸다 해서 둘째가 살아 돌아온다는 보장도 없지 않습니까? 죽을 자식을 살리기 이전에 살아 있는 자식을 죽이게 생겼으니 이를 어쩌면 좋습니까?" 하고 큰아들을 보내달라고 사정을 했다. 범려는 하는 수 없이 큰아들을 보내기로 하고, 그에게 밀봉한 편지 한 통을 건네주며, "이것은 나와 아주 절친한 장 선생(莊 先生)에게 보내는 편지다. 초나라에 도착

하는 즉시 편지와 함께 천금을 장 선생께 드리고 그 분이 시키는 대로 해라. 절대로 네 의견을 말해서는 안 된다."하고 타일렀다.

큰아들이 초나라에 가서 장 선생(莊 先生)의 집을 찾아가니 가난하기가 이루 말할 수가 없었다. 그러나 아버지의 명령대로 편지와 돈 천금을 전해 주었다. 편지를 읽어본 장선생은, "잘 알겠네, 빨리 집으로 돌아가게. 절대로 이곳에 머물러서는 안 되네. 동생은 곧 나오게 될 걸세. 어떻게 나오게 되는지 까닭을 묻지 말게"하고 타일렀다. 그러나 범려의 큰아들은 여관에 묵으면서 자기 나름대로 세도 있는 귀인들을 찾아다니며 교제를 하곤 했다.

장 선생은 비록 가난하게 살고 있으나 청렴결백한 학자로서 초나라 왕으로부터 모든 대신이 스승처럼 존경하고 있었다. 범려가 준 천금의 돈을 받고 싶어서 받은 것이 아니라 일이 끝나면 도로 돌려줄 작정이었다. 처음부터 돈을 받지 않으면 친구의 부탁을 거절하는 뜻이 되기 때문에 받는 체 한 것 뿐이다.

장 선생은 한가한 틈을 내어 초왕(楚王)을 만나 천연덕스레 이렇게 말했다.

"어제 저녁 하늘을 보니 이러이러한 별이 이러이러한 자리에 나타나 있는데, 이것은 초나라에 불길한 징조로 보입니다."

"어떻게 하면 그 징조를 막을 수 있겠소?"

초왕은 장 선생을 믿고 지내는 터라 이렇게 물었다.

"그것은 오직 하나, 착한 덕을 베푸는 것입니다"

"알겠소. 내 곧 전국에 대사령을 내리겠소."하고 왕이 말했다.

범려의 큰아들은 자신이 교제한 귀인으로부터 머지않아 특사가 있을 것이라는 소식을 들었다. 전후 사정을 모르는 범려의 큰아들은 공연히 천금을 장생에게 준 것이 가슴 아파 견딜 수가 없었다.

그는 생각다 못해 다시 장 선생을 찾아갔다. 그를 본 장 선생은 깜짝 놀라며 어째서 아직도 이곳에 있느냐고 물었다. 범려의 큰아들은, "동생의 생사가 염려되어 아직 이곳에 있었는데, 이제 아우가 절로 풀려나게 되었다는 소식을 듣고 인사드리려 왔습니다."

장 선생은 그가 주고 간 천금을 다시 찾으러 온 것임을 눈치 채고, "방에 자네가 가지고 온 돈이 그대로 있으니 들어가서 가지고 가게" 하고 말했다. 아들은 서슴지 않고 방으로 들어가 돈을 들고 나오면서 속으로 좋아 어쩔 줄을 몰라 했다. 철없는 애송이 놈에게 놀아난 꼴이 된 장 선생은 괘씸한 마음에 다시 초왕을 만났다.

"그런데 제가 도중에 들으니, 이번 특사는 대왕께서 백성을 불쌍히 여겨서가 아니라 사람을 죽이고 갇혀 있는 도주공의 아들을 구하기 위해, 왕의 좌우에 뇌물을 바친 때문에 내려진 특사라고 하옵니다."

이 말을 들은 초왕은 격노한 끝에 먼저 도주공의 아들을 처형시키고, 이튿날 대사령을 내리게 했다.

큰아들은 죽은 아우의 시체를 싣고 집으로 돌아왔다. 그 어머니와 동네사람 모두가 슬퍼하였다. 그러나 범려 만은 혼자 웃으며, "보낼 때부터 제 아우를 기어코 죽여서 돌아올 줄 알았다. 제 아우를 사랑하지 않아서가 아니다. 놈은 나와 함께 돈을 벌었다. 돈을 벌기가 얼마나 어려운지 몸으로 체험해 왔기 때문에 천금을 버리고 올 수 없었던 것이다. 막내는 돈이 아까운줄 모르고 자랐다. 내가 막내 자식을 보내려 했던 것도 그러한 이유이다. 나는 매일같이 시체가 돌아오기만을 기다리고 있었다. 죽을 죄를 지어 죽은 자식을 슬퍼할 것이 무엇이겠는가?"라고 말했다.

돈을 힘들게 번 사람들은 쓰는 것도 그만큼 힘들어 한다. 자수성가(自手成家)한 사람들의 한 단면이기도 하다.

10

董狐直筆(동호직필)

동호의 곧은 붓

ㄴ**글자 뜻** 董(감독할 동) 狐(여우 호) 直(곧을 직) 筆(붓 필)
ㄴ**출전** 춘추좌씨전(春秋左氏傳)
ㄴ**의미·비유**
❶ 권세에 죽음을 두려워하지 않고, 있는 그대로의 역사를 기록함.
❷ 후세의 교훈으로 전하고자 목숨을 걸었던 사관(史官)들의 일화

사건유래의 요약

춘추시대 진(晉)의 영공(靈公)은 폭군이었다. 대부(大夫) 조순(趙盾)이 자주 간언(諫言)하자 귀찮게 여긴 영공은 자객을 보내 그를 죽이라고 했다. 그러나 조순의 집에 잠입한 자객은 그의 인품에 반해 괴로워하다가 나무에 머리를 찧고 스스로 목숨을 끊었다.

영공이 조순을 술자리로 유인해 죽이려 했을 때에도 병사들이 미리 알고 달아나게 했다. 조순은 국경을 넘으려는 순간 영공이 살해당했다는 말을 듣고 되돌아왔다. 그런데 역사 기술을 담당한 태사(太史) 동호(董狐)가 '조순, 군주를 시해하다'라고 썼다.

조순은 항의했다. 그러나 동호는 이렇게 말했다. "물론 직접 시해하지는 않았지만 대감은 대부로 국내에 있었고, 조정에 돌아와 범인을 처벌하려 하지도 않았습니다. 그래서 대감이 시해자가 되는 것입니다."

그 말을 들은 조순은 직무를 제대로 수행하지 못했음을 인정했다. 이로부터 동호는 사관의 대명사가 됐다.

공자는 이렇게 말했다. "동호는 옛날의 훌륭한 사관이다. 법에 따

라 굽힘없이 썼다. 조순은 옛날의 훌륭한 대부다. 법을 위해 부끄러운 이름을 뒤집어썼다. 아깝도다. 국경을 넘었더라면 악명을 면했을 텐데" [孔子曰 董狐古之良史也 書法不隱 趙宣子古之良大夫也 爲法受惡 惜也 越境乃免](공자왈 동호고지양사야 서법불은 조선자고지양대부야 위법수오 석야 월경내면)

동호직필은 이처럼 권세에 아부하거나 두려워하지 않고 사실을 사실대로 기록하는 것을 가리킨다. '춘추좌씨전'(春秋左氏傳) 선공(宣公) 2년(BC 607년)조에 나온 이야기다. 줄여서 직필(直筆)이라고도 한다.

유사성어

동호지필(董狐之筆) **태사지간**(太史之簡)

생활 속의 지혜

❶ 正言守中 直筆爲公(정언수중 직필위공): 바른말로 중심을 지키고, 곧은 글로 공익(公益)을 위하라

❷ 맡은 바 사명을 다하고 아부하지 말고 권세에 굴하지 말라.

❸ 후세를 위해서 역사는 반드시 바로 써져야 한다.

보충자료

人君之鑑 不在於鏡而在於古(인군지감 부재어경이재어고)

임금이 비추어 살펴 볼 것은 거울에 있지 않고, 옛일에 있다.

여기서 우리가 새겨야 할 교훈의 첫째는, 역사의 중요성이다.

오늘날 일어나는 사건의 의미와 평가는 결국 역사를 통해 검증되고 재평가된다.

둘째는, 사관의 예리하고 엄격한 안목과 붓이다.

셋째는, 조순(趙盾)의 넓은 아량과 올바른 정신이다.

막중한 권세를 지녔지만, 그는 기록의 수정을 요구하지 않았고 이후 매사에 더욱 자숙하며 공정하게 재상의 업무를 보았다.

공자(孔子)는 동호를 옛날의 훌륭한 사관(良史)이라 하고, 조순을 훌륭한 신하(良大夫)였다고 평했다.

광문(廣文)은 연암소설(燕巖小說)에 나오는 주인공 이름이다.

광문은 청계천 수표교 아래서 거지 생활을 하다가 집단 따돌림을 받고 쫓겨났다. 그는 밤에 추위를 피하려고 남의 집 헛간으로 숨어들어 갔다가 도둑으로 몰렸는데 도둑이 아니라는 사실을 안 주인은 그를 약방의 심부름꾼으로 취직을 시켜 주었다.

그는 여기서도 도둑의 의심을 받다가 그가 정직한 사람이라는 것이 밝혀진 뒤로 이 사실이 온 장안에 퍼지면서 그의 정직성은 마침내 꼬리에 꼬리를 물고 퍼지고 커져서 고관대작의 안방이나 유흥업소의 기생들의 입에까지 오르내렸다. 급기야 장안의 일등 기생은 임금의 사위인 부마도위보다 광문을 위하여 춤을 추는 지경에 이르게 되었다.

동호직필(董狐直筆)에 대한 영향력은 대단하여 뒷날 수 천 년 동안 내려오면서 숱한 필화사건(筆禍事件)이 발생하였지만 절대 권력자의 횡포에 대항하고 고발하는 데 있어서 유일한 수단이 되었다.

이와 같이 필화사건이 그 당시와 가장 가까이 일어난 예로는 뒷날 춘추시대의 제(齊)나라 최저(崔杼)가 주군 장공(莊公)을 시해한 사건이다. 장공은 자신의 즉위에 가장 큰 공을 세운 재상 최저의 미모의 처와 밀통하고 있었다. 이에 격노한 최저는 기원전 548년 5월 무렵 자신의 집에 장공을 초대하여 주연을 베풀고 시해하였다.

태사(太史), 곧 사관은 "그가 임금을 죽였다"라고 썼다. 이를 본 최저가 그를 죽이고, 자기 아우를 사관으로 앉혔다. 그러나 그 아우 또한 똑같이 썼다. 최저는 그 아우도 죽였다. 그리고 세 번째 아우도 똑같이 쓰자 이번에는 그냥 두었다고 한다. 이것을 '태사간(太史簡)'이라고 한다. 곧 '사관인 태사가 쓴 대쪽의 역사'라는 뜻이다.

후대에 내려오면서 이와 같은 필화사건이 많은데 우리나라의 무오사화(戊午士禍)도 여기에 속한다고 할 수 있다.

곧 왕위 찬탈을 한 세조(世祖)를 항우(項羽)에게 비유한 조의제문(弔義帝文)을 실록에 실은 문제가 바로 그것이다.

이와 같이 권력자는 사관을 가장 미워하게 되고 사관은 권력자의 횡포를 있는 그대로 후세에게 전해주려고 목숨을 내어놓고 역사를 기록한다. 반면 이렇게 직필로 기록하지 않고 권력자의 비위에 맞추어 자신의 명예를 도모하려고 사실을 왜곡(歪曲)하여 쓰는 것을 곡필아세(曲筆阿世)라 한다.

여기서 직필한 동호도 훌륭하지만 그 사관을 그냥 둔 조순이야말로 큰 그릇이요 훌륭한 인물이라 평할 수 있다.

11

孟母之敎(맹모지교)

맹자 어머니의 가르침(三遷之敎, 삼천지교) - 세 번 이사함의 가르침.

ㄴ**글자 뜻** 孟(맏 맹) 母(어미 모) 遷(옮길 천) 敎(가르칠 교)
ㄴ**출전** 열녀전(列女傳)
ㄴ**의미·비유**
어머니가 좋은 교육환경을 만들어주기 위해 세 번 이사함. 어머니의 지극한 교육열을 비유함.

사건유래의 요약

추(鄒)나라 맹가(孟軻: 맹자의 본명)의 어머니를 '맹모(孟母)'라고 부른다.

그 집이 묘지에 가까웠다. 어린 맹자는 묘지에서 하는 상여꾼들 흉내를 내어 죽음을 슬퍼하여 발을 구르고 널을 묻는 놀이를 하고 놀았다. 맹자의 어머니는 '여기는 자식을 기를 만한 곳이 못되는구나'하고 곧 집을 시장근처로 옮겼다. 그러자 맹자는 물건을 파는 장사꾼들의 장사하는 흉내를 내며 놀았다. 맹자의 어머니는 또 '여기도 역시 자식을 기를 만한 곳이 못 되는구나'하고 다시 학교 근처로 집을 옮겼다. 그러자 맹자는 제기(祭器)를 배열하고, 예(禮)를 갖추어 인사하고, 나아가고 물러나는 의식들을 흉내 내며 놀았다. 맹자의 어머니는 '여기가 참으로 자식을 두고 기를 만한 곳이다.'하고 그곳에 자리를 잡고 살았다.

맹자가 장성하여, 군자가 갖추어야 할 육예(六禮)를 배우고, 마침내 큰 학자의 명성을 이루었다. 군자가 말하였다.

맹자가 어렸을 때 집을 떠나 학문을 닦고 있었다. 그런데 그가 중

도에 그만두고 집으로 돌아왔다. 그때 맹자의 어머니는 베틀에서 베를 짜고 있었다. 맹자의 어머니가 물었다.

"배움은 어디까지 이르렀느냐?"

"그저 그렇습니다."

맹자의 어머니는 칼을 집어 짜고 있던 베를 잘라 버렸다. 맹자가 두려워하며 그 까닭을 물었다. 맹자의 어머니는,

"네가 배움을 도중에 그만 둔 것은 내가 짜던 이 베를 다 마치지 못하고 끊어버리는 것과 같다. 무릇 군자는 배워서 바른 이름을 세우고, 물어서 지식을 넓혀야 한다. 그렇게 하면 머물러 있음에 평안하고, 어떤 일이 닥치더라도 해로움을 멀리할 수 있다. 이제 와서 공부를 그만 두게 되면 하인 신세를 면하지 못하게 되고 재난에서 떠날 수가 없다. 베 짜는 일을 그만 둔다면 어떻게 식구들의 옷을 해 입히고 오래도록 식량이 떨어지지 않게 하겠느냐! 여자가 생업을 그만두고 남자가 덕(德) 닦는 일을 게을리 하게 되면, 도둑질 아니면 남의 종노릇을 하게 된다."

맹자는 두려워서 아침부터 저녁까지 열심히 쉬지 않고 공부하였다. 맹자는 자사(子思)문하에서 공부하여 마침내 천하에 이름난 선비가 되었다.

유사성어

추맹가모(鄒孟軻母) 맹모단기(孟母斷機)

생활 속의 지혜

❶ 자식에게 모범이 되는 부모의 역할은 지극히 중요함.

❷ 어머니의 훌륭한 역할과 지극한 모성애는 자식을 훌륭하게 함.

보충자료

虎死留皮 人死留名(호사유피 인사유명)

호랑이는 죽어서 가죽을 남기고 사람은 죽어서 이름을 남긴다.

맹자 어머니에 대한 또 다른 이야기이다.

맹자가 결혼한 후의 일이다. 맹자가 방에 들어갔는데 부인이 방안에서 웃옷을 벗고 있었다. 맹자가 이를 불쾌하게 여겨 돌아서며 들어가지 않았다.

부인은 시어머니에게 이 사실을 알리고 지신을 친정으로 돌려보내주기를 청했다.

"저는 '부부의 도리를 행함에 방안에서는 문제가 되지 않는다.'고 들었습니다. 제가 방안에 혼자 있으면서 그 예를 갖추고 있지 않았습니다. 그가 그것을 보고 화를 내며 불쾌하게 생각한 것은 저를 손님으로 대했기 때문입니다. 여자의 도리는 손님방에는 머무르지 않는 것이오니, 저를 저의 부모가 계신 곳으로 돌려보내 주십시오."

그러자 맹모는 맹자를 불러서 타일렀다.

"예(禮)에 의하면 문 안으로 들어가려 할 때 누가 있는가를 묻는 것은 경의를 표시하기 위해서다. 또 마루에 올라갈 때 인기척을 내는 것은 안에 있는 사람에게 누군가가 왔음을 알리기 위해서다. 그리고 방을 들어갈 때 눈길을 반드시 아래로 내리는 것은 거기 있는 사람의 허물을 보게 될까 조심해서이다. 지금 네가 예를 잘 살피지 못하고, 오히려 남에게 예를 갖추지 않았다고 책망하는 것은 얼마나 잘못된 일인가?"

어머니의 말씀을 듣고 맹자는 자신의 잘못을 인정하여 부인에게 사과하고 떠나지 않게 했다.

맹자가 제(齊)나라에 있을 때, 얼굴에 근심스러워하는 기색이 있었다. 맹모가 아들의 그런 모습을 보고 물었다.

"네 얼굴에 근심이 있는 것 같은데 무슨 일이 있는가?"

그러자 맹자는 "아무 것도 아닙니다."라고 대답했다.

그런 뒤 어느 날 집에서 쉬고 있던 맹자가 기둥을 안고 탄식했다. 맹모가 그 모습을 보고 다시 물었다.

"전에 네 얼굴에 근심이 있는 것 같았는데 아무 것도 아니라고 했다. 지금 또 기둥을 안고 탄식하는 까닭은 무엇이냐?"

맹자가 대답했다.

"제가 듣기로는 '군자는 자신의 능력에 맞는 자리에 나아가고 구차하게 분수에 넘치는 지위를 얻지 않는다. 그리고 상을 받았다고 해서 높은 자리를 탐내지 않는다. 또 제후(諸侯)가 들을 자세가 되어 있지 않으면 자신의 의견을 말하지 않고, 듣긴 듣는데 그 의견을 운용하지 않으면 더구나 그 조정에서는 벼슬하지 않는다'고 합니다. 지금 제나라에 도(道)가 행해지지 않아 떠나기를 원하지만 어머니께서 연로하시니 이 때문에 괴롭습니다."

그러자 맹모가 말했다.

"대저 부인의 예는 하루 다섯 번의 먹거리에 신경 쓴다거나 술이나 장 담그는 일을 한다거나 시부모를 봉양하고 의복을 짓는 일을 할 따름이다. 그러므로 집 안에서의 일을 열심히 할 뿐 집 밖에서의 일에 마음 쓰지 않는다. 주역(周易)에 '집안의 음식을 장만하는 일이지 달리 이루어야 할 일이 있지 않다'고 했고, 시경(詩經)에 '나쁠 것도 없고 좋을 것도 없네. 오로지 술과 음식을 준비하는 일을 맡을 것이로다.'라고 했다. 이는 부인이란 자신의 뜻대로 하지 않으며, 삼종(三從: 어려서는 부모를 따르고, 출가해서는 남편을 따르고, 남편이 죽으면 자식을 따르는 것)의 도가 있을 뿐이라는 말이다. 이것이 여자의 예이다. 지금 너는 어른이 되었고, 나는 늙었다. 너는 너의 뜻대로 행해야 하고, 나는 나의 예대로 행할 것이니라."

군자가 말하기를 "맹모는 어머니와 부인됨의 도리를 알았다"고 했다.

> **孟子之母 教化列分 處子擇藝 使從大倫 子學不進 斷機示焉 子遂成德 爲當世冠**(맹자지모 교화열분 처자택예 사종대륜 자학부진 단기시언 자수성덕 위당세관)
>
> 맹모는 사는 곳을 옮겨가며 자식을 가르쳤네
> 자식에게 육예(六藝)를 선택하여 대도(大道)를 따르게 했으니
> 아들의 배움이 진척되지 않자
> 짜던 베를 끊어 그 원리를 보여주었네
> 그 아들이 드디어 덕을 이루며 당대의 명예를 얻었도다.

후세 사람들이 송(頌)을 지어 맹모를 기리고 있음을 알 수 있다.

맹자 어머니의 자식교육에 관한 고사는 맹모삼천지교(孟母三遷之教), 맹모단기(孟母斷機)로 널리 알려져 있다.

특히 열녀전(列女傳) 모의편(母儀篇) 아홉 번째 이야기로 등장하는 매우 어머니로서 모범적인 사례로 주목 받고 있다.

과거나 지금이나 어머니들의 자식교육은 어머니로서 사랑은 넘치지만 교육은 지나치게 강조하던지 돈으로 남에게 맡기던지 하면서 실제 자신은 모범이 되고자 하는 솔선은 거의 찾아볼 수 없는 것이 안타깝다.

진정 자식을 올바르게 가르치려면 자신이 모범이 되어야 한다. 자식은 부모의 행동을 보고 그대로 배우고 답습하기 때문이다.

오히려 학문보다 인간의 가치를 부모로부터 배우는 것이 더 중요한 교육일지도 모른다.

12

目不見睫(목불견첩)

눈으로 자기 눈썹을 보지 못한다.

ㄴ**글자 뜻** **目**(눈 목) **不**(아니 불) **見**(볼 견) **睫**(속눈썹 첩)
ㄴ**출전** **한비자**(韓非子) **유도편**(有度編)
ㄴ**의미·비유**
자신의 허물을 잘 알지 못하고 남의 잘못은 잘 본다.

사건유래의 요약

춘추 초기 제후국의 패자(覇者)가 되겠다는 웅대한 포부를 지녔던 초(楚)나라 장왕(莊王)이 수년간 혼신을 힘을 다해 치국방법을 모색한 끝에 마침내 경제가 번영하고 막강한 군사력을 갖춘 강대국으로 발전하였다.

부국강병의 뜻을 이루어 배짱이 두둑해진 장왕은 때가 왔으니 군사를 일으켜 달라진 초나라의 위상을 제후들에게 알리고 패주(覇主)가 되고자 마음먹었다. 초장왕이 문무백관들을 불러 이렇게 물었다.

"오늘날 우리 초나라가 이처럼 강대해졌으니 과인은 당당히 패주가 되어 패권을 손에 넣을 것이오. 지금 형국에서 어느 나라가 가장 적합할 것 같소?"

이때 한 대신이 말했다.

"폐하, 월(越)나라가 가장 적합할 듯싶습니다. 현재 월나라는 정치가 어지러워 백성들의 생활이 궁핍하고 군의 사기가 극도로 저하되어 있습니다. 내부 혼란을 틈타 공격한다면 승리는 물론이고 도탄(塗炭) 속에서 허덕이는 월나라의 백성들을 구원할 수 있으니 초나라의 위상을 드높일 수 있는 절호의 기회가 될 것입니다."

장왕의 신하 두자(杜子)가 소문을 듣고 반드시 이를 제지해야겠다고 마음 먹었다. 겨우 나라가 안정을 되찾을 무렵 또다시 백성들을 전쟁의 고통 속으로 몰아넣는 것을 보고만 있을 수 없었기 때문이었다.

장왕을 알현한 자리에서 두자는 단도직입적으로 물었다.

"폐하께서 월나라 토벌을 계획하신다고 들었습니다. 사실입니까?"

"그렇소! 월나라를 토벌하여 우리 초나라의 영토를 넓히고 부를 축적하고 병력을 늘리며 게다가 과인의 패권쟁취에 유리하다면야 못할 것도 없지. 자네가 보기엔 과인의 염원이 실현될 수 있을 것 같소?"

한참 생각하던 두자가 초장왕의 말에 대답은커녕 오히려 반문했다.

"폐하께서는 이 싸움이 승산이 있다고 보시는지요?"

장왕이 껄껄 웃으며, "초나라에는 강대한 군사력과 넘쳐나는 곡식이 있는데 그깟 월나라 하나쯤이야 식은 죽 먹기 아니겠소? 허허허."

"폐하께서 그토록 자신이 있으시다면 그 책략에 대해 한번 들어볼 수 있을까요?"

두자가 묻자 장왕이 자신 있게 대답했다.

"월나라는 현재 조정대란으로 사회가 혼란하고 병사들의 기세가 꺾여 있으니 이는 하늘이 내린 기회요. 초나라 군이 공격하면 월나라는 우왕좌왕하다가 결국 싸움을 시작도 하기 전에 투항하게 될 것이오."

이를 듣던 두자가 웃으면서 말했다.

"그럼 마지막으로 한 가지만 더 묻겠습니다. 이 나라의 국군이신 폐하께서는 자신의 눈썹을 볼 수 있습니까?"

"그 누구도 자기의 눈썹은 볼 수 없소! 그 것이 초나라를 공격하는 것과 무슨 상관이 있단 말이오?"

두자가 말했다.

"당연히 있지요. 허물을 눈썹에 비유한다면 사람들은 자신의 눈썹을 못 보듯이 자신의 허물 역시 잘 알지 못하지요. 얼마 전 진(晉)나라와의 교전에서 초가 대패하여 몇백 리의 영토를 버리고 도망가지 않았습니까? 이런 군대가 과연 강대하다고 할 수 있을까요? 또한 초나라의 장희(莊喜)라는 간신이 도적질을 일삼아 백성들에게 고통을 줄 때 법을 다스리는 벼슬아치들은 어디서 무엇을 하고 있었는지요? 이 일을 모르고 있었던 것일까요? 아마도 알면서도 추궁을 하지 않은 것이겠지요. 하오니 초나라가 군사로 보나 정치로 보나 월나라보다 뛰어나다고 할 수 없습니다. 이는 폐하께서 눈으로 눈썹을 보지 못함과 다를 바가 없지 않습니까?"

이 말을 들은 초장왕은 정신이 번쩍 들어 정벌계획을 멈추었다.

유사성어

當局者迷(당국자미) **燈下不明**(등하불명) **吹毛覓疵**(취모멱자)

생활 속의 지혜

❶ 남의 흉이 한 가지면 제 흉은 열 가지.

❷ 제 눈 속에 들보도 보지 못하면서 너의 눈에 티를 빼주겠다 하느냐. (성경)

❸ 자신의 결점을 반성하는 자는 남의 결점을 볼 틈이 없다. (탈무드)

❹ 항상 자기 자신을 돌아보고 남을 존중하는 겸손의 마음을 가져야됨.

보충자료

중국 법가의 확립자 한비가 쓴 '한비자(韓非子)'의 역사적인 고사들을 노자(老子)의 사상과 비교 설명한 유로(喩老)편에 이 성어가 실려 있다.

털어서 먼지 안나는 사람이 없기에 남의 약점을 찾는데 혈안이 돼 털까지 불어가며 억지로 털 속에 감추어진 상처의 흔적을 찾아낸다는 뜻의 '취모멱자'(吹毛覓疵)가 비슷한 성어이지만, 훈훈한 사회로 가기 위해서는 남에게는 따뜻한 봄바람같이 자애롭게 감싸주고 자신에게는 가을의 서릿발같이 엄격하고 냉정한 잣대를 적용한다는 '대인춘풍지기추상(待人春風持己秋霜: 남에게는 봄바람처럼 따뜻하게 대하고, 자기에게는 가을서리같이 엄격하게 대하라)'의 마음가짐이 필요하다. "자기 자신의 결점을 반성하고 있는 사람에게는 남의 결점을 보고 있을 틈이 없다"는 탈무드의 교훈도 있다.

"어찌하여 형제의 눈 속에 있는 티는 보고 네 눈 속에 있는 들보는 깨닫지 못하느냐 너는 네 눈 속에 있는 들보를 보지 못하면서 어찌하여 형제에게 말하기를 형제여 나로 네 눈 속에 있는 티를 빼게 하라 할 수 있느냐 외식하는 자여 먼저 네 눈 속에서 들보를 빼라 그 후에야 네가 밝히 보고 형제의 눈 속에 있는 티를 빼리라 못된 열매 맺는 좋은 나무가 없고 또 좋은 열매 맺는 못된 나무가 없느니라 나무는 각각 그 열매로 아나니 가시나무에서 무화과를, 또는 찔레에서 포도를 따지 못하느니라 선한 사람은 마음에 쌓은 선에서 선을 내고 악한 자는 그 쌓은 악에서 악을 내나니 이는 마음에 가득한 것을 입으로 말함이니라" (눅 6:41-45)

광무제(光武帝)가 후한(後漢)을 건국하여 낙양(洛陽)을 도읍으로 한(漢)을 재건했을 무렵의 일이다 한창 창업의 기틀을 다져 갈 무렵, 중원뿐 아니라 변방에는 쟁쟁한 군웅이 할거하여 저마다 황제라 칭하고 있었다.

장안을 점거한 적미적(赤眉賊)의 유분자(劉盆子)를 비롯하여, 간쑤성 농서의 외효(隗囂), 쓰촨 촉의 공손술(公孫述), 허난 수양(睢陽)의 유영(劉永), 안후이 노강(盧江)의 이헌(李憲), 산둥 임치(臨淄)의 장보(張步) 등이 할거 하고 있었다.

후한(後漢)을 재건한 광무제는 이들을 하나씩 토벌하고 농서와 촉만 아직 복속시키지 못하고 있었다.

그들을 하나하나 토벌하거나 혹은 달래어 귀순시켜 중원을 대체로 안정시키는 데 성공했지만, 끝까지 애를 먹인 사람은 농서의 외효와 촉의 공손술이었다.

그들이 할거 하고 있는 곳은 중원에서 멀리 떨어진 데다 황량하고 험준한 천연의 지세에 의지하고 있기 때문에 쉽사리 토벌할 수도 없는 노릇이었다. 그 중 세력이 약한 외효는 광무제와 공손술 간에 양다리 외교로 명맥을 유지하려 했으나 실패하고, 농서 초원의 야생마 외효가 죽자 그 아들 외구순(隗寇恂)이 광무제에게 항복함으로써 마침내 농서도 후한의 손에 들어왔다.

이때 광무제가 한 다음과 같은 말에서 "득롱망촉"(得隴望蜀)이라는 말이 비롯 되었다.

"두 성이 함락되거든 곧 군사를 거느리고 남쪽으로 촉나라 오랑캐를 쳐라. 사람은 만족할 줄 몰라 이미 농서를 평정했는데 다시 촉을 바라게 되는구나. 매양 군사를 출동시킬 때마다 그로 인해 머리가 희어진다"

그로부터 4년 뒤, 광무제는 대군을 휘몰아 쓰촨 촉(蜀)에 쳐들어가 공손술의 촉을 격파하고 마침내 천하통일의 숙원을 달성하였다.

13

木人石心(목인석심)

나무인형에 돌 같은 마음

ㄴ**글자 뜻** 木(나무 목) 人(사람 인) 石(돌 석) 心(마음 심)
ㄴ**출전** 진서(晋書) 은일전(隱逸傳) 하통(夏統)
ㄴ**의미·비유**
감정이 전혀 없거나 세상의 유혹에 넘어가지 않는 사람을 비유함.

사건유래의 요약

하통(夏統)은 자(字)가 중어(仲御)로 회계(會稽) 영흥(永興) 사람이다. 어려서 아버지를 여의고 가난했지만 어머니에게 효도하고 형제간에 화목했다. 그는 변설에 뛰어났기 때문에 친척들이 출사를 권하면서 말했다.

"너는 청렴하고 정직하기 때문에 군(郡)에서 관리가 될 수 있다. 관청의 높은 사람들과 교제를 하면 부귀하게 될 수 있는데 무엇 때문에 산택(山澤)에 은거하면서 일생을 마치려 하느냐?"

하통은 버럭 화를 내면서 말했다.

"여러분은 어떻게 나에게 이런 식으로 대할 수 있습니까? 지금 세상이 어지러워 현자들이 다 숨어사는 상황인데 어떻게 조정의 관부에서 스스로 욕된 생활을 할 수 있겠습니까?"

말을 하던 사람들이 모두 부끄러워했다.

하통은 다시는 친척들과 만나지 않았다. 후에 하통의 어머니가 중병이 들자 하통은 낙양으로 약을 사러 갔다. 마침 삼월의 상사일(上巳日)을 맞이하여 낙양의 왕공(王公) 이하의 모든 사람들이 부교(浮橋:배를 묶어 만든 교량)에 놀러 나왔다. 남녀가 함께 수레와 말을 타는데, 화려한 마차며 아름다운 옷들로 길이 가득 메워졌다.

하통은 배 위에서 햇볕에 약을 말리고 있었는데 많은 지체 높은 사람들이 마차를 타고 구름처럼 몰려 왕래했지만 하통은 그들을 본 척도 하지 않았다.

태위 가충(賈充)이 이를 보고 괴이하게 여겨 하통에게 누구냐고 물었지만 하통은 대답하지 않았다. 가충이 다시 묻자 하통은 비로소 천천히 입을 떼었다.

"나는 회계사람 하통이요."

가충이 회계땅의 풍속과 인정을 물었다. 하통이 대답했다.

"그곳 사람들은 예의가 바르기가 마치 우(禹)임금의 유풍과 태백(太伯)의 인의와 겸양, 엄준(嚴遵)의 높은 기개와 황공의 절개를 가지고 있소."

그러자 또 물었다.

"해변에 산다면 물에 익숙할 텐데 노를 저을 줄 아시오?"

"그렇소."

하통이 노를 저어 파도 속에서 배를 한 바퀴 돌려 앞으로 나아갔다. 잠시 후 8, 9마리의 고기가 선창으로 뛰어 들어왔다. 이를 보던 사람들이 모두 두려워했다.

가충은 하통을 관리로 만들고 싶었으나 하통은 고개를 숙이고 대답하지 않았다. 가충이 말했다.

"옛날 요임금도 노래를 불렀고, 순임금도 노래를 불렀소. 그대 고향의 노래를 부를 수 있소?"

하통은 〈모가(慕歌)〉, 〈하녀(河女)〉, 〈소해창(小海唱)〉 등의 노래를 불렀다. 그 목소리는 청아할수록 더욱 높아졌다. 목소리에 감응되어 바람이 일어 바닷물을 말아 하늘을 향해 뿜어 대듯 했다. 번개가 치고 천둥이 울리고 큰비가 내리며 거센 바람이 일었다.

모든 사람이 무서워 하통을 말리자 하통은 비로소 노래를 그쳤다. 사람들은 "만약 낙수 가에 놀러 오지 않았더라면 어떻게 이런 사람을 보고 어떻게 이런 노래를 들을 수 있었겠는가?"라며 감탄했다.

가충은 자신이 데리고 온 문무의 장대를 하통이 와서 보기를 바라는 마음에서, 작별을 한 후 붉은 기를 세우게 하고 각종 의장(儀仗)을 높이 들게 하고, 기병들을 열을 맞추어 대오를 지어 엄숙하게 서 있게 했다. 그리고 얼마 후에 큰 소리로 북을 치고 호각을 불게 하였다. 하지만 하통은 여전히 단정하게 앉아 있는 것이 마치 아무것도 듣지 못한 것 같았다. 가충이 말하길 "이 오(吳) 땅의 녀석은 나무로 만든 사람에 돌로 만든 마음을 가진 놈이로구나."

유사성어

목석심장(木石心腸) **고집불통**(固執不通)

생활 속의 지혜

❶ 보람을 찾으려면 끝이 처음처럼 맑고 좋아야 한다.
❷ 자신의 운명은 오로지 자신만이 책임진다.
❸ 행동을 하면 모든 것에 대한 자신과 용기가 생긴다.

보충자료

목인석심(木人石心)의 실천자로는 조선시대 화담(花潭) 서경덕(徐敬德)을 꼽을 수 있다. 그는 천하미인 황진이의 유혹에 대한 시험을 목인석심으로 이겨냈던 참된 선비이다.

황진이는 재색을 겸비한 조선조 최고의 명기(名技)이다. 그는 못된 버릇이 있었으니 유명한 사람을 찾아가서 희롱해 명예를 떨어뜨리는 버릇이었다.

유생들은 공부자(孔夫子 ; 공자)의 어진 도덕을 영원히 전하고자 했으나 전자방(田子方) 단간목(段干木)이 난법난도(亂法亂道)하여 72인 만이 도통했으며, 72인 중 마지막 도통자가 화담 서경덕 선생이라고 한다.

이에 심술기가 있는 황진이는 일부러 비를 흠뻑 맞고 혼자 사는 화담 집에 찾아갔다. 화담은 황진이를 방에 들게 해 비 맞은 옷을 벗기고 몸에 묻은 물기를 닦아주고 이불을 덮어주고 나서 독서에만 열중했다

그것을 본 진이는 세상에 저런 남자가 있는가 하고 돌아가지 않고 화담 집에서 잤다. 밤에 진이는 실오라기 하나 걸치지 않은 나체로 화담의 이불 속으로 파고 들어가 온갖 성희롱을 자행했으나 화담은 시종 목석과 같았다.

늦잠에 빠진 황진이가 눈을 떠보니 화담은 독서를 하고 있었다. 황진이는 비로소 화담의 숭고한 도덕성에 감복하여 자기 못된 행위를 사과하고 화담의 제자가 되기를 원했다. 화담 선생은 흔쾌히 승낙하고 그때부터 사제지간(師弟之間)이 됐다고 한다.

황진이가 화담의 말이라면 거역함이 없이 실행한다는 소문을 듣고 어느 날 건달 '벽계수'가 화담을 찾아가서 하소연했다.

"황진이와 가까이 하고자 했으나 뜻을 이루지 못했습니다. 진이는 선생님의 말씀은 거역하지 못한다고 하니 가까이 할 수 있는 방법을 가르쳐 주십시오"

"그렇게도 황진이가 좋으냐?"

"네."

"시골에서 온 사람이 벼슬자리를 얻어 내려가는 척 가장하고 황진이네 집 앞을 지날 때 황진이네 집을 외면하고 가거라. 뒤에서 무슨 소리가 있어도 돌아보지 말고 십 리, 이십 리 할 것 없이 그대로 가면

된다."

이에 벽계수가 화담의 말씀대로 시행했다.

황진이가 보니 시골에서 누가 벼슬자리 하나 얻고 내려가는 모양이다. 이에 발을 제치고 내다보니 그 사람이 황진이네 집을 외면하고 지나가고 있었다.

'옳지 저 사람을 따라가 봐야겠다.' 황진이가 십 리, 이십 리를 따르다보니 밤이 됐다. 에라, 한번 시험해 보고 싶은 심정으로 시 한 수를 소리 내어 읊었다. 그 시(詩)가 바로 "청산리(靑山裏) 벽계수(碧溪水)야 수이감을 자랑 말라. 일도창해(一到滄海)하면 다시 오기 어려우니 명월(明月)이 만공산(滿空山)하니 쉬어간들 어떠리"였다. 이에 벽계수는 자기를 지칭한 시조라고 착각하고 돌아섰다.

황진이 역시 그것을 보고 '이 사람은 아니다'라고 생각하고 물러섰다고 한다.

화담 선생의 숭고한 도심은 목인석심(木人石心)에 비견할 만하다. 세상의 대부분 사람이 자기 분수를 지키지 못하고 색욕과 물욕의 노예가 되어 불미스러운 처신을 하고 있다. 더 나아가 정치하는 사람들 역시 예나 지금이나 무위이화(無爲而化)하는 자연이치를 외면하고 입신양명(立身揚名)에만 현혹되어 이전투구(泥田鬪狗)하는 꼴은 목불인견(目不忍見)이라 할 수 있다.

또한 중국 춘추시대 유하혜(柳下惠)도 같은 인물로 후세에 존경을 받고 공자가 칭송하는 인물이다.

14

門前成市(문전성시)

문 앞에 저자를 이룬다.

ㄴ**글자 뜻** 門(문 문) 前(앞 전) 成(이룰 성) 市(저자 시)
ㄴ**출전** 한서(漢書) 정숭전(鄭崇傳)
ㄴ**의미·비유**
권세를 드날리거나 부자가 되어 집 문 앞에 찾아오는 손님들로 마치 市場를 이루는 것 같다.

사건유래의 요약

전한(前漢) 말, 11대 황제인 애제(哀帝 : B.C 6-7) 때의 일이다.

애제가 즉위하자 조정의 실권은 대사마(大司馬) 오늘날의 국방장관. 왕망(王莽, 훗날 전한을 멸하고 신新나라를 세움)을 포함한 왕씨 일족으로부터 역시 외척인 부씨(傅氏, 애제의 할머니 쪽 가문), 정씨(丁氏, 애제의 어머니 쪽) 두 가문으로 넘어갔다.

그리고 당시 20세인 애제는 동현(董賢)이라는 미동(美童)과 동성연애에 빠져 국정을 돌보지 않았다. 그래서 중신들이 간(諫)했으나, 마이동풍(馬耳東風)이었다. 그 중 상서복야(尙書僕射; 지금의 장관에 해당) 정숭(鄭崇)은 거듭 간하다가 애제에게 미움만 사고 말았다. 그 무렵, 조창(趙昌)이라는 상서령(尙書令)이 있었는데, 그는 전형적인 아첨배로 왕실과 인척간인 정숭(鄭崇)을 시기하여 모함할 기회만 노리고 있었다.

어느 날 조창은 애제에게 이렇게 고했다.

"폐하, 아뢰옵기 황공하오나 정숭(鄭崇)의 집 문 앞이 저자를 이루고 있습니다(門前成市). 이는 심상치 않은 일이오니 엄중히 문초하시옵소서."

애제는 그 즉시 정숭을 불러 물었다.

"듣자니, 그대의 '문전은 저자와 같다(君門如市)'고 하던데 그게 사실이오?"

"예, 폐하. '신의 문전은 저자와 같사오나(臣門如市)' 신의 마음은 물같이 깨끗하옵니다. 황공하오나 한 번 더 조사해 주시옵소서."

그러나 애제는 정숭(鄭崇)의 소청을 묵살한 채 옥에 가뒀다.

그러자 사예(司隸)인 손보(孫寶)가 상소하여 조창의 참언(讒言)을 공박하고 서인(庶人)으로 내쳤다. 그리고 정숭(鄭崇)은 그 후 옥에서 죽고 말았다."

유사성어

문정약시(門庭若市) **인산인해**(人山人海)

생활 속의 지혜

❶ 훌륭한 일로 문전성시가 되도록 교육 및 지도해야 함.

❷ 문전성시를 이룰만한 공로가 있다고 자랑하거나 거만하면 안 됨.

❸ 남의 잘됨을 시기하여 모함하면 결국 자기는 재앙을 받게 됨.

보충자료

> **勤爲無價之寶 愼是護身之斧**(근위무가지보 신시호신지부)
>
> 부지런함은 값으로 따질 수 없는 보배요, 삼가고 조심함은 자신을 보호하고 지켜주는 부적과 같다.

또 다른 고사로 전국시대(戰國時代) 제(齊)나라에 추기(鄒忌)라는 호남자(好男子)가 있었다.

어느 날 추기는 거울을 보고 생각했다. '나는 미남자로 유명한 서공(徐公)에는 미치지 못한다.' 그래서 아내에게 물었다.

"나와 서공과 어느 쪽이 미남자인가?"

"당신 쪽이 더 잘 생겼습니다."

아내의 말은 신용할 수 없다고 생각한 추기는 첩에게도 물었다. 첩도 "물론 당신이 더 잘 생겼습니다."라고 대답했다.

다음날 친구가 찾아왔기에 추기는 친구에게도 똑같은 질문을 했다. 추기에게 부탁할 일이 있어서 온 그 친구가 대답했다.

"서공 따위는 자네에게 미치지 못하네. 정말이네!"

친구의 칭찬의 말에도 추기는 납득할 수 없었다.

그 다음날 서공이 추기의 집을 방문했다. 추기는 서공을 이리저리 자세히 살펴보고, 또 뚫어지도록 서공을 보며 생각했다.

'역시 내 쪽이 떨어진다.'

서공이 돌아간 후에 추기는 자신과 서공을 객관적으로 비교해 보려고 거울을 들여다보았다. 보면 볼수록 자신이 서공보다 못생겼다고 생각되었다. 그 날 밤 그는 생각했다.

'왜 모두 내가 더 잘생겼다고 말하는 걸까?'

곰곰이 생각한 끝에 추기는 깨달았다.

'아내는 나를 사랑하기 때문이고, 첩은 나를 두려워하기 때문이고, 친구는 나에게 부탁할 것이 있어서였다.'라고 생각한 후 자신이 이 지경이라면, 왕은 더 많은 아부의 소리에 둘러싸여 있을 것이라고 생각했다.

추기는 위왕(威王)을 알현하여 자신의 체험을 이야기했다. 칭찬하는 말보다 비판하고 충고하는 말이야말로 들을 가치가 있다고 진언했다. 위왕은 그 말을 옳게 여기어 즉시 공포했다.

"관리와 백성을 막론하고 나에게 직간하는 자에게는 상급의 상을 주고, 상서(上書) 글을 올려 직간하는 자에게는 중급의 상을 주고, 비판하는 자에게는 하급의 상을 줄 것이다."

예상대로, 왕에게 간언하려고 온 자가 줄을 이었기 때문에, 왕궁의 뜰은 저자처럼 사람으로 가득 차게 되었다. 물론 상서(上書)도 쇄도하였고, 마을에서도 왕을 비판하는 소리로 떠들썩하게 되었다. 왕은 그들의 비판을 받아들여서 정치를 개혁해 갔다.

수개월이 지났다. 비판자는 두드러지게 줄어들었고, 1년 후에는 비판하는 자가 없게 되었다. 비판의 씨앗이 없어져 버린 것이다. 위왕은 이런 노력으로 제(齊)나라의 힘을 강하게 하였다. 주위의 여러 나라들이 모두 제나라를 존경하여 사자를 파견했다. 역사가는 이것을 논평하여 말했다.

"위왕은 군사를 사용하지 않고 승리를 얻었다."

문정여시(門廷如市), 문정약시(門廷若市)와 같은 말로, 후일 고위 관직자가 사람을 끌어들여 뇌물을 받거나 패거리를 만드는 행위를 경계하는 말로 쓰이게 되었다. 자고로 동양사회에서는 문 앞의 상황으로 집 주인의 성공 여부를 가늠하는 경우가 있었다. 문 앞에 사람들이 많이 모여 들어 저잣거리 같은 소란함이 생겨나는 경우는 문전성시(門前成市)다. 높은 자리에 오른 사람의 대문 앞에는 권세가를 이용하려는 사람들이 들끓게 마련이다. 이들이 타고 온 수레와 말들이 그 집 대문 앞에 몰리는 모습에는 거수마룡(車水馬龍)이라는 성어를 사용했다. 수레는 물같이 이어지고, 말은 용처럼 길게 늘어선다는 뜻이다.

그 반대의 경우도 있다. 권세라는 것은 거품과 같은 것이어서 오르다가 곧 꺼지는 일이 늘 벌어지기 때문이다. 역시 문 앞의 상황에 대한 묘사로 권세가의 몰락을 표현한다. 문 앞이 쓸쓸하기 짝이 없다는 뜻은 문전냉락(門前冷落)이다. 문 앞에 모여들던 수레와 말들이 끊겨가는 상황은 문전냉락거마희(門前冷落車馬稀)라고 표현했다.

조선조 광해군 때 시중에 이런 노래가 유행했다.

"처음에는 사삼각로(沙蔘閣老) 권력이 막강하더니/ 지금은 잡채상서(雜菜尙書) 세력을 당할 자가 없구나."

각로는 정승이니 '사삼각로'는 더덕 정승이라는 뜻인데, 광해군 때 좌의정까지 오른 한효순(韓孝純)을 일컫는 말이고, 상서는 지금의 장관급 벼슬로 '잡채상서'는 호조판서를 지낸 이충(李沖)의 이야기다.

조선왕조실록에는 한효순의 집에서 만드는 더덕요리와 이충 집안의 잡채가 그 맛이 특별나고 독특했다고 기록해 놓았는데 시중에서는 두 사람이 맛있는 요리를 만들어 바쳐 광해군의 총애를 받아 출세했다고 비꼬았던 것이다.

광해군이 맛에 반해 빠질 정도의 요리였다니 그 맛이 궁금해지는데 요리솜씨가 뛰어났기 때문인지 혹은 더덕이라는 재료가 좋았기 때문인지 알 수는 없지만 더덕은 씹는 맛과 향기가 일품이다.

맛있는 더덕요리에 탐닉했던 광해군은 알다시피 인조반정으로 임금 자리에서 쫓겨난 후 처음에는 강화도 교동으로 유배를 갔다.

그곳에서 위리안치(圍籬安置), 즉 가시덤불로 담장을 친 집에 갇혀 지냈는데 하루 아침에 바뀐 처지가 비통해 식사도 제대로 못했는데 당시 광해군을 감시하던 강화별장이 목격담을 기록했다.

"광해가 하루종일 밥을 물에 말아 겨우 한두 수저를 뜰 뿐 다른 것은 먹지를 못해 기력이 쇠약해졌는데 언제나 목이 메어 울고만 있다."

비록 쫓겨난 임금이지만 인간적인 연민을 느낄 만도 한데 유배지로 따라간 한 계집종이 쫓겨난 임금이라고 함부로 대하자 참다못해 광해군이 하녀를 꾸짖었다. 그러자 하녀가 크게 소리를 지르며 따지고 대들었다.

“영감이 일찍이 임금 자리에 있을 때 무엇이 부족해 염치없게 아랫사람에게 반찬까지 요구해서 심지어 잡채판서, 더덕정승이라는 말까지 생겨나게 하였소?”

잡채를 잘 만들어 호조판서가 된 이충과 더덕 요리로 총애를 받은 좌의정 한효순, 국수를 별미로 만들어 바친 함경감사 최관을 두고 한 말이다.

하녀의 패악이 계속 이어졌다.

“영감이 임금의 자리를 잃은 것은 스스로의 잘못 때문이지만 우리는 무슨 죄가 있다고 이 가시덩굴 속에서 갇혀 지내야 한다는 말이오?”

하녀의 악다구니를 들은 광해군은 고개를 숙인 채 한 마디도 못하고 탄식만 했다. 더덕, 그리고 더덕으로 상징되는 부질없는 욕심이 무엇이기에 광해군을 나락으로 떨어트렸을까?

사기 평진후주부열전(史記 平津候主父列傳)에 安危在出令 存亡在所用(안위재출령 존망재소용), 곧 나라의 안위는 어떤 정책을 내는가에 달려있고, 나라의 존망은 어떤 사람을 쓰는가에 달려있다.

15

尾生之信(미생지신)

미생의 믿음

ㄴ**글자 뜻** 尾(꼬리 미) 生(날 생) 之(~의 지) 信(믿을 신)
ㄴ**출전** 사기의 소진전(史記 蘇秦傳)
ㄴ**의미·비유**
❶ 한번 약속하면 어떠한 일이 있어도 굳게 지킴.
❷ 고지식하여 융통성이 없음.

사건유래의 요약

춘추시대(春秋時代) 노(魯)나라에 미생(尾生)이라는 사람이 살았는데 성품이 우직하여 한번 약속을 하면 목숨을 걸고서라도 지키는 것으로 유명했다. 하루는 어느 여인과 다리 아래에서 만나기로 했는데, 여인이 약속시간이 다 되어가도 오지 않았고 그날따라 폭우가 내려서 그가 서 있는 다리 아래는 강물이 넘쳐 위험하게 되었다.

다리 위에서 지켜보고 있던 사람들이 위험하니 어서 피하라고 외쳤지만 미생(尾生)은 약속을 지켜야 한다는 신념 하나로 다리 아래에서 교각에 의지하여 꼼짝을 않고 있었다.

마침내 불어난 강물 때문에 부실하게 만들어진 목조 다리는 휩쓸려 떠내려갔고, 교각을 붙들고 있던 미생(尾生)도 함께 떠내려가 익사하고 말았다.

유사성어

송양지인(宋襄之仁) 우공이산(愚公移山)

생활 속의 지혜

❶ 믿음의 약속은 굳게 지키되 상황과 여건에 따라 융통성 발휘함.

❷ 죽음의 미련보다 살아서 사랑을 하는 행복을 추구한다.

❸ 주위 사람의 권고나 충언은 경청하여 실천한다.

보충자료

信國之寶也 民之所庇也 得原失信 何以庇之(신국지보야 민지소비야 득원실신 하이비지)

믿음(信)은 나라의 보배로 백성들이 비호(庇護)받는 것인데 원(原)을 얻는다 하더라도 신(信)을 잃는다면 무엇으로 백성을 비호하겠는가?

이 성어는 미생의 신의로, 신의가 두터운 것을 가리키거나, 우직하여 융통성이 없음을 가리키는 말이다.

예로부터 사람이 지켜야 할 가장 중요한 덕목으로 신의를 꼽아왔다. 선비 사회에서는 명분을 강조했고 그 명분을 얻기 위한 가장 중요한 덕목이 바로 믿음이었다. 옛 어른들은 신의를 지키기 위해서는 자신의 모든 것을 걸 수 있어야 한다고 가르쳤고, 실제로 이를 지키기 위해 노력했던 예도 동서고금의 역사를 통해 얼마든지 찾아볼 수 있다.

옛 성현 중에서 누구보다도 신의(信義)를 강조했던 이로 공자(孔子)를 들 수 있다. 제자 자공(子貢)이 정치에 대해 물었다.

"선생님! 정치를 하자면 무엇이 가장 중요합니까?"

공자가 말했다.

"식량을 충분히 준비하고 군대도 넉넉하게 갖추어야 할 것이며, 백성들로 하여금 정치를 하는 사람을 믿도록 해야 하느니라."

자공이 다시 묻기를 "그 중에서 부득이 하나를 버린다면 무엇을 먼저 버려야 합니까?" 공자가 대답하기를 "군대를 버려라."

자공이 다시 묻기를 "그 중에서 또 하나를 버린다면 무엇이 되겠습니까?" 공자 대답하길 "식량을 버려라. 예로부터 모든 사람에게 죽음이 있거니와 백성에게 신의(信義)를 잃으면 천지간(天地間)에 몸 둘 곳이 없어지느니라."

공자는 정치를 하는 사람의 가장 중요한 덕목으로 신의(信義)를 들었다. 그래서 역사상 신의(信義)는 군자가 지녀야 할 덕목으로 높이 받들어졌다. 먹는 것을 하늘처럼 생각했던 옛 어른들이 그것보다 더 중요한 것으로 신의(信義)를 꼽았다는 것은 여러 모로 의미 하는 바가 크다.

인간관계에는 반드시 신의(信義)라는 것이 있다. 약속을 얼마나 잘 지키느냐에 따라서 그 사람의 인품을 평가할 수 있다. 신의(信義)는 예로부터 선비의 큰 덕목으로 여겨져 왔다.

성경에도 약속을 지켜서 복 받은 믿음의 선진들이 많이 있다.

기생 라합은 이스라엘 정탐꾼을 숨겨주고, 그 대가로 가족들의 안전을 약속받고, 죽을지도 모르는 두려움 속에서도 그 약속을 지켰다. 다니엘은 하나님 앞에 뜻을 정하고, 사자 굴에 던져져 목숨이 위태로운 가운데 서도 여호와 하나님의 능력을 믿고 승리했다.

하나님과의 약속 앞에 자신의 삶을 던지는 그리스도인의 죽음은 성도의 죽는 것을 귀중히 보신다는 말씀과 일치한다. 주님과의 약속을 지키기 위해 자기를 희생하는 믿음의 선진들은 오늘날까지도 말씀 속에서 빛을 발하고 있다.

신의(信義)를 위해서 자신의 목숨도 버릴 수 있는 사람이라면 정말 의리와 성실을 몸소 실천한 사람이라고 칭송할 수 있을 것이다. 하지만 그것이 융통성이 없는 고지식함으로 인해 자신의 목숨을 버리게 된 경우라면 비웃음을 당하게 될 것이다. 하나님의 뜻에 합하는 서원(誓願)을 하고, 그것을 실천하는 것이 하나님을 기쁘시게 하는 자일 것이다.

"그가 여호와께 서원하여 가로되 주께서 과연 암몬 자손을 내 손에 붙이시면 내가 암몬 자손에게서 평안히 돌아올 때에 누구든지 내 집 문에서 나와서 나를 영접하는 그는 여호와께 돌릴 것이니 내가 그를 번제로 드리겠나이다 하니라." (삿 11:30-31)

"사람이 여호와께 서원하였거나 마음을 제어하기로 서약하였거든 파약하지 말고 그 입에서 나온 대로 다 행할 것이니라." (민 30:2)

"네 하나님 여호와께 서원하거든 갚기를 더디하지 말라. 네 하나님 여호와께서 반드시 그것을 네게 요구하시리니 더디면 네게 죄라. 네가 서원치 아니하였으면 무죄하니라마는 네 입에서 낸 것은 그대로 실행하기를 주의하라. 무릇 자원 한 예물은 네 하나님 여호와께 네가 서원하여 입으로 언약한 대로 행할지니라." (신 23:21-23)

16

拔本塞源(발본색원)

나무를 뿌리 채 뽑고, 물의 근원을 막는다.

ㄴ**글자 뜻** 拔(뺄 발) 本(근본 본) 塞(막을 색) 源(근원 원)
ㄴ**출전** 좌전 소공9년(左前 昭公) 왕양명전습록(王陽明傳習錄)
ㄴ**의미·비유**
폐단의 근원을 아주 없에 버리는 것을 비유

사건유래의 요약

춘추 말기, 주(周)나라 왕실은 갈수록 쇠해졌다. 당시 국경 지역인 주 왕실의 땅 감지(甘地)와 진(晉)나라의 염지(閻地) 사이에 국경 분쟁이 벌어졌다.

진나라가 병력을 동원해 주나라를 치자 주나라의 경왕(景王)이 대부 첨환백(詹桓伯)을 보내 점잖게 꾸짖었다.

"나는 백부에게 있어서 마치 의복에 갓과 면류관이 있고, 나무와 물에 뿌리와 근원이 있으며, 백성들에게 지혜로운 군주가 있는 것과 같다. 백부께서 만약 갓을 찢고 면류관을 부수며, 뿌리를 뽑고 근원을 막고, 지혜로운 군주를 버린다면 비록 오랑캐라고 한들 어찌 한 사람이라도 남아 있겠는가."

이 이야기는 《좌전(左傳) 〈소공(昭公) 9년〉》에 나온다. 여기에서 '발본색원'은 '근본을 망치는 행위'를 뜻했는데, 명(明)나라 왕양명(王陽明)의 제자들이 편찬한 『전습록(傳習錄)』을 통해 폐단의 근원을 근본적으로 제거한다는 뜻으로 쓰이게 되었다.

"대저 발본색원의 논의가 세상에 밝혀지지 않는다면 천하에 성인을 배우는 사람들이 날로 번거로워지고 날로 어렵게 될 것이다. 이 사람들이 금수나 오랑캐와 같은 지경에 빠지고서도 스스로는 성인의 학문을 한다고 여기게 될 것이다."

여기에서 말하는 '발본색원'은 하늘의 이치를 알고 욕심을 버리라는 것으로, 사사로운 탐욕의 근원을 없애는 것을 말한다.

유사성어

전초제근(剪草除根) **적폐청산**(積弊淸算)

생활 속의 지혜

❶ 잘못된 생각과 행동은 과감하게 없애고, 새로운 생각과 행동을 가져야 함.

❷ 단체에 잘못된 일이 자주생기면 철저히 조사하여 근본 대책을 세워야 함.

보충자료

이순신 장군이 순국하신 1598년 11월 19일은 칼바람 몰아치는 양력 12월 16일이었다. 420여 년 전 그날 그곳은 노량해전이 벌어졌던 남해 관음포 앞바다였다. 이순신은 전날 밤 자정 무렵 자신의 운명을 예감한 듯 갑판에 올라 손을 씻고 무릎을 꿇고 천지신명께 빌었다.

"지난 7년 동안 조선의 강토를 짓밟고 죄 없는 백성들을 도륙한 저 일본군을 단 한 척도 돌려보낼 수 없습니다. 이 원수를 무찌른다면 죽어도 여한이 없겠습니다." (此讎若除 死卽無憾 차수약제 사즉무감)

먼동이 트기 전 이순신은 혼전 중 도망칠 출구를 찾지 못해 좌충우돌하는 일본군을 관음포 내항으로 몰아넣었다. 최후 발악하던 일본군 선단 사이로 여명이 비칠 무렵 문득 큰 별이 바다에 떨어지니, 보는 이들이 모두 이상히 여기었다. 오호 애재라! 그 순간 이순신이 적탄에 쓰러지니 마지막 하신 말씀이다.

"싸움이 한창 급하니 삼가 나의 죽음을 알리지 말라."(戰方急 愼勿言我死 전방급 신물언아사)

이순신은 자신의 죽음을 숨겨 장졸들을 놀라게 하지 말라 하셨다.

이순신의 죽음을 기록한 『선조실록』의 기사다.

"이순신이 이번 노량 해상에서 밤새워 혈전하여 적의 괴수를 불에 태워 죽이고 전함 2백여 척을 포획하기까지 하여 의기를 동남지역에 크게 떨치자 적추는 혼비백산하여 밤에 도망쳤으니 국가를 회복시킨 공에 있어서 이 사람이 제일입니다. 그런데 불행히도 탄환에 맞아 목숨을 잃게 되었지만 숨을 거두면서도 조용히 처치하였으니 옛날 명장의 풍도를 지녔다고 이를 만하였습니다."

피격 당시의 상황을 구체적으로 기록한 사료는 『은봉전서』였다.

"장대 속에서 지휘하는 이순신의 위치를 가늠한 일본군들의 집중사격으로 부하 장수 송희립이 먼저 총탄에 맞았다. 보고를 받고 놀란 이순신이 굽혔던 몸을 펴는 순간 가슴에 총탄을 맞았다. 이순신이 숨을 거두자 군관 송희립은 적탄이 이마를 스쳐 찰과상만 입었을 뿐 간단한 치료 후 장대에 올라갔다. 그리고 이순신의 갑옷을 벗겨 자신이 걸쳐 입고 전투를 독려했다."

이순신에겐 분명한 사생관이 있었다. 예컨대 정유년(1597) 임금이 이순신을 투옥시켜 죽이라 하였다. 핵심 죄목은 종적불토 부국지죄(從賊不討 負國之罪)였다. 적을 치지 않고 놓아주어 나라를 저버렸다며, 법에 있어 용서할 수 없으니 율을 상고하여 죽여야 마땅하다는 것이었다. 일본군의 반간계에 속은 임금 선조의 명백한 오판이었지만, 조정의 여론은 매우 엄중했다. 이때 주위에서 사태가 위중하니 어찌하면 좋겠느냐 걱정하자 이순신은 "죽고 사는 것은 천명이다.

죽게 되면 죽는 것이다"(死生有命 死當死矣 사생유명 사망사의)하였다. 그럼에도 이순신이 임금을 원망하거나 비난하는 기록은 찾아볼 수 없다.

임금 선조도 이순신의 죽음을 애도하고 회한했다.

"나는 그대를 버렸건만 그대는 나를 버리지 않았나니 이승 저승 맺힌 원한 얼마나 슬픈 손가, 벼슬주고 조상한들 이내 회포 다할 손가"

이순신은 전쟁 내내 한손엔 칼을 잡고 다른 한손엔 죽음을 잡고 싸웠다. 내가 죽어 나라를 구하는 것(我死救國 아사구국), 죽음으로 나라에 보답하는 것(死以報國 사이보국), 앞에 나가 싸우다 죽는 것을 영광으로 여겼던(進死爲榮 진사위영) 이순신이다. 노량해전이 마지막 전투임을 알았던 이순신이기에 더욱더 일본군을 그대로 돌려보낼 수 없었다. 자신이 죽는 한이 있어도 다시는 조선을 침략하지 못하도록, 다시는 조선을 넘보지 못하도록 발본색원하겠다는 사명감뿐이었다.

전쟁이 끝난 후 토사구팽 당할 것을 염려해 스스로 총알받이가 되었다는 자살설은 이순신의 사생관을 이해하지 못하는 탓이다. 운동선수가 운동장에서 죽겠다는 표현은 마지막 순간까지 최선을 다해 뛰겠다는 삶(生)에 방점이 찍혀있는 것이다. 이순신의 순국의 의미를 밝혀주는 명나라 부총병 이방춘이 선조에게 한 말이다.

"이순신은 충신입니다. 이러한 인물이 십여 명만 있다면 왜적에 대해 무슨 걱정이 있겠습니까?"

이순신이 위대했던 것은 백전백승 싸워서 이긴 일만이 아니었다. 절체절명의 위기에도 정책을 개발하고 대안을 마련했던 것이다. 예컨대, 일본의 침략으로 한성이 함락되고 평양성마저 무너지자 임금은 의주까지 피난했다. 국방의 붕괴였다. 이순신은 거북선 창제 등 혁신무기를 개발하며 필사즉생의 정신으로 나라를 지켰으니 창조국방이었다. 전란 중에 백성들이 굶어죽어 시체가 길가에 즐비하고 심지어 식인까지 서슴지 않으니 민생경제의 파탄이었다. 이순신은 둔전 경작으로 식량을 마련하고 물고기를 잡고 소금을 구워 군량을 조달하니 경제자립이었다. 전투에 앞서서는 참모들에게 계교를 물어 전략을 세웠고, 정책이 표류하면 임금에게 직언하고 정적에게도 협력을 구했다. 명나라 지원군엔 강온 양면의 외교력으로 처벌권과 지휘권을 양보 받으니 소통과 협력의 안보외교였다. 고관들의 정실인사가 줄을 잇자 이순신은 "이러고야 조정에 사람이 있다 할 수 있겠는가?" 한탄했다. 자신도 권문세가에 줄 대기를 거절했고 자식도 상피제를 준수하니 과거에 오르지 못했다. 원칙과 규정의 공정인사였다.

17

傍若無人(방약무인)

곁에 사람이 없다.

ㄴ**글자 뜻** 傍(곁 방) 若(같을 약) 無(없을 무) 人(사람 인)
ㄴ**출전** 사기 자객열전(史記 刺客列傳)
ㄴ**의미·비유**
❶ 마치 제 세상인 것처럼 거리낌 없이 함부로 말하거나 행동함
❷ 건방지고 무례한 행동

사건유래의 요약

형가(荊軻)는 위(衛)나라 사람으로, 독서와 검술을 좋아했다. 위나라 왕에게 자신의 정치적 소신을 피력했으나, 받아들여지지 않자 실망한 형가는 이후 여러 나라를 떠돌아다녔다.

그는 검술이 뛰어났지만 다른 사람과 쓸데없는 다툼은 피했다. 조나라에서 몇 차례 다른 사람과 논쟁이 벌어졌는데, 그때마다 도망치다시피 자리를 떠났다. 사람들은 모두 그를 겁쟁이라고 비난했을 것이다.

그가 연(燕)나라에 갔을 때 마음이 통하는 친구를 만나게 된다. 고점리(高漸離)라는 인물로 축(筑; 악기의 이름, 거문고와 비슷함)의 명인이었다. 술을 좋아한 형가는 자주 고점리와 만나 술을 마셨다. 술기운이 오르면 고점리의 축 연주에 맞춰 노래를 부르곤 했는데, 처음엔 서로 즐거워하다가 나중엔 감정에 북받쳐 눈물을 흘리며 엉엉 울기도 했다. 이 모습을 두고 사마천은 "마치 주위에 사람이 없는 것 같았다"(傍若無人 방약무인)고 기록했다.

하지만 형가는 학문과 덕망이 깊고 무술이 뛰어났으며 행동이 진

중한 인물이었다. 그와 교류한 많은 사람이 그의 사람됨을 칭찬하였으며, 연나라의 전광(田光) 또한 그의 비범함을 눈여겨본 사람 중의 하나였다.

당시 연(燕)나라의 태자 단(丹)이 진(秦)나라의 인질로 갔는데 인질로 있으면서 진나라 정왕(政王; 나중에 진시황으로 호칭. 진시황 이름이 政정이므로 정왕이라 함)에게 수모(受侮)를 당하여 도망쳐왔다. 그리고는 복수를 벼르고 있었다. 하지만 연나라의 국력으로는 강력한 진나라를 어찌할 수 없었다.

이때 전광이 태자에게 은밀하게 형가(荊軻)를 추천했다. 태자는 형가를 만나 진나라 정왕(政王)을 살해해달라고 요청하였고, 형가는 몇 번의 사양 끝에 태자의 요청을 받아들이게 된다.

형가는 자객으로 정왕을 살해하려 했으나 실패하여 처참하게 죽게 된다. 형가가 비록 실패한 자객이었지만 후세 사람들은 대의를 위해 목숨을 걸고 힘든 일에 도전한 그의 의협심을 높이 기리고 있다.

유사성어

독불장군(獨不將軍) **안하무인**(眼下無人) **경거망동**(輕擧妄動)

생활 속의 지혜

❶ 남을 먼저 배려하는 겸손의 자세를 가지도록 지도한다.

❷ 대의를 위해서는 목숨도 아끼지 않는다.

❸ 한번 마음을 정하면 목숨을 걸고 약속을 지킨다.

보충자료

疑人莫用 用人勿疑(의인막용 용인물의)

의심나는 사람은 쓰지(등용하지)말고, 한번 쓴(등용)사람은 의심하지 말라.

당(唐)나라 태종(太宗) 때 이의부(李義府)라는 사람이 있었다. 그는 문장에 능하고 사무에 정통했다. 한번은 승화잠(承華箴)을 써서 태종으로부터 40필의 비단을 상으로 받았다. 고종(高宗)이 즉위한 뒤에 이의부는 더욱 승진했다. 고종이 즉위하고 6년 뒤에 무측천(武則天)을 황후로 세우려고 했을 때, 이의부는 극력 찬동하여 황제의 신뢰를 얻을 수 있었다. 이의부는 겉으로는 온화 공겸하며, 얼굴에는 항시 미소가 사라지지 않았으나 대신들은 모두 그 마음속에 음험함을 알고 있었으므로 "소중유도(笑中有刀, 웃음 속에 칼을 품었다는 뜻)" 라고 서로 수군거렸다.

이의부는 자기에게 거스르는 자는 어김없이 문책했다. 한번은 감옥살이하는 사형수 중에 미녀가 있어 감옥 관리인에게 명해 죄를 용서하고 출옥시켜 애인으로 만들어 버린 일도 있었다. 대리시(大理侍, 감옥서)의 책임자가 이것을 알고 고종에게 상주했고 그로 인해 감옥 관리인은 벌을 두려워해 자살했으나 이의부에게는 죄가 미치지 않았다. 어사 왕의방(王義方)은 이것을 편파적이라며 이의부를 탄핵했으나 고종은 이의부의 죄를 불문에 부치고 도리어 왕의방을 벌하여 지방으로 좌천시켰다.

이의부는 또 자기에게 편드는 자를 모아 그들에게 돈벌이를 장려했다. 그리하여 벼슬을 바라고 이익을 구해 그를 찾는 자가 차츰 늘어 갔다. 고종도 역시 그들의 짓거리를 보다 못해 주의를 주었다.

"짐은 지금까지 공을 감싸왔지만 이제 더는 감쌀 수 없을 것이오!"

그러자 이의부가 화를 내며 말했다.

"누가 그런 말을 하던가요?"

'보복할 생각이로군.'하고 생각한 고종은 "그렇게 생각할 뿐이요."

라고 대답하고는 말았다.

그러나 이의부는 황제의 질책을 전혀 마음에 두지 않았다. 어느 날 밤, 그는 우연히 새 인사 명부를 보게 되자 또 좋은 돈줄이 생겼다며 기뻐했다. 집에 돌아 온 그는 아들에게 명해 승진 내정자를 부르게 했다. 그리고 그들에게 승진을 시켜 준다는 조건으로 돈을 받았다. 며칠 후에 새 인사가 발표되어 그 사람들은 승진을 했다. 그런데 어떤 대신이 이의부가 인사를 악용해 돈벌이한 것을 알고 고종에게 상주했다.

"인사비밀을 누설했을 뿐만 아니라 폐하의 은총을 돈으로 팔았습니다. 그 죄는 만사무석(萬死無惜)입니다."

고종은 이번만은 어쩔 도리가 없어 이의부 부자를 먼 곳으로 귀양을 보냈다. 이의부의 수많은 악행은 관아만이 아니라 백성들에게도 노여움의 표적이었기 때문에 그들 부자의 유배 처분을 기뻐하지 않는 자가 없었다.

666년에 고종은 천하에 대 사면령을 내렸다. 이의부는 권토중래할 좋은 기회가 왔다고 기뻐했으나 유배 중인 자는 도성으로 돌아갈 수 없다는 말을 듣고 실의에 빠져 병사하고 말았다. 도성의 관원들은 그것을 알고 진심으로 안심했다.

100여 년 뒤 시인 백거이(白居易. 백낙천)는 이렇게 읊었다.

"군은 보지 않았는고… 소중유도(笑中有刀)…."

18

白面書生(백면서생)

얼굴이 하얀 선비

ㄴ**글자 뜻** 白(흰 백) 面(얼굴 면) 書(글 서, 쓸 서) 生(날 생)
ㄴ**출전** 송서(宋書) 심경지전(沈慶之傳)
ㄴ**의미·비유**
글만 읽어 세상물정에 어둡고 경험이 없는 사람

사건유래의 요약

남북조시대, 449년 북위(北魏)의 태무제(太武帝)가 북방의 이민족인 유연(柔然)을 공격하자 송(宋)나라의 문제(文帝)는 이때가 숙적 북위를 칠 절호의 기회라고 생각하고 문신들과 더불어 북위를 공격할 방법을 논의하였다.

무관인 심경지(沈慶之)는 북벌 실패의 전례를 들어 출병을 반대하면서 이렇게 말했다.

"국가를 다스리는 일은 집안일에 비유할 수 있습니다. 밭 가는 일은 농부에게 물어보고, 베 짜는 일은 하녀에게 물어야 합니다. 지금 폐하께서는 적국을 치려고 하면서 얼굴 허연 선비들과 도모하시려고 하니 일을 어떻게 이룰 수 있겠습니까?"

하지만 문제는 심경지의 말을 듣지 않고 문인들의 의견을 받아들여 출병을 강행하였다가 대패하고 말았다. 이 이야기는 《송서(宋書) 〈심경지전(沈慶之傳)〉》에 나오는데, 여기서 '백면서생'은 야전을 누비며 햇볕에 얼굴을 그을린 검은 얼굴의 무관과 대비되는, 실내에서 책만 읽어 얼굴이 창백하고 실전 경험이 전혀 없는 문신들을 비꼬아 한 말이다.

심경지는 어릴 때부터 무예를 연마하여 기량이 뛰어났으며, 10세 때 이미 사병들을 이끌고 동진(東晉)의 장군 손은(孫恩)의 반란을 진압했고, 40세 때는 이민족의 반란을 진압한 공로로 장군에 임명되었으며, 그 후에도 많은 전공을 세워 건무장군(建武將軍)에 임명되어 변경 수비군의 총수로 부임하기도 하였다.

유사성어

백면서랑(白面書郞) **낙하산인사**(落下傘人事) **卓上空論**(탁상공론)

생활 속의 지혜

❶ 은혜를 생각하여 관계없는 임무 부여는 금물

❷ 지나친 총애는 도모하는 일을 망치는 결과를 초래할 수 있음.

보충자료

木從繩則正 君從諫則聖(목종승즉정 군종간즉성)

– **書經**(서경) **說命篇**

나무는 먹줄을 따르면 곧아지고, 임금은 간언을 따르면 성스러워진다. 굽은 나무도 먹줄을 따라 자르면 바르게 되고, 군주가 신하의 간언을 받아들이면 사리에 밝아질 수 있다. — 정관정요(貞觀政要) 구간편(求諫篇)

어떤 유식한 학자가 자기 자신이 항상 최고라는 생각을 가지고 강을 건너고자 뱃사공이랑 배를 타고 가면서 겪었던 이야기이다. 유식한 학자는 은근히 자신의 학식을 자랑하면서 세상은 학문하는 것이 최고라고 하면서 은근히 못 배운 뱃사공을 무시했다. 하지만 뱃사공은 자신의 일을 천직으로 여기고 결코 학자를 부러워하지도 않고 묵묵히 노만 저었다. 자신의 앞일을 예측도 못한 학자는 계속 뱃사공을 약 올리는 발언을 했다. 잠시 후에 풍랑이 일어서 배가 뒤집혔다. 뱃사공은 수영을 잘하여 헤엄쳐 나왔지만 백면서생이라 미처 수영실력을 갖추지 못했던 학자는 물에 빠져 허우적거렸다. 그때 학자는 깨달았다. 삶의 이론에만 능할 뿐 어려움에 대처능력이 없는 자신이 뱃사공만 못함을…. 그 후로 그는 겸손해졌다.

사기(史記)에는《廉頗藺相如列傳(염파인상여열전)》에는 허울좋은 한 장군(將軍)의 이야기가 실려 있다.

전국(戰國)시대 조(趙)나라에 조사(趙奢)와 염파(廉頗)라는 명장(名將; 전쟁에 이름 난 장군)이 있었는데, 이들은 오랜 동안 앙숙(殃執)인 진(秦)나라의 침공(侵攻; 침략하여 공격함)을 수차례 격퇴(擊退; 싸워 물리침)하였다.

당시 진나라의 대장이었던 백기(白起)는 염파의 지략(智略)을 당해내기 어렵다고 생각하고 조나라에 거짓 정보를 흘렸다. 이른바 위계(僞計)였다. 조(趙)나라 왕은 결국 염파를 대신하여 같이 활약하던 조사의 아들인 조괄(趙括)을 장군으로 임명(任命)해서 파병(派兵)하여 진(秦)에 맞섰다.

조괄은 어려서부터 아버지 조사에게서 병법을 공부하였지만 실전(實戰) 경험은 전혀 없었다. 그의 부모는 아들이 장군의 직(職)에 임용(任用)되지 않기를 원했으나 조나라 왕은 끝내 그를 대장(大將)으로 임명하여 전투에 내보냈다.

진나라 장군 백기는 이러한 기회를 놓치지 않고 조나라 군대를 유인(誘引; 꾀어서 끌어 들임)하여 공격하였다. 이 전투에서 조괄은 진나라 군사의 화살에 죽고 수십만의 조나라 군사들은 항복했다가 모두 생매장(生埋葬) 당하였다.

어떤 연유(緣由=事由)로 조괄을 대장으로 고집(固執)하여 전쟁을 이끌게 하여 참혹(慘酷)한 패배로 인(因)해 애꿎은 병졸(兵卒)들로 하여금 생매장 당하게 했는지 밝혀지진 않았지만 그저 이론(理

論)으로만 알 뿐인 탁상공론의 허황(虛荒; 마음이 들떠서 황당함. groundlessness)됨을 가르쳐 주는 고사성어다.

지상병담(紙上兵談)이란 실제(實際) 문제를 해결하지 못하는 공론(空論; 바탕이 없는 뜬 이론)을 비유한 말이며, 탁상공론(卓上空論; 실천성이 없는 허황한 이론)이라는 말과 같은 표현(表現)이다.

이 모두 다 경험과 경륜을 중요하게 생각지 않는 백면서생의 기용과 다를 바가 없는 고사이다.

이황의 일화다. 이황이 벼슬을 하기 전 겨우겨우 끼니만 연명하고 있을 때, 자신의 머릿속은 흐트러지기만 하고 벼슬을 할 수 있을까에 대한 고민만 가득했다. 이 때의 이황이 길을 가다 한 노인을 발견한다. 노인은 논에 낚시대를 드리운 채 멍한 표정으로 멀리 하늘만 바라보고 있었다. 이황은 노인의 행동이 우습다 생각이 들어,

"어째서 논에 낚시대를 드리우고 있습니까. 호수는 저쪽에 있습니다."

그러자 노인은, "나는 물고기를 낚으려는 것이 아니고 물고기를 낚는데 쓰일 지렁이를 낚는 중이오."

이 말에 큰 깨달음은 얻은 이황은 지금 자신의 일에 충실하면서 또 훗날을 기약해, 배고팠던 기억과 사람들에게 얻은 지혜를 훗날 벼슬을 하면서 써먹었다고 한다.

즉 이 이야기의 교훈은, 현재의 앞날이 흐릿할 때 자신의 생각마저 흐릿하다면 아무런 대답도 찾을 수 없지만, 지금에 충실하면서 자신의 앞날을 생각해 이 모든 경험이 훗날 나의 자양분이 될 것이라 여긴다면 미래에 언젠가 이날을 추억하며 유용하게 사용할 날이 올 것이라는 의미이다.

19

伯牙絕絃(백아절현)

백아가 거문고의 줄을 끊다.

ㄴ**글자 뜻** 伯(맏 백) 牙(어금니 아) 絕(끊을 절) 絃(악기줄 현)
ㄴ**출전** 열자(列子), 탕문(湯問) 여씨춘추(呂氏春秋) 본미(本味)
ㄴ**의미·비유**
자기를 알아주는 참다운 벗을 잃은 것을 비유

사건유래의 요약

중국 춘추전국시대 원래 초(楚)나라 사람이지만 진(晉)나라에서 고관을 지낸 거문고의 달인 백아가 있었다. 백아에게는 자신의 음악을 정확하게 이해하는 절친한 친구 종자기(鍾子期)가 있었다.

백아(伯牙)가 거문고로 높은 산들을 표현하면 종자기(鍾子期)는 "하늘 높이 우뚝 솟는 느낌은 마치 태산처럼 웅장하구나."라고 하고, 큰 강(江)을 나타내면 "도도하게 흐르는 강물의 흐름이 마치 황하강(黃河江) 같구나."라고 맞장구를 쳐주기도 하였다.

또 두 사람이 놀러 갔다가 갑자기 비(雨)가 쏟아져 이를 피하기 위해 동굴(洞窟)로 들어갔다. 백아(伯牙)는 동굴에서 빗소리에 맞추어 거문고를 당겼다. 처음에는 비가 내리는 곡조인 임우지곡(霖雨之曲)을, 다음에는 산이 무너지는 곡조인 붕산지곡(崩山之曲)을 연주하였다. 종자기는 그때마다 그 곡이 의미하는 바가 무엇인지를 조금도 틀리지 않게 정확하게 알아 맞혔다.

이렇듯 종자기는 백아가 무엇을 표현 하려는지를 정확히 이해하고 감상할 수 있는 능력을 가졌고, 백아(伯牙)와는 거문고를 매개로 서로 마음이 통하는, 음악 세계가 일치하는 사이였다.

그런데 종자기가 병으로 갑자기 세상을 등지자 너무나도 슬픈 나머지 그토록 애지중지하던 거문고 줄을 스스로 끊어 버리고(백아절현; 伯牙絶絃) 죽을 때까지 다시는 거문고를 켜지 않았다고 한다.

유사성어

문경지교(刎頸之交) **죽마고우**(竹馬故友) **관포지교**(管鮑之交)

생활 속의 지혜

❶ 자기의 능력영역은 완벽의 경지에 오르도록 목표를 삼고 노력

❷ 자기를 알아주는 참다운 친구를 사귐

보충자료

남자가 늙으면 아내와 참다운 친구가 반드시 있어야 한다.

夜深窓月絃聲苦 只恨平生無子期(야심창월현성고 지한평생무자기)

깊은 밤 창에 달이 걸렸는데 괴로이 타는 거문고 소리 다만 평생에 종자기가 없어서 한탄하고 있구나.

백아는 자신의 음악을 알아주는 사람이 이 세상에는 더 없다고 생각하였기 때문에 거문고 줄을 끊은 것이다.

이해 관계에 따라 친구를 사귀거나 친구를 배신하는 현대 사회의 이기적인 모습에서 진실한 우정을 생각하게 하는 고사성어다. 또한, 깊은 속마음까지 서로를 알아주고 위하는 완벽한 우정을 비유할 때 인용된다. 줄여서 절현(絶絃)이라고도 하며, 백아파금(伯牙破琴)이라고도 한다.

비슷한말로는 지음(知音:소리를 알아듣는다는 뜻으로 자기의 속마음을 알아주는 친구를 이름)이 있으며, 특히 거문고 소리를 이르거

나 지기(知己)를 비유하는 뜻의 고산유수(高山流水), 지기지우(知己之友) 등이 있다.

순자 권학문(勸學文)편에,

"석자호파고슬 이류어출청(昔者瓠巴鼓瑟 而流魚出聽)

백아고금 이륙마앙말(伯牙鼓琴 而六馬仰秣)

고성무소이불문 행무은이불형(故聲無小而不聞 行無隱而不形)

옥재산이초목 윤연생주이애불고(玉在山而草木 潤淵生珠而崖不枯)

위선부적사 안유불문자호(爲善不積邪 安有不聞者乎)"라는 글이 있다.

이를 해석하면, "옛날에 호파가 비파를 타면 물속에 있던 물고기가 나와 들었고, 백아가 거문고를 타면 여섯 필의 말이 풀을 뜯다가 고개를 들어 쳐다보았다. 그러므로 소리는 작더라도 들리지 않는 것이 없고 행동은 숨기어도 나타나지 않는 것이 없다. 옥이 산에 있으면 풀과 나무가 윤택하고, 연못에 진주가 생기면 언덕이 마르지 않는다. 선을 행하고 악을 쌓지 않는다면 어찌 명성이 들리지 않겠는가?"라는 말이다.

비록 권학문의 일부이지만 배움을 권하는 경지 높은 문장이 아닐 수 없다.

"남자는 자기를 알아주는 사람을 위하여 죽는다"(士爲知己者死 사위지기자사)라고 흔히들 말하곤 한다.

그렇다. 꽃다운 나이에 전장터에서 산화한 젊은이들은 자기를 알아주는 자기 상관을 위하여 초개와 같이 목숨을 바친다.

자기와 뜻이 맞고 생각이 일치하는 친구야 말로 진정한 친구요, 떨어질 수 없는 절실한 친구이다. 비록 백아의 예술성을 진정으로 알아주었던 종자기는 아닐지라도 뜻을 같이하는 동지나 예술성이 같은 동아리의 서로 아낌은 놀라울 정도로 두텁다.

우리는 중국 전국시대 조(趙) 나라의 염파(廉頗)와 인상여(藺相如)의 문경지교(刎頸之交)를 기억한다. 그들의 일화는 나라를 위한 자신의 자존심의 양보와 사나이다운 결단을 대표할 만한 고사가 아닐 수 없다.

현 시대에 자기의 이익만 생각하는 속 좁은 졸장부들에게 주는 교훈으로는 결코 작다고 할 수 없다.

20

兵家之常事(병가지상사)

전쟁을 할 때 한번 실수는 늘 있는 일이다.

ㄴ**글자 뜻** 兵(군사 병) 家(집 가) 常(항상 상) 事(일 사)
ㄴ**출전** 구당서(舊唐書) 배도전(裵度傳)
ㄴ**의미·비유**
❶ 어떤 일이든 실수는 있을 수 있다.
❷ 전쟁에 패한 장수에게 용기를 북돋아 주는 말로 자주 인용됨.

사건유래의 요약

중국 당(唐)나라 헌종(憲宗) 때 오원제(吳元濟)라는 장수가 변방에서 반란을 일으켰다. 당시 당나라는 거듭된 내란으로 쇠약해져 반란을 진압할 힘이 없었다. 신하들은 오원제를 사면하고 절도사에 임명하여 변방을 다스리게 하는 것이 좋겠다고 하였다. 그러나 헌종은 이를 거부하고 고하우(高霞寓)라는 장수를 시켜 반란을 진압하게 하였다.

한림학사 전휘(錢徽), 소면(蕭俛) 등이 더욱 굳게 주장했다. 배도(裵度)가 주청했다.

"병이 배나 심장에 있는데 때맞추어 제거하지 않으면 큰 병이 되고 맙니다. 그러지 않으면 하남(河南)과 하북(河北) 역시 순리를 거스르는 경우를 보게 될 것입니다."

하지만 고하우가 이끄는 정부군은 오원제의 반란군에게 패배하고 말았다. 신하들은 다시 오원제를 사면하여 전쟁을 끝내자고 청하였다. 그러자 헌종이 말했다.

"한 번 이기고 한 번 지는 것은 전쟁에서 늘 있는 일이다. 제왕의 군대라고 해서 패배하지 않는다면 자고로 군사를 부리는 데 무슨 어려움이 있겠으며, 여러 선왕들께서 어찌 이 역적을 그대로 남겨두었겠는가. 지금은 군사를 쓰기에 합당한지, 조정의 조치가 마땅한지를 따질 뿐이다. 경들은 오로지 중요한 일을 처리하여 장수가 부적합하면 지체 없이 쫓아내고, 병력이 부족하면 속히 대응하라. 어찌 장수 하나가 패배했다고 다 된 계획을 중지할 수 있겠는가."

헌종이 이렇게 강경하게 나오자 신하들은 감히 반대하지 못했다. 반란군 토벌은 계속되었고, 결국 반란을 일으킨 오원제는 사로잡혀 처형당했다. 한 번의 패배에 좌절하지 않고 착실히 승리를 준비했던 헌종의 강한 의지가 반란 진압을 성공으로 이끌었던 것이다.

유사성어

권토중래(捲土重來) **와신상담**(臥薪嘗膽) **사회부연**(死灰復燃)

생활 속의 지혜

❶ 한번 실패했다고 절대 포기하지 마라.

❷ 오늘의 패배는 내일의 승리를 위한 귀중한 경험임을 명심

❸ 실수를 오히려 기회로 만들어라.

보충자료

莫畏於慾 莫善於忍(막외어욕 막선어인)

욕망보다 더 무서운 것은 없고, 인내보다 더 좋은 것은 없다.

○○산업의 윤 사장은 아침에 일찍 출근하면 반드시 생산현장을 한 바퀴 돌아본다. 어느 날 생산현장을 점검하고 있는데 어찌된 일인지 물건들이 엉망으로 만들어진 것이 아닌가? 윤 사장은 화가 머리

끝까지 솟구쳤다. 그는 화를 참지 못하고 소리를 버럭 질렀다.

"공장장 어디 있어. 빨리 나오라고 해."

공장장이 머리를 긁적이면서 나타났다. 윤 사장은 자초지종을 들어보지도 않고서 화부터 냈다.

"야, 네가 공장장이냐? 이 따위로 물건을 만들어놓고서도 공장장이냐고? 당신이 회사를 말아먹으려고 작정을 했지? 당장 사표 써!"

사장의 말을 들은 공장장도 화가 났다. 30년 동안 회사를 위해서 열심히 일했는데 이럴 수가 있나 싶었다.

"예, 알겠습니다."

한 마디 말만 남기고 돌아선 공장장은 그날 사표를 제출했다. 그러고는 그 다음날 경쟁업체로 이직했다. 물론 그동안의 노하우를 모두 가지고 말이다.

이 일로 인해서 직원들의 사기는 바닥까지 떨어졌다. 윤 사장도 자기가 왜 그렇게 심하게 했나 후회하기도 했지만 이미 때는 늦었다.

이 일이 계기가 되었는지 몰라도 ○○산업은 어려움을 겪다가 끝내는 부도를 내고 말았다.

"일을 그렇게밖에 못하나.", "회사를 말아먹자는 건가?", "자네 같은 사람한테 일을 맡기느니 차라리 지나가는 아이를 불러다 일을 시키는 것이 훨씬 낫겠네.", "최소한 월급 값은 해야 할 것 아닌가?", "너는 그것도 공부라고 했니 자면서 해도 그것보다는 잘하겠다.", "그렇게 해서 장차 너는 뭐가 되려고 그러니?"

이런 말을 들어본 적이 있는가? 왠지 온몸에 힘이 빠지고 아무 것도 할 수 없을 것 같지 않은가? 만약 이 말을 들어본 적이 없다면 다음과 같은 말은 어떤 느낌이 들까.

"누구나 조금은 실수를 하는 거야. 실수 자체가 잘못된 것이 아니라네. 실수를 하지 않으려는 의지가 중요하지. 의지가 있다면 충분히 잘할 수 있다네.", "그 문제는 이 부분을 약간만 수정한다면 쉽게 고쳐지겠는걸. 다음엔 이 과정을 좀 더 주의해서 하게나.", "야, 조금만 더 열심히 하면 훨씬 잘하겠는걸. 이 과목이 조금 부족한 것 같으니 심화학습을 하면 될 거야. 너는 잘 할 수 있어. 힘내!"

지금은 기분이 어떠한가. 두 주먹에 왠지 모를 힘이 들어가고 즐거운 마음이 깃들지 않는가? 이처럼 비슷한 상황에서도 어떻게 반응하는가에 따라 얻게 되는 결과는 크게 차이가 나는 것이다.

미국 IBM 社에서 있었던 일이다. 한 부서장이 큰 실수를 해서 회사에 100만 달러의 손실을 입혔다. 그가 IBM의 창립자인 토마스 왓슨에게 불려갔을 때 그는 해고당할 것이라고 생각했다.

그는 "모든 것이 제 실수입니다. 책임을 지고 사표를 내겠습니다." 하고 말했다. 그러자 토마스 왓슨은 "천만의 말씀! 나는 당신을 훈련시키는데 100만 달러를 지불했습니다. 실패를 통해 어떤 교훈을 얻었습니까? 그 교훈을 가지고 다시 일을 시작해주십시오."라고 말했다. 이 부서장이 어떠한 태도로 다시 업무에 임했겠는가?

리더는 직원이 실수했을 때에도 도와주어야 한다.

직원이 진정으로 탄탄한 실력을 갖추게 하려면, 그들에게 실패를 경험하고 그 실패를 이겨낼 수 있는 기회를 만들어주어야 한다. 그렇지 않으면 직원들은 어떠한 새로운 시도도 하려고 하지 않을 것이다.

피터 드러커 박사는 "누구나 과오를 저지르면서 여러 가지 일을 터득해나가는 법이다. 과오가 많을 수록 그 사람은 이전보다 더 나아진다. 그만큼 새로운 경험을 많이 해보았기 때문이다."라고 강조했다.

사람은 좋은 일이나 나쁜 일이나 실패 뒤에는 반드시 반성하는 자세가 필요하다. 타산지석(他山之石)이나 반면교사(反面教師)라는 말도 실패를 거울삼아 다시는 그런 일이 반복되지 않도록 하자는 것이다. '전철(前轍)을 밟지 말라'는 말에서 전철은 전거복철(前車覆轍)

의 줄인 말이다. 앞에 가던 수레가 엎어진 자국이 있으면 뒤따라가던 수레가 당연히 조심을 해야 한다는 말로 앞의 일을 거울삼아 주의하자는 것이다.

피터 드러커는 "한 번도 실책이 없었던 사람, 그것도 큰 잘못을 저질러보지 못한 사람을 최상급의 직책으로 승진시키는 일은 없어야 한다."고 말했다.

21

死灰復燃(사회부연)

사그라진 재에서 다시 불이 살아난다.

ㄴ**글자 뜻** **死**(죽을 사) **灰**(재 회) **復**(다시 부) **燃**(사를 연)
ㄴ**출전** **사기**(史記) **한장유 열전**(韓長儒 列傳)
ㄴ**의미·비유**
❶ 세력을 잃었던 사람이 다시 득세함을 비유함
❷ 실패하더라도 절대 실망 하지 말고 다시 시작하라 함의 비유

사건유래의 요약

한안국(韓安國)은 기원전 150년 무렵 양(梁)나라 사람이다. 양나라 효왕(孝王) 때 관리로 등용되었다. 얼마 후 오초칠국의 반란이 일어나자 한안국이 군대를 통솔하여 이를 평정하였다.

이 공로로 효왕의 총애를 받아 직위가 높아졌다.

효왕은 한(漢)나라 황제인 효경제의 친동생이다. 어머니 두태후(竇太后)의 총애를 믿고 황제를 흉내 내어 양나라의 고위관리를 제 마음대로 임명하였다. 이에 효경제가 불쾌하게 여겼다. 어머니 두태후가 이를 눈치 채고 효왕을 꾸짖었다. 그러자 효왕이 벌을 받을까 두려워했다. 이를 해결하기 위해 한안국을 한나라에 사신으로 보냈다. 이때 한안국이 황제의 누이인 대장공주(大長公主)를 알현하고 호소하였다.

"이전에 오초칠국의 반란이 일어났을 때 저희 양나라는 한나라 황실과 친하다는 이유로 유독 큰 고통을 당하였습니다. 하지만 효왕께서는 도리어 황제를 걱정하여 장수들에게 반군을 꼭 격퇴하도록 명하셨습니다. 효왕의 이런 정성으로 반란군은 감히 한나라로 들어가

지 못하고 패하고 말았습니다. 작금에 두태후께서는 효왕을 책망하고 계십니다. 그러나 효왕은 아버지와 형님이 모두 황제였기에 어려서부터 듣고 본 것이 모두 성대한 것뿐입니다. 그런데 그 행동을 금하라고 하시니 그것이 어찌 단 시일에 이루어질 수 있겠습니까. 효왕께서는 부모에게 효도하고, 신하로써 충성을 다하는데 어찌 그리도 몰라주시는 것인지 답답하기 그지없습니다."

대장공주가 이 말을 두태후에게 전하였다. 그러자 두태후가 이를 황제에게 전하였다. 황제가 이를 전해 듣고는 마음속의 응어리가 풀어지고 말았다.

얼마 후, 한안국이 뜻하지 않게 법을 위반해 감옥에 수감되었다. 그곳 옥리 중에 전갑(田甲)이라는 자가 한안국에게 고통을 주고 모욕을 하며 무례하게 굴었다. 한안국이 어쩔 수 없어 이를 꾹 참으며 말했다.

"어찌 불이 꺼진 재라고 다시 타지 않겠느냐!"

그러자 옥리 전갑이 비웃으며 말했다.

"네 놈이 다시 탄다면, 내가 즉시 거기에다 오줌을 누어 꺼버리겠다!"

얼마 후, 한나라 황실에서 반란을 평정한 공로로 한안국을 내사에 임명하였다. 죄수의 몸에서 풀려난 것이다. 이 소식을 들은 옥리 전갑이 목숨이 위태롭다고 여겨 황급히 달아났다. 그러자 한안국이 내사 관리들에게 포고를 내렸다.

"당장 전갑이 복귀하지 않으면 그의 일족을 모두 멸한다고 알려라!"

며칠 후 전갑이 돌아와 한안국 앞에서 바짝 엎드려 사죄하였다. 그러자 한안국이 웃으면서 말했다.

"어디 소변을 볼 테면 보거라. 하찮은 네놈과 내가 무엇을 따지겠느냐."하고는 전갑의 이전 죄를 용서해주었고 더욱 잘 대우해 주었다.

본래 사회부연(死灰復燃)은 어떤 일에 실패하더라도 절대 실망하지 말고 용기를 갖고 힘써 나가라는 격려의 의미였다. 하지만 지금에 이르러서는 좋지 않은 일이 없어지지 않고 다시 발생한다는 의미로 변질돼 세력을 잃은 사람이 다시 득세하는 경우를 비유하기도 한다.

유사성어

칠전팔기(七顚八起) **병가지상사**(兵家之常事) **권토중래**(捲土重來) **기사회생**(起死回生)

생활 속의 지혜

❶ 인생은 항시 기회가 있다 절대 포기하지 말라

❷ 한 번 실패는 있을 수 있다. 반드시 재기하고자 힘써라.

보충자료

奮者勇之倡 失者得之機(분자용지창 실자득지기)

분발은 용기를 끌어내는 길잡이고, 실패는 성공을 이루는 계기이다.

인생을 살아가는 데는 많은 역경이 있고, 성공한 후 돌아보면 숱한 곡절이 있다. 때로는 어처구니없는 모함에 좌절을 맛보기도 하고, 반대로 우연한 기회에 도움을 받아 뜻하지 않는 행운을 얻기도 한다. 인간은 짧은 생애 중 희열을 느끼며 살아가는 행복한 날들 보다는 어렵고 힘들고 남들과 싸워야 하는 고달픈 생활의 연속이 더 많은 것 같다.

대부분 사람은 많은 노력으로 자기가 지향했던 목표를 달성하게 된다. 그런데 인생의 운명은 노력 말고도 어떤 힘으로 작용하는 경우도 또한 간과 할 수 없는 경우가 허다하다. 본인 의사와는 전연 관계없이 시기와 질투 모함 때문에 인생의 쓴맛을 경험하는 경우가 의외로 많다. 그런데 그 경우에 좌절하면 끝나 버리는 인생이 되고 조용히 극복하면 재기할 수 있다. 정직하게 살면 그 어떤 경우도 극복할 수 있을 것이다.

어느 마을에 있었던 실화이다.

그는 빵을 만들어 마을 사람들에게 공급하고 있었는데 그에게는 매일 아침 버터를 공급해주는 가난한 농부가 있었다. 그런데 하루는 납품되는 버터를 보니까 정량보다 조금 모자라 보였다. 그래서 며칠을 두고 버터를 저울로 달아 일일이 달아보았는데 예측대로 정량 미달이었다.

화가 난 빵장수는 버터를 납품하는 농부에게 변상할 것을 요구하고 법정에 고발했다. 이 재판을 맡은 재판관은 체포된 농부의 진술을 듣고 놀랐다. 버터를 공급하던 가난한 농부의 집에는 저울이 없었다. 그래서 빵장수가 만들어놓은 1파운드짜리 빵의 무게에 맞추어서 버터를 자르고 포장해 납품했던 것이다.

문제는 그 빵장수가 이익을 더 남기기 위해 자신의 1파운드짜리 빵의 규격을 조금 줄이고 양을 줄였다.

그것도 모르고 농부는 줄여서 만들어진 빵에 맞추어서 버터를 만들었으니 당연히 버터가 함량 미달이 될 수밖에 없었고, 결국 그 대가는 버터 장수인 농부가 아니라 빵장수가 치러야 했다.

이 이야기는 "자기는 괜찮고 남은 안 된다"는 이기적인 마음 그 마음이 결국은 대가를 치르고야 만다는 것을 이야기한 것이다.

우리 사회는 이 빵장수와 같은 마음이 너무 가득한 것 같다. 이 모습이 한 순간은 이득을 보는 것 같지만 결국은 큰 낭패에 빠질 수밖에 없다. 나 자신은 얼마나 진실하게 살고 있을까? 자기에게는 관대하고 남에게는 엄격한 우리가 아닌 남에게는 관대하고 자기에게는 엄격한 우리가 될 때 진실한 모습을 간직하며 살 수 있을 것이다. 나는 친구들에게 어떻게 비치고 있을까? 한 번쯤 자신을 뒤돌아보는 시간이 필요하다.

세상은 서로 반대되는 것들로 가득하다. 행복 뒤에는 슬픔이 있고, 슬픔 뒤에는 행복이 있다. 햇빛이 비치는 곳이면 어딘가에 그늘이 있는 것처럼 빛이 있는 곳이면 어둠이 있기 마련이다. 태어남이 있는 곳에 죽음이 있다. 이들을 이겨내는 길은 이들을 없애버리는 것이 아니라 이들을 뛰어넘고 집착으로부터 완전히 자유로워지는 데 있다.

— 마하트마 간디

22

三顧草廬(삼고초려)

초가집을 세 번 돌아보다(찾아가다).

ㄴ **글자 뜻** 三(석 삼) 顧(돌아볼 고) 草(풀 초) 廬(오드막집 려)
ㄴ **출전 삼국지(三國志) 촉지(蜀志) 제갈량전(諸葛亮傳) 출사표**
ㄴ **의미·비유**
❶ 유능한 인재를 맞이하기 위해 참을성 있게 노력함.
❷ 사람을 맞이함에 진심을 다하여 예우함.

사건유래의 요약

유비(劉備: 字는 현덕玄德, 161~223)는 관우(關羽: 字는 운장雲長, ?~219), 장비(張飛: 字는 익덕益德, 166?~221)와 의형제를 맺고 한실(漢室)부흥을 위해 군사를 일으켰다. 그러나 군기를 잡고 계책을 세워 전군(全軍)을 통솔할 군사(軍師)가 없어 늘 조조군(曹操軍)에게 고전을 면치 못했다. 어느 날 유비가 은사(隱士)인 사마휘(司馬徽)에게 군사(軍師)를 천거해 달라고 청하자 그는 이렇게 말했다.

"복룡(伏龍)이나 봉추(鳳雛) 중 한 사람만 얻으시오."

"대체 복룡(伏龍)은 누구고 봉추(鳳雛)는 누구입니까?"

그러자 사마휘는 말을 흐린 채 대답하지 않았다. 그 후 제갈량(諸葛亮: 字는 공명孔明, 181-234)이 복룡인 것을 안 유비는 즉시 수레에 예물을 싣고 양양(襄陽) 땅에 있는 제갈량의 초가집을 찾아갔다. 그러나 제갈량은 집에 없었다. 며칠 후 또 찾아갔으나 역시 출타 하고 없었다.

"전번에 다시 오겠다고 했는데…, 이거 너무 무례하지 않습니까? 듣자니 그 자는 아직 나이도 젊은 새파란 애숭이라 하던데…."

"그까짓 제갈공명이 뭔데. 형님, 이젠 다시 찾아오지 마십시다." 마침내 수행했던 관우와 장비의 불평이 터지고 말았다. "다음엔 너희들은 따라오지 말아라." 관우와 장비가 극구 만류하는데도 유비는 단념하지 않고 세 번째 방문길에 나섰다. 그 열의에 감동한 제갈량은 마침내 유비의 군사(軍師)가 되어 적벽대전(赤壁大戰)에서 조조의 100만 대군을 격파하는 등 많은 전공을 세웠다.

그리고 유비는 그 후 제갈량의 헌책(獻策)에 따라 위(魏)나라의 조조, 오(吳)나라의 손권(孫權)과 더불어 천하를 삼분(三分)하고 한실(漢室)의 맥을 잇는 촉한(蜀漢)을 세워 황제(皇帝 소열제昭烈帝, 221~223)로 일컬었으며, 지략과 식견이 뛰어나고 충의심이 강한 제갈량은 재상이 되어 후주(後主) 유선 때까지 2조(二朝)를 섬겨 후세 충신의 표상이 되었다.

제갈공명의 출사표에서,

"臣이 본래 벼슬이 없는 천한 몸으로 몸소 남양 땅에 묻히어 밭이나 갈면서 살고자 하여, 진실로 생명을 어지러운 세상에서 잘 보전하고 벼슬을 임금들에게 구하지 않고 지내려 하였더니, 선제께서 신을 벼슬이 없는 천한 사람으로 여기지 않고, 외람스럽게도 몸을 굽히어 세 번이나 초가집의 가운데에서 나를 찾아 주시고 신에게 당세의 여러 가지 일을 물음이라. 이로 말미암아 마음에 크게 느껴 드디어 선제의 밑에서 일할 것을 허락을 하더니, 뒤에 나라가 기울 제를 만나서, 책임을 패하여 가는 군인의 즈음에서 받고, 명령을 어려운 사이에서 받음이 지금까지 二十一 년이 됩니다…."

유사성어

존현사능(尊賢使能) **토포악발**(吐哺握發) **삼고지례**(三顧之禮)

생활 속의 지혜

❶ 자기를 도울 수 있는 인재는 경우를 막론하고 사귀어야 함.

❷ 인재를 사귐에 예의와 정성을 다해야 함.

❸ 큰 뜻을 이루기 위해서는 큰 고초를 감당하는 인내심을 갖추라.

보충자료

國之匡輔 必待忠良 任使得人 天下自治(국지광보 필대충량 임사득인 천하자치)

통치자를 바로잡고 보좌하려면 충성스럽고 어진 인재를 기다려야하며, 인재를 얻어 기용한다면 천하는 저절로 다스려질 것이다. ― 당 태종

삼국지연의에서는 사마휘가 복룡과 봉추의 정체를 밝히지 않고, 서서가 유비를 떠나기 전에 제갈량을 추천하며 복룡과 봉추의 정체가 각각 제갈량과 방통이라는 사실을 밝힌다. 이 말을 들은 유비는 곧 제갈량을 찾아간다. 실패할 때마다 장비가 심통을 부리는 부분이 독자들에게 안타깝기만 하다.

처음엔 가을에 한 번 찾아갔으나 그때는 동자 한 명만이 집을 지키고 있었고 제갈량은 여행을 떠나서 언제 돌아올지 모른다는 말만 듣고 돌아와야 했다. 다만 돌아오는 길에 제갈량의 도우(道友)인 최주평을 만나 난세에 대해 짧은 평을 듣기도 했다. 이후 겨울에 다시 찾아갔으나 역시 제갈량은 없었고 집에 찾아온 손님들과 장인 황승언, 아우 제갈균만 보고 떠났다. 이 때 판본에 따라선 돌아가는 길에 동네 주막에서 백성들이 제갈량의 아내 황부인을 놀리는 노래를 부르는 걸 듣자, 장비가 "아내가 저 모양이니 제갈량도 딴 여자나 만나러 돌아다니는 모양이다"라고 씨근덕대는 장면이 나온다. 물론 유비는 헛소리 말라며 간단히 일축하고 돌아갔다.

이듬해 봄에 찾아가자 동자가 제갈량이 집에 돌아와 있다고 말했으나, 공교롭게도 낮잠을 자고 있었다. 이에 유비는 깰 때까지 기다리겠다고 했고, 제갈량이 뒤척이는 걸 동자가 깨우러 가려 하자 눈짓으로 말리기까지 하며 계속 기다렸다. 아무리 기다려도 소식이 없자 장비가 어찌 되나 싶어서 안을 들여다보니 유비가 계속 서서 기다리는 걸 보자, "저렇게 무례한 놈이 있냐, 내 당장 불을 질러버리겠다"고 폭발했으나 관우가 급히 만류하는 바람에 넘어갔다. 한참을 자던 제갈량은 드디어 잠이 깼는지 자작시를 읊고는 자리에서 일어난다.

> 초당에 봄잠이 넉넉하고, 창밖의 해는 더디더디 기운다. 큰 꿈에서 누가 먼저 깨어날 것인가, 평소에 나 자신은 아노라.
>
> **草堂春睡足 窓外日遲遲 大夢誰先覺 平生我自知**(초당춘수족 창외일지지 대몽수선각 평생아자지)

제갈량은 인기척을 느끼고 동자에게 누가 찾아왔냐고 묻자 동자는 유비가 한참부터 기다리고 있다며 얼른 대답했고, 제갈량 역시 얼른 의관을 갖추고 유비를 맞이한다. 이후 정식으로 예를 표할 때 한낱 백성인 자신에게 무릎을 꿇는 것을 보자 감복하여 자신의 대계인 천하삼분지계를 설파했다. 한참 설명을 들은 유비가 망설이다가 세 번이나 찾아온 목적인 "부디 나와 함께 그 대업을 이루자"고 말하자 제갈량은 지금의 생활에 만족한다며 거절했으나, 유비가 "그러면 저렇게 고통 받는 백성들은 어떻게 하란 말인가"라며 눈물을 흘리자 이에 마음이 움직여 유비에게 종군하기로 결정한다.

삼고초려는 인재(人材)를 얻기 위해 참을성 있게 노력하거나 마음을 쓴다는 뜻으로 중국 후한 말, 삼국 시대에 촉한의 유비가 제갈량을 얻기 위해 몸소 제갈량의 초가집으로 세 번이나 찾아갔던 일화에서 유래했다. 이후 유비와 공명관계를 수어지교(水魚之交)라 한다. 인재를 만난 유비는 촌부에서 일약 황숙으로 호칭되고 천하를 삼분하는 대업과 한실을 다시 부흥하고자 하는 꿈을 가지고 일을 착착 진행시키게 됨은 물론이다.

삼고초려는 우리 조선조 이성계와 배극렴 간의 일화가 전설로 전해진다.

충청북도 괴산군 불정면 삼방리가 그곳이다. 삼방리(三訪里)는 전형적인 농촌마을로 그야말로 산자수명(山紫水明)한 조용한 마을이다. 이 조그마한 마을이 조선 태조 이성계가 인재를 얻기 위해 삼고초려(三顧草廬)하였다는 이야기에서 유래된 유서 깊은 마을임을 아는 사람은 그리 많지 않다.

고려 말 이성계 일파가 공양왕의 시역사건을 일으키자 배극렴(裵克廉)은 정사에 뜻을 접고 낙향해 이곳 괴산 삼방리의 어래산(御來山)에서 은거하며 살았다. 이성계가 조선을 건국하고서 고려의 명신들을 찾던 중 배극렴이 이곳에 은거해 있다는 이야기를 듣고 손수 이곳을 찾았으나 배극렴이 만나 주지 않았다. 이후 이성계는 배극렴을 세 번째 찾아나서 겨우 만났고, 조선의 집권계획 등 국사를 논하고 배극렴을 얻었다는 설화가 전해지고 있다.

이곳 삼방리(三訪里)는 '이성계가 배극렴을 얻기 위해 세 번 이곳을 찾았다'고 하여 붙여진 명칭이다. 또 이 삼방리 마을에 있는 어래산(御來山)은 이와 같은 맥락의 이야기로 '임금이 산을 찾아왔다'고 해 어래산이라 불리었다.

배극렴은 조선 건국에 적극 참여, 조선의 초대 영의정이 돼 공신 중에서도 최고의 대접을 받았으나, 영의정에 오른 후 1년여 만에 세상을 떠 자신의 포부를 제대로 펼쳐보지 못했다. 그의 묘가 증평군 증평읍 송산리에 위치하고 있다.

이 삼방리(三訪里)의 전설은 유비가 당대 최고의 인재인 제갈량을 얻기 위해 삼고초려를 했다는 고사를 차용, 이성계도 어래산(御來山)에 은거하고 있는 조선 최고의 인재인 배극렴을 세 번이나 찾았다는 점을 강조하고 있다.

인재를 중시한다는 점에서 유비와 이성계를 동격으로 올려놓고자 했던 것으로도 풀이된다. 이성계가 이곳을 방문했다는 역사적 기록은 남아 있지 않다. 그러나 이곳에 삼고초려와 관련된 많은 지명이 분명 조선 초 핵심적 인물이 이곳을 방문해 배극렴과 같은 역량 있는 인물을 얻기 위해 노력했다는 것을 전해주고 있는 것은 분명하다.

23

三令五申(삼령오신)

세 번 명령하고, 다섯 번 거듭함.

ㄴ**글자 뜻** 三(석 삼) 令(명령 령) 五(다섯 오) 申(거듭 신)
ㄴ**출전** 사기(史記) 손자오기열전(孫子吳起列傳)
ㄴ**의미·비유**
❶ 군주나 장수의 명령은 엄하고 반드시 지켜야 함.
❷ 여러 번 되풀이 하여 말하거나 설명한다는 것에 비유함.

사건유래의 요약

춘추시대, 제(齊)나라 사람 손무(孫武)는 병법(兵法)으로 오왕(吳王) 합려(闔閭)에게 알려지게 되었다. 오왕은 손무를 초빙해 왔다.

"그대가 지은 병서 13편을 다 읽어 보았소. 실제로 군대를 훈련시키는 것을 보여 줄 수 있겠소?"

"좋습니다."

"여자도 훈련시킬 수 있소?"

"할 수 있습니다."

오왕은 궁중의 미녀 180명을 나오게 했다. 손무는 그들을 두 부대로 나눈 다음, 왕의 총희(寵姬) 두 사람을 각각 대장으로 삼아 창을 들게 하고 명령을 내렸다.

"모두 가슴과 왼손, 오른손, 등을 알고 있는가?"

여자들은 알고 있다고 대답했다. 손무가 말했다.

" '앞' 하면 앞으로 가고, '좌로' 하면 왼쪽으로, '우로' 하면 오른쪽으로 '뒤로' 하면 뒤로 돌아야 한다."

여자들은 알겠다고 대답했다.

손무는 이렇게 군령을 결정하고, 부월(鈇鉞)을 갖추고 세 번 군령을 들려주고 다섯 번 설명을 했다.

손무는 북을 치며 "오른쪽으로!"라고 명령을 내렸다. 그러나 여자들은 크게 웃기만 했다. 손무가 말했다.

"군령이 분명하지 못하고 전달이 충분하지 못한 것은 장수의 책임이다."

다시 세 번 군령을 들려주고 다섯 번 설명을 한 다음, 북을 치며 "왼쪽으로!"라는 명령을 내렸다. 이번에도 여자들은 크게 웃기만 할 뿐이었다. 손무가 말했다.

"군령이 분명치 못하고 제대로 전달되지 않은 것은 장수의 죄이지만 이미 분명히 전달되었는데도 병졸들이 규정대로 하지 않는 것은 대장의 죄다."

그러고는 좌우의 두 대장을 베려고 했다. 누대 위에서 이를 보던 오왕은 총희를 참하려 하자 크게 놀라 사람을 보내 영을 내렸다.

"과인은 이미 장군이 용병에 능하다는 것을 알았소. 과인은 이 두 총희가 없으면 음식을 먹어도 맛을 알지 못하오. 베지 말아 주시오."

"신은 이미 명령을 받아 장군이 되었습니다. 장군이 군문에 있을 때는 왕의 명령을 받지 않을 수도 있습니다."

손무는 이렇게 말하고 두 대장을 베고 그 다음 사람을 대장으로 임명하고 다시 북을 울렸다. 여자들은 왼쪽, 오른쪽, 앞, 뒤,로 향하고 규정대로 하였으며 감히 소리조차 내지 않았다.

손무는 오왕에게 사람을 보내 보고했다.

"부대는 이미 갖추어졌습니다. 내려오셔서 시험해 보십시오. 왕께서 쓰려고만 하신다면 물과 불에라도 뛰어들 것입니다."

오왕이 말했다.

"장군은 훈련을 끝내고 숙사에서 쉬도록 하시오. 과인은 내려가 보기를 원치 않소."

손무가 말했다.

"왕은 헛되이 말만 좋아할 뿐, 그 실질적인 것은 쓰지 못하는 사람이구나."

오왕은 손무가 용병에 뛰어나다는 것을 알고 마침내 그를 장군으로 등용했다. 그 뒤 오나라가 서쪽으로 초(楚)나라를 무찔러 수도 영(郢)을 점령하고 북쪽으로는 제(齊)나라와 진(晉)나라를 위협하였으며 제후들에게 그 이름을 드러내게 되었는데, 이렇게 된 데에는 손무의 힘이 컸다.

유사성어

일사불란(一絲不亂) **조령모개**(朝令暮改)

생활 속의 지혜

❶ 한 가지 목표를 정하면 굳세게 정진해야 함.

❷ 부모의 당부는 엄하고 일관되어야 함.

보충자료

行不及時 後時悔 事不始審 責時悔(행불급시 후시회 사불시심 책시회)

행동을 제 때하지 않으면 지난 후에 후회하고, 일을 처음에 살피지 않으면 그릇쳤을 때 후회한다.

본보기는 좋기도 하지만 두렵기도 하다.

남에게 설명하거나 증명하기 위한 모범은 흐뭇하다. 반면 여러 사람을 훈계하기 위해 잘못한 사람을 징계하는 본보기는 다수를 위한 것이라도 당하는 사람은 죽을 맛이다.

실제 사람의 목숨을 끊은 본보기는 고사성어에 제법 된다. 중국 촉(蜀)나라의 군사 제갈량(諸葛亮)이 군령을 어겨 패배를 가져온 부하의 목을 울면서 벤 읍참마속(泣斬馬謖)이 있다. 무시무시한 조치 이후 군기가 바싹 잡힌 건 물론이다.

살일경백(殺一儆百)이라는 말이 있다. 곧 한 사람을 죽여 백 사람에게 경계가 되도록 한다는 뜻이다. '한서(漢書)'가 설명한다. "하나로써 백을 경고하면 모든 사람들이 복종하게 된다. 공포감은 스스로를 새롭게 변화시킨다."(以一警百 使民皆服 恐懼改行自新/ 이일경백 사민개복 공구개행자신) 사람이 너무 심하다면 다른 방법도 동원한다. 풀을 두들겨 뱀을 놀라게 한다는 타초경사(打草驚蛇), 산을 울려 범을 놀라게 하는 고산진호(敲山震虎, 敲는 두드릴 고) 등이 있다. 닭을 죽여(殺鷄) 원숭이에게 본보기가 되게 한다(儆猴)는 같은 뜻의 성어에는 다음 이야기가 따른다.

한 노인이 기르는 원숭이에게 곡예를 가르쳐 장터에서 돈을 벌기로 했다. 구경꾼들이 모여 들었지만 원숭이가 도통 평소 잘 하던 묘기를 할 생각이 없었다. 노인은 피를 싫어한다는 원숭이의 속성을 알고 닭의 목을 쳤다. 시뻘건 피를 보고 공포에 질린 원숭이는 그제야 재주넘기를 시작했다.

본보기를 잘못 고른 성어도 있다. 하찮은 물오리를 잡으려다가 아름다운 원앙새를 놀라게 하여 달아나게 하면 어리석다. 타압경원앙(打鴨驚鴛鴦)은 경계를 주지 않고 놀람만 주었다. 목표를 끝까지 관철하고 말겠다는 집념은 기개가 있는 자의 정신을 단단히 바치고 있는 기둥이며 성공의 최대 조건이다.

이것이 없다면 아무리 천재라고 할지라도 이리저리 방황하게 되고, 헛소문이 에너지를 소비 할 뿐이다. (체스터필드)

여러 사람을 다치게 하면서 얻은 교훈은 아무 짝에도 쓰지 못한다.

이끄는 사람은 효과를 봤다고 우쭐댈 때 그 조직은 곪는다.

삼령오신(三令五申)은 중요한 일일 수록 반복해서 말할 필요가 있으니 기강이 해이해지면 생명이 다 되었다고 할 수 있는 군대에 어울리는 고사성어이다.

어떤 조직이든 적절한 기강을 세워야 한다는 것과 방법론의 한 예를 보여 주는 것이다. 가정이든 회사든 나라든 적절한 기강을 세우는 리더십은 필요할 듯하다. 이렇듯 나랏일에는 법이 서야하고 법이 서려면 책임을 지는 자가 있어야 한다.

민주사회 일수록 법에는 추상같은 제재가 따라야 기강이 확립되고 질서가 존중되며 사회가 안정된다. 물론 법이 서려면 명분이 서야 하고 공평한 적용이 전제되어야 할 것이다.

제 아무리 처벌을 강화하거나 교육을 강화하여도 법을 잘 지키게 하기는 힘들다. 사회지도층 인사들이 모범을 보이지 않고서 국민들에게 법을 잘 지키라 할 수는 없기 때문이다. 더구나 법 적용에서 형평성이 상실된다면 준법정신은 기대하기 힘들다.

어떤 이는 대통령 측근이라고 수십억 원을 훔쳐도 봐주고 힘없는 사람은 빵 한 조각 훔치고서도 평생을 감옥에서 살아야 한다면 기강이 확립되기는 힘들 것이다.

청와대를 사칭하는 사기사건이 권위주의 시대나 지금이나 끊이질 않는 것은 아직까지도 청와대 언저리에 있으면 힘을 발휘할 수 있기 때문이라는 사실을 반증하는 것이다.

가까운 일본에서는 도쿠가와 막부 말기 도쿠가와 요시노부가 기강확립을 위해 상당수의 중신들을 감옥에 보낸 적이 있다. 이탈리아에서는 깨끗한 손이라는 뜻의 마니 폴리테가, 싱가포르에서는 이광요 수상의 부패와의 전쟁이 유명하다. 심지어 대만의 장개석 총통은 부패척결의 의지를 보이기 위해 며느리마저 자살케 하였다.

동서고금(東西古今)을 막론하고 측근을 제대로 관리 하지 못하고서는 결코 뒤끝이 좋지 못하였다는 교훈을 되새기는 중요한 덕목이 될 것이다.

오왕 합려가 총희를 잃은 것만 애석히 여겨 손무를 기용하지 않았다면 그는 결코 춘추시대 패자(覇者)의 반열에 오르지 못하였을 것이다. 그러나 애석함을 무릅쓰고 대의(大意)를 생각했기 때문에 자기가 이루고자한 대업(大業)을 이룰 수 있었음을 우리는 교훈으로 다시 생각해 볼 필요가 있다.

24

三人成虎(삼인성호)

세 사람이 입을 모으면 호랑이도 만들 수 있다.

ㄴ **글자 뜻** 三(석 삼) 人(사람 인) 成(이룰 성) 虎(범 호)
ㄴ **출전** **전국책**(戰國策)**의 위책**(魏策) **한비자**(韓非子)**의 내저설상편**(內儲說上篇)
ㄴ **의미·비유**
근거 없는 말도 여럿이 하면 곧이듣게 된다.

사건유래의 요약

전국시대 위(魏)나라 혜왕(惠王) 때, 태자와 중신 방총(龐蔥)이 인질이 되어 조나라로 가게 되었다. 출발을 며칠 앞둔 어느 날 방총이 물었다.

"전하, 지금 어떤 사람이 와서 시장에 호랑이가 나타났다고 하면 믿으시겠습니까?"

"누가 그런 말을 믿겠냐?"

"그러면 또 다른 사람이 와서 시장에 호랑이가 나타났다고 한다면 믿으시겠습니까?"

"역시 믿지 않을 것이네."

"그럼 세 번째 사람이 와서 똑같이 아뢴다면 그땐 믿으시겠습니까?"

"그땐 믿을 것이네."

"전하 시장에 호랑이가 나타날 수 없습니다. 그러나 세 사람이 똑같이 아뢴다면 시장에 호랑이가 나타난 것이 됩니다. 저는 이제 조나라로 갑니다. 그 곳은 시장보다 열 배나 멀리 떨어져 있습니다. 제가 떠난 뒤 저에 대해 모략하는 자가 세 사람만은 아닐 것입니다. 부디 그들의 헛된 말을 귀담아 듣지 마십시오."

"걱정하지 말게. 누가 무슨 말을 하든지 두 눈으로 본 것이 아니면 믿지 않겠네."

그런데 방총이 떠나자마자 방총을 모략하는 자가 많았다. 몇 년이 지난 후 태자는 볼모에서 풀려나 귀국했으나 의심을 받은 방총은 끝내 돌아올 수 없었다.

이렇듯 집단 이기주의는 선한 일에든 악한 일에든 막강한 위력을 발휘한다. 사회 구성원들의 집단 이기주의가 좋은 방향으로 나아갔으면 좋겠다.

유사성어

시호삼전(市虎三傳) **중구난방**(衆口難防) **증삼살인**(曾參殺人)
십작목무부전(十斫木無不傳)

생활 속의 지혜

❶ 여러 사람의 말들을 종합하여 비교 검토해야 함.
❷ 반드시 확인함을 습관화 하자.

보충자료

衆口鑠金積毁銷骨 叢輕折軸羽翮飛肉(중구삭금적훼소골 총경절축우핵비육)

뭇 사람의 입은 쇠도 녹이고, 헐뜯는 말이 쌓이면 뼈도 삭이며, 가벼운 것이라도 수레 축대를 무너뜨리고, 새의 깃털이 무거운 몸을 날게 할 수 있다.

임금이 신하를 다스리는 7가지 방법(七術)

1. 여러 사람의 말을 종합하여 비교 검토 할 것
2. 죄 지은 자는 반드시 벌을 주어서 군주의 위력을 명시할 것
3. 공이 있는 자는 반드시 상을 주어서 그들이 능력을 다하게 할 것
4. 신하의 말은 한 사람 한 사람에게서 듣고 그 실적에 책임을 지울 것
5. 신하에게 의심스런 명령을 내리고 속임수를 써서 부릴 것
6. 알면서도 모르는 체하고 신하에게 물을 것
7. 말을 거꾸로 하고 일을 반대로 하여 신하를 시험할 것

말은 아무리 근거가 없는 거짓이라도 여러 사람이 말하면 믿게 된다는 뜻이다. 실제로 현대사회에서도 법(法)에서 증인이라는 제도가 있는데 증인 여러 명이 입을 맞춰 억울한 한 사람에게 누명을 씌우는 일들이 비일비재하다. 법에서는 이를 위증죄로 벌하고는 있지만, '거짓을 거짓이라고 밝히는 것은 진실을 진실이라고 밝히는 것보다 얼마나 어렵고 험난한 일일까?'

삼인성호와 비슷한 말로 증삼살인(曾參殺人), 십작목무불전(十斫木無不顚, 열 번 찍어 안 넘어가는 나무 없다)가 있다.

우리는 나 자신도 모르게 남의 험담 비방을 하거나 남의 말에 덩달아 동조하며 '없는 호랑이를 만들고 있지는 않는지' 삼가하며 행동에 조심해야 하고, 특히 법을 다루는 법조인들은 삼인성호의 판단을 하여 억울한 누명을 씌우는 일이 없도록 늘 냉철하고 진실 파악에 게으름이 없어야 할 것이다.

나 개인도 남한테 삼인성호의 피해를 입지 않도록 매사에 신중하고 어떤 계약 등 법률적인 행위 시 확실한 원칙, 근거, 보증인, 영수증, 입금증을 잘 챙기도록 하자.

25

桑田碧海(상전벽해)

뽕나무 밭이 푸른 바다로 변하다.

ㄴ**글자 뜻** 桑(뽕나무 상) 田(밭 전) 碧(푸를 벽) 海(바다 해)
ㄴ**출전** 갈홍(葛洪)의 신선전(神仙傳)
ㄴ**의미·비유**
세상이 몰라볼 정도로 바뀐 것을 비유함.

사건유래의 요약

한(漢)나라 환제(桓帝) 때, 자를 방평(方平)이라 하는 신선 왕원(王遠)이 채경(蔡經)의 집에 강림했다.

형제와 서로 인사한 후, 오랫동안 홀로 앉아 있다가 사람을 시켜 (마고를) 오게 했다. 얼마 후에 마고(麻姑)가 오자 채경의 전 가족이 그녀를 맞이했다. 마고는 아름다운 아가씨로 나이는 18~19세 정도였고 머리에 쪽을 졌는데 머리카락이 허리까지 내려왔다. 옷에는 채색의 무늬가 있었는데 비단은 아니었지만 광채가 눈부셨으며, 그녀의 형태를 형용하기가 어려웠다. 마고는 들어와 왕방평에게 절을 했고, 왕방평은 일어나 그녀를 맞이했다.

그리고 자리에 앉은 다음 마고는 지니고 온 음식물을 가져오게 했는데, 금 쟁반에 옥으로 만든 잔이었고, 음식은 모두 과일 종류로 그 향기가 실내에 가득 퍼졌다. 그녀는 고기 말린 것을 모두에게 나누어 주면서 기린의 포라고 했는데, 마치 측백나무 열매 같았다.

마고가 말했다. "제가 신선님을 모신 이래로 동해(東海)가 세 번이나 뽕나무 밭으로 변하는 것을 보았습니다. 지난번에 봉래(蓬萊)에 갔더니 바다가 이전의 반 정도로 얕아져 있었습니다. 다시 육지가 되려는 것일까요?" 왕방평이 말했다. "동해는 다시 흙먼지를 일으킬 것이라고 성인들이 말씀하셨소."

유사성어

능곡지변(陵谷之變) **고안심곡**(高岸深谷) **천지개벽**(天地開闢)

생활 속의 지혜

❶ 세상의 변화를 예의 주시하고 변화에 적응할 수 있는 대비를 갖춤.

❷ 세상을 변하게 할 만큼 노력하는 정신을 길러야 한다.

❸ 놀랍게 성장한 것도 중요하지만 급작한 성장을 경계해야 한다.

보충자료

天下有常勝之道 有常不勝之道(천하유상승지도 유상불승지도)

천하에는 항상 이기는 도가 있고, 항상 이기지 못하는 도가 있다.

중국을 오늘의 경제 대국으로 만든 지도자는 덩샤오핑(鄧小平)이다. 150㎝ 남짓한 키 때문에 '작은 거인'으로 불렸다. 20년 전인 1997년 2월 19일 93세를 일기로 타계하기에 앞서 그는 유언을 남겼다.

"장례식은 물론, 빈소도 차리지 마라. 각막은 필요한 사람에게 제공하고, 시신은 의학 연구용으로 기증해라. 화장 후 뼛가루는 바다에 뿌려라."

그의 유언은 대체로 지켜졌고, 무덤과 기념관조차 만들어지지 않았다.

중국 개혁·개방의 디자이너로 불리는 덩샤오핑의 경제 정책은 '흑묘백묘(黑猫白猫)론'이다. '검은 고양이든 흰 고양이든 쥐만 잘 잡으면 된다.'는 뜻이다. 그의 가장 중요한 사상적 특징인 실사구시(實事求是)를 잘 드러낸 말이다. 그는 공산권 지도자로서는 매우 독특한 리더십을 보였다. 당 간부들에게 "한 나라의 운명을 한두 사람에게 의지하는 것은 매우 위험하다."라며 권력이 한 사람에게 집중되는 것을 방지하고 집단지도체제를 통한 권력분립을 강조했다.

1982년 중국을 방문한 김일성에게 "대다수 인민이 빈곤에 처해 있는데 이것이 사회주의의 우월성이냐"며 개혁과 개방을 권유하기도 했다. 당시 김일성이 덩의 조언을 받아들였다면 지금의 북한과 한반도 정세는 크게 달라졌을 것이다.

"일부 당 간부가 자신을 인민의 공복이 아닌 주인으로 착각하고 특권을 누린다면 반드시 부패한다."

시진핑(習近平)이 가슴에 담고 있다는 덩의 어록 중 하나다. 시진핑의 아버지 시중쉰(習仲勳)은 광둥(廣東)성 성장 시절 광둥성을 개혁·개방 특구로 지정할 것을 요구했고, 덩은 "혈로(血路)를 뚫으라!"며 이를 승인했다. 그 결과 선전(深圳)은 중국 개혁·개방의 가장 큰 수혜지역으로 급성장했다.

덩샤오핑은 생전에 "미국과 반목하지 말고 서방에 대해 우호적으로 대하면서 내실을 다져라", "사회주의 이론과 핵무기를 만드는 사이 인민은 주린 배를 움켜쥐고 배급을 받기 위해 줄을 서는 현실이 말이 되는가?"라는 말을 남기기도 했다. 특히 외교정책에서 주변 국가의 안정을 통한 경제 발전을 추구한 것은 눈에 띄는 대목이다.

사드 배치 문제로 미국과 대립각을 세우고, 한국에 경제 보복을 가하는 시진핑, 걸핏하면 미사일 도발을 일삼는 김정은을 보면 덩은 뭐라고 할까?

※ 북한의 김정일 위원장은 중국의 상하이(上海) 푸동(浦東)개발구를 시찰하면서 '상전벽해'라고 말하며 시종 감탄을 금치 못했다.

26

小貪大失(소탐대실)

작은 것을 탐하다 큰 것을 잃음.

ㄴ**글자 뜻** 小(적을 소) 貪(탐할 탐) 大(클 대) 失(잃을 실)

ㄴ**출전** **북제유주**(北齊劉晝) **신론**(新論)

ㄴ**의미·비유**

자신이 망가지는 것은 생각하지 않고 눈앞의 이익만 좇음.

사건유래의 요약

중국 전국시대 때 진(秦)나라 혜문왕(惠文王)은 촉(蜀)나라를 정복하기 위한 고민 끝에 욕심 많은 촉나라의 제후를 이용하기로 묘안을 짜냈다.

혜문왕이 신하를 시켜서 옥(玉)으로 집채만큼 큰 소를 만들고 온갖 기이한 보석으로 치장을 하게 만들었다. 그리고 옥으로 만든 소는 촉나라의 제후에게 바칠 선물이라는 소문을 내게 했다. 그리고 혜문왕은 촉나라의 제후에게 사신을 보내어 다음과 같은 말을 전하게 했다.

"우리나라 왕께서 촉나라와의 화친을 원하여 촉왕(蜀王)께 옥으로 만든 소를 선물로 보내려고 했습니다. 하지만 소가 너무 커서 촉나라의 험한 길을 올 수가 없게 되어서 어쩔 수 없이 저 혼자 여기에 오게 되었습니다. 소를 실은 수레가 쉽게 여기까지 올 수 있도록 길을 평평하게 만들어 주신다면 제가 직접 가서 다시 가지고 오겠습니다."

그 사신이 눈치를 보니 촉왕이 고민에 빠져 있다는 것을 알 수 있었다. 그래서 다시 한 번 "길을 평평하게 만들어주실 수 있겠는지요?"라고 되물었다. 그러자 주변에 있던 신하들은 한사코 반대를 했다. 왜냐하면 그 나라 지형의 험한 지세 때문에 적들이 함부로 쳐들어오지 못하고 있었는데 평평한 길을 만들어주면 적이 쉽게 쳐들어올 수 있는 빌미를 주는 것이라고 생각했기 때문이다. 하지만 그 욕심 많은 촉왕은 집채만큼 큰 옥으로 만든 소에 결국 눈이 멀어 신하들의 충언을 저버리고는 결국 길을 만들어주고 말았다. 그러자 그 길을 따라 옥으로 만든 집채만 한 소가 수레에 실려 궁으로 들어오면서 그 소를 지킨다는 명목으로 진나라 병사들이 계속해서 뒤따라 밀려들어 오게 되었다.

그 모습을 본 신하들은 매우 불안해하면서 더 이상의 진나라 병사들을 못 들어오게 해야 한다고 촉왕을 말렸다. 그러나 촉왕은 "힘들게 선물을 가지고 오는 사람들인데 어찌 그렇게 야박하게 굴 수가 있느냐?"라며 병사들이 들어오는 것을 그냥 방관했다. 이윽고 옥으로 만든 소가 궁 안에 도착했을 때 뒤를 따라 들어온 병사들이 숨겨둔 칼을 빼들어 신하들을 죽이고 촉왕을 포로로 잡고는 촉나라를 빼앗았다.

결과적으로 촉나라 왕은 옥으로 만든 소에 그만 눈이 멀어 나라를 빼앗기고 말았다.

유사성어

견리망의(見利忘義) **여아부화**(如蛾赴火)

생활 속의 지혜

❶ 대범한 성격을 갖도록 지도하라.

❷ 큰 야망과 목표를 지향하는 생활습관 유지

❸지나친 욕심은 자멸(自滅)을 초래함.

보충자료

求利者 或得眼前之小利而 失後日之大利 求義者或失眼前之小利而 得後日之大利(구리자 혹득안전지소리이 실후일지대리 구의자혹실안전지소리이 득후일지대리)

이익을 구하는 자 혹 눈앞의 작은 이익은 얻을 수 있으나 후일 큰 이익을 잃게 되고 의로움을 구하는 자 혹 눈앞의 작은 이익은 잃을 수 있으나 후일 큰 이로움을 얻는다. — 맹자

어떤 사람이 친구와 함께 이집트 여행을 떠났다. 어느 날 쇼핑을 나간 이 사람이, 한 노파가 검은 고양이 상(像)을 팔고 있는 것을 보았다. 묵직한 것이 마치 쇠붙이 같아 보였는데, 값은 500달러나 되었다. 자세히 보니 고양이의 두 눈알은 진짜 진주였다. 이 친구는 고양이상보다는 진주에 욕심이 생겨 300달러에 두 눈알만 팔라고 흥정을 해서, 결국 두 개의 진주를 손에 넣었다. 그는 호텔로 들어와 친구에게 자랑했다.

전후 사정을 자세하게 들은 친구가 노파의 위치를 묻고 황급히 뛰어갔다. 그리고 200달러에 그 쇠붙이 고양이를 사 왔다. 그리고 쇠 고양이를 이리저리 살핀 뒤 칼로 발바닥을 긁어보았다. 그러자 검은 칠이 벗겨지고 황금빛이 반짝거렸다. 철 고양이 상이 아니라 황금 고양이 상이었다. 고양이를 처음 만든 주인이 분실을 우려해 검은 칠을 해서 쇠 고양이로 변장시켰다.

친구는 약은 마음 먹고 두 개의 진주 눈알만을 사 왔던 친구에게 하는 말이, "잘 생각해 보게, 진짜 진주로 눈을 만든 고양이 상이라면 설마 값싼 쇠붙이였겠는가?"

소탐대실은 작은 것을 탐하다 큰 것을 잃는다는 뜻이다.

우리가 이웃과의 관계에서나 또는 비즈니스에서 혹시 이런 우를

범하고 있진 않은지 곰곰이 생각해 보자. 증명할 수도 없고, 학문적으로 나열할 수 없는 지식이나 경험 또는 생각만을 하고, 내 눈에 좋게 보이는 것만을 놓고 욕심을 부리다가는, 더 가치 있고 큰 것을 잃을 수 있음을 알아야 한다.

눈에 보이는 것보다는 눈에 보이지 않는 것이 더 가치 있는 것이 있을 수 있다. 내 생각보다는 다른 사람의 생각이 더 좋을 수 있다는 것을 한 번쯤은 숙고해 보고, 어떤 말이나 행동을 하는 것이 지혜 있는 자의 삶의 태도일 것이다.

사람이 사람 된 도리를 다하는 것이 마땅하건만, 도리는 뒷전이요. 이익에만 치중하여 약게 행동한다면, 그 당시에는 이익이 될지는 몰라도 세월이 지나고 나면, 더 많은 것을 잃을 수 있다는 것을, 소탐대실의 교훈을 통해서 배워야 할 것이다.

소탐대실의 결과는 해당하는 사람이나 조직과 단체 그리고 국가의 미래에 매우 큰 악영향의 결과로 나타난다. 그 결과는 개인의 인생을 망가뜨리기도 하고, 가정을 파괴하기도 하며, 조직이나 집단이 해체되기도 하고, 국가의 존립마저도 위협하기도 한다. 무엇보다도 중요한 점은 미래에 전개될 손실을 예방하기 위하여 이 교훈을 명심할 필요가 있다. 그런데도 소탐대실의 예는 지금도 끊임없이 일어나고 있다. 많은 예를 분류하여 보면 하나는 개인의 욕심에 기인한 것, 다른 하나는 집단의 욕심에 기인한 것, 그리고 이 두 가지가 결합한 것에 기인한 것의 세 가지로 분류할 수가 있다.

27

巢毁卵破(소훼난파)

새집이 부서지면 알도 깨진다.

ㄴ**글자 뜻** 巢(새집 소) 毁(헐 훼) 卵(알 란) 破(깨뜨릴 파)
ㄴ**출전** 삼국지연의(三國志演義)
ㄴ**의미·비유**
❶ 국가나 사회 또는 조직이나 집단이 무너지면 그 구성원들도 피해를 입게 되는 경우를 이르는 말.
❷ 주위가 튼튼하지 않으면, 그 안에 있는 사람이나 다른 생물체가 안전을 보장 받을 수 없다고 할 때의 비유

사건유래의 요약

공자의 20대손인 공융(孔融)은 후한 말기 헌제(獻帝)의 건안 연간(196~220년)에 조조(曹操) 부자 밑에서 뛰어난 활약을 보였던 건안칠자(建安七子)중 한 명이다.

공융은 당시 조조가 50만 대군을 몰아 유비와 손권을 치려고 하는데 반대하면서 몇 마디 불평을 내뱉었다. 이에 화가 난 조조는 공융 일족을 모두 잡아들여 죽일 것을 명령했다. 공융에게는 두 명의 아들이 있었는데, 큰아들은 아홉 살이고 작은아들은 여덟 살이었다. 병사들이 공융을 체포하러 왔을 때 두 아들은 마침 장기놀이를 하고 있었다. 공융은 잡혀가면서 병사들에게 "처벌은 나 혼자 몸에서 끝나게 해주시오. 두 아이는 다치지 않게 해주시오."라고 신신당부했다.

그러자 공융의 아들이 이렇게 말했다. "새 둥지가 뒤집히는데 알이 어찌 깨지지 않겠습니까."(복소무완난覆巢無完卵) 결국, 두 아들은 장기를 다 두고 아버지와 함께 붙잡혀 가 처형당했다.

유사성어

수도조비(樹倒鳥飛) 수도호손산(樹倒猢猻散)

복소무완란(覆巢無完卵)

생활 속의 지혜

❶ 가정의 법도(전통)가 무너지면 가정의 미래나 희망은 없다.

❷ 부모(어른)가 도리를 못하면 자식도 함께 잘못된다.

❸ 부모는 가장으로 가정사를 책임지는 말과 행동을 해야 함.

보충자료

若蹈虎尾畏其噬 若涉春氷畏其險(약도호미외기서 약섭춘빙외기험)

범의 꼬리를 밟는 듯함은 물릴까 두려워하는 것이요, 봄에 살얼음을 건너듯 하다는 것은 빠질까 두려워하는 것이다. — 書經 君牙篇 2章

대기업과 협력사 및 근로자는 상생공멸(相生共滅)하는 운명공동체라는 사실은 소훼난파(巢毁卵破)와 송무백열(松茂栢悅)의 진리를 확인시켜 준다. 둥지가 훼손되면 그 안에 있는 알도 깨지게 마련이다.

대한제국을 일제에 빼앗긴 경술국치(庚戌國恥) 이후 배달민족은 35년 동안이나 일제의 핍박을 받았다(일부 친일파들이 손가락질 받으며 호강한 것도 사실이지만). 대우그룹이 공중분해 됐을 때 수없이 많은 대우그룹 근로자들은 물론 협력업체 근로자까지 일자리를 잃는 고통을 겪었다.

입술이 상하면 이가 시린 것(순망치한脣亡齒寒)과 마찬가지 이치다. BC 655년 진(晋) 헌공은 괵(虢)나라를 공격하기 위해 우(虞)나라 우공(虞公)에게 뇌물을 보내 길을 빌려달라고 했다. 바로 임진왜란 때 왜적(倭敵)이 명나라를 치는 데 길을 빌려 달라고 했던 가도정명(假途征明)의 근거였던 가도멸괵(假途滅虢)의 고사다. (장상현의 고사성어 제1권 참조)

당시 우(虞) 나라의 대부 궁지기(宮之奇)는 "입술이 없으면 이가 시리다"며 "괵 나라가 망하면 우 나라도 보존하기 어려울 것"이라며 가도멸괵을 받아들이지 않도록 간언했다. 하지만 뇌물에 눈이 먼 우공은 길을 빌려줬고, 진 헌공은 괵 나라를 멸망시킨 뒤 우 나라도 공격해 우공을 포로로 잡았다. 소탐대실한 우공(虞公)은 우공(愚公)이 됐다. 자신도 비웃음의 대상이 됐을 뿐만 아니라 백성들도 도탄에 빠뜨렸다.

반면 소나무가 무성하면 잣나무가 즐거워한다는 송무백열(松茂栢悅).

삼성전자의 스마트폰과 LG의 3D 디스플레이가 글로벌 경쟁력을 확보하면서 수많은 협력회사들의 실적도 좋아지고, 현대차가 글로벌 5위로 올라서면서 매출액 1조원이 넘는 부품회사가 속출하고 있다. 박정희 대통령 때부터 강조했지만 제대로 된 성과가 나오지 못하고 있는 중소, 중견기업 육성이 자연스럽게 이뤄지고 있다.

요즘 동반성장이 화두다. 대기업과 중소기업이 함께 성장 발전한다는 것에 토를 달 사람은 아무도 없다. 다만 접근방법이 논란이다. 아침 일찍부터 저녁 늦게까지 열심히 해서 잘 나가는 기업에게 박수를 보내면서 뒤떨어진 기업들을 거들어 주는 동반성장이 돼야 상생할 수 있다. 그런데 동반성장이란 이름으로 추진되는 정책의 상당수는 잘 나가는 기업의 발목을 잡는 경우가 많다. 결과는 뒤떨어진 기업은 더욱 어려워지고 잘 나가던 기업마저 힘들어지면서 공멸로 갈 우려가 커지고 있다. 날씨가 추워진 후에야 비로소 소나무와 측백나무가 늦게 시든다는 것을 안다[세한연후지송백지후조 歲寒然後知松

栢之後彫 『논어』 자한편(子罕篇)에 있는 교훈]. 대기업에 어려움이 닥쳐 자신이 고통에 직면하기 전에는 잘 나가는 대기업이 얼마나 고맙고 소중한지 깨닫지 못한다. 역사에서 배우는 사람은 현명하지만 역사에서 아무런 교훈도 얻지 못하는 사람은 어리석다.

동반성장이, 상생보다 공멸로 이끄는 법률과 정책을 만드는 국회의원과 관료들이 역사에서 배우고 현실과 미래에 무거운 책임감을 느껴야 하지 않을까?

28

辛毗引裾(신비인거)

신비라는 신하가 옷자락을 잡다.

ㄴ**글자 뜻** 辛(매울 신) 毗(도울 비) 引(끌 인) 裾(옷자락 거)
ㄴ**출전** 삼국지(三國志) 위서(魏書)
ㄴ**의미·비유**
❶ 신비라는 신하가 옷자락을 잡아당기다.
❷ 충간(忠諫)하다.

사건유래의 요약

신비(辛毗)는 자(字)가 좌치(佐治)이고 영천군(潁川郡) 양적현(陽翟縣) 사람으로, 원소(袁紹)를 따르다가 원소가 조조(曹操)에게 패한 후 조조를 따르게 되었다. 그 후 문제(文帝: 조비)가 즉위하였을 때 시중이 되었다.

문제(文帝)가 기주(冀州)의 사대부 십만 호를 하남으로 옮기려고 했다. 그 때 해마다 메뚜기(蝗)가 극성을 부려 백성들이 굶주려, 여러 신하들은 불가하다고 생각하였으나, 문제의 뜻은 매우 확고했다. 신비가 조정 신하들과 함께 알현하기를 청하여 간언하려고 했다.

문제(文帝)는 그들이 간하려는 것을 알고 얼굴색이 변하여 신하들을 만났는데, 모두들 감히 말을 하지 못했다. 그러나 신비는 기주의 십 만가호를 이주하는 것은 잘못된 것이라며 말했다.

"폐하께서 신들을 불초하다고 여기기 않으시고 좌우에 두어 가까이서 모의하는 벼슬을 맡겼습니다. 어찌하여 신들과 의논하지 않으십니까? 신이 말씀드리는 바는 사사로운 것이 아니고 사직을 생각하여 드리는 말씀인데 어찌 노하십니까!"

황제는 대답을 않고 일어나 안으로 들어갔다. 신비는 따라가서 황제의 옷자락을 잡아끌었다(辛毗引裾). 황제는 끝내 옷을 떨치고 돌아오지 않았다. 오래 지난 후에 황제가 나와서 말하기를, "그대가 나를 몰아붙이는 것이 너무 급하지 않은가?"라고 하였다.

신비가 아뢰기를, "지금 이주시키는 것은 이미 민심을 잃은 일입니다. 그리고 또 먹을 것도 없습니다."라고 하였다. 황제는 마침내 이주를 반으로 줄였다.

일찍이 황제를 따라 꿩 사냥에 나갔을 때, 황제가 말하기를, "꿩 사냥이 재미있구나."라고 했다. 신비가 말하기를, "폐하에게 아주 즐거운 것은 여러 신하에게는 매우 괴롭습니다."라고 하니, 황제가 묵묵히 말이 없었다. 그 후에는 꿩 사냥을 나가는 것이 드물어졌다.

유사성어

살신성인(殺身成仁) 멸사봉공(滅私奉公)

생활 속의 지혜

❶ 리더는 주위 사람이나 아랫 사람들의 충언을 잘 들어야 한다.
❷ 자기의 주장보다 남의 말을 많이 경청해야 함.
❸ 진정된 신하는 목숨을 걸고 충언을 해야 한다.

보충자료

良藥苦口而利於疾 忠言逆耳而利於行(양약고구이리어질 충언역이이리어행)

몸에 좋은 약은 입에 쓰나 질병에는 유익하고, 충성스런 간언은 귀에 거슬리나 행함에는 유익하다.

탈무드에 나오는 이야기이다.

매우 총명하지만, 얼굴 생김새가 추한 한 사람의 랍비가 로마 황제의 왕녀와 만났다. 왕녀는 그의 추한 생김새와 지혜로움이 어울리지 않는다고 생각해서 비꼬아서 말했다.

"뛰어난 총명이 이런 못생긴 그릇에 들어 있군!"

랍비는 "왕궁 안에 술이 있습니까?"라고 물었다. 왕녀가 고개를 끄덕이자, "무슨 그릇에 들어있습니까?"라고 거듭 물었다. 왕녀가 "보통의 항아리라든가 술병 같은 그릇에 들어 있죠."라고 대답했다.

랍비는 놀란 체하며 말했다. "로마의 왕녀님같이 훌륭하신 분이 금이나 은그릇도 많이 있을 텐데 어쩌면 그런 보잘 것 없는 항아리를 쓰시다니!" 이 말을 들은 왕녀는 싸구려 항아리에 들어 있던 술을 금이나 은그릇에 넣었다. 그러자 술맛은 변해서 맛이 없게 되었다.

왕이 화를 버럭 내며 "누가 이런 어리석은 짓을 했느냐?"라고 묻자 왕녀는, "그렇게 하는 쪽이 알맞다고 생각해서 제가 했습니다."라고 말했다. 그리고는 랍비가 있는 곳으로 가서 랍비에게 "당신은 어째서 내게 이런 일을 권했습니까?"라고 말하며 화를 냈다.

랍비는 빙그레 웃으며 말했다.

"나는 단지 당신에게 대단히 귀중한 것이라 할지라도 싸구려 항아리에 넣어두는 쪽이 좋을 경우가 있다고 가르치고 싶었을 뿐입니다."

아무리 선인이라도 입버릇이 나쁜 사람은 훌륭한 궁전 이웃에 있는 악취가 심하게 풍기는 가죽 공장과 같다.

세상의 모든 사람은 자기 마음에 들게 말하는 사람을 좋아하게 되고 그 사람을 총애하게 된다. 특히 권좌에 있는 사람일수록 더욱 더 그렇다. 이러한 경우를 극복하고 성공한 리더자는 당태종(唐太宗)이다.

그는 자기와 권력을 다투고 있던 자기 형의 신하였던 위징(魏徵)

을 기용했고, 위징은 목숨을 걸고 국가와 군주를 위해 간언(諫言)했다. 당 태종은 그 간언을 받아드려 중국 역사상 가장 빛나는 시대인 정관지치(貞觀之治)를 이룩했다. 최초 당 태종을 죽이라고 권장했던 원수의 간언자(諫言者)를 신하로 받아들였다. 그리고 그의 뼈를 에는 듯한 칼날 같은 간언을 수용하고 태평성대를 이루었다. 당태종은 위징의 죽음에 통곡했고, 자신의 '세 가지 거울 중'(三鑑) 하나라고 최대의 평가를 서슴지 않았다.

동양의 성인(聖人) 맹자는 양심을 보존하는 자를 대인이라고 하고, 이목구비의 즐거움을 숭상하는 자를 소인이라고 했다.

위징(魏徵)이든 관중(管仲)이든 목숨을 걸고 군주와 국가를 위해 충간을 하는 대인 또 자기를 죽이려 했던 자를 간의대부(諫議大夫)자 재상(宰相)으로 임명하여 간언을 수용했던 당 태종이나 제환공(齊桓公)…. 과연 한 시대를 태평성대로 이끌만한 그릇들인 것만은 틀림이 없다. 지금의 정치가들도 본받았으면 한다.

29

阿諛苟容(아유구용)

아첨하려고 구차스럽게 얼굴을 꾸미다.

ㄴ**글자 뜻** 阿(알랑거릴 아) 諛(아첨할 유) 苟(구차할 구) 容(얼굴 용)
ㄴ**출전** 사기, 염파/인상여 열전(史記, 廉頗/藺相如 列傳)
ㄴ**의미·비유**
남의 환심을 사려고 알랑거리며 구차스럽게 행동한다.

사건유래의 요약

중국 전국시대 조나라의 명장 염파(廉頗)에게는 식객이 많았다. 전쟁에 출정하였다 하면 승리하여 돌아오곤 하여 혜문왕(惠文王)으로부터 하사받은 땅과 재물이 넉넉해서 전국에서 식객들이 구름같이 모여들었고 염파 자신도 식객들과 어울리기를 좋아하여 가끔씩 술자리를 베풀고 같이 즐겼다. 그런데 왕의 절대적인 신임을 받던 그가 진(秦)나라와의 일전에서 왕의 오해를 받게 되어 벼슬에서 물러나게 되었다.

그러자 그의 식객들은 염파를 떠나가 버렸다. 얼마 후 염파가 재등용 되자 뒤도 돌아보지 않고 뿔뿔이 떠났던 식객들이 다시 하나둘 모여 들었다. 식객들이 먼저보다 더 많아졌다. 식객들은 전처럼 염파에게 갖은 아양을 다 떨며 아유구용(阿諛苟容) 하는 것이었다. 염파는 역겨운 생각이 들어 식객들을 쫓아내려 하였다.

이때 어느 식객이 빙그레 웃으며 말하기를 "그렇게 화내실 일이 아닙니다. 무릇 사람들은 자신에게 이익이 되는 곳에 붙게 되어 있습니다. 군주에게 권세가 있을 때는 군주를 따르고 권세가 떨어지면 군주를 떠나는 것입니다. 이보다 확실한 일은 없습니다."

이 말을 듣고 염파는 탄식하며 말했다. "이것이 바로 시도지교(市道之交)가 아니고 무엇이겠는가?"

돈이나 권세 앞에, 또는 남의 환심을 사기 위해 알랑거리는 아첨(阿諂)은 누구나 배격한다. 윗자리에 있는 사람은 "아부하는 사람을 싫어하고 불이익을 준다"고 내세우고는 비위나 맞추는 부하를 좋아한다. 아랫사람도 "알랑거리는 것과는 담을 쌓았다"고 큰소리치지만 은연중에 상사가 듣기 좋은 말만 하는 자신을 발견한다.

'인간은 아첨하는 동물'이란 말이 있을 정도로 자신도 모르게 힘 앞에 무력해지기 때문이다. 이런 것을 나타내는 말이 많은 것도 아첨을 조심하라는 말이겠다.

유사성어

시도지교(市道之交) **불수상분**(拂鬚嘗糞) **연옹지치**(嚥癰之痔)
슬행마시(膝行馬市)

생활 속의 지혜

❶ 자기 자신의 의지와 소신이 뚜렷하면 아첨이 필요 없음.
❷ 자기 직무에 정통할 실력을 쌓아야 한다.
❸ 이유 없이 알랑대는 자를 조심해야 한다.

보충자료

善諛者不忠 好諫者不偝 察乎此則 善有失矣(선유자불충 호간자불배 찰호차즉 선유실의)

아첨을 잘하는 자는 충성하지 못하고, 간언을 좋아하는 자는 배반하지 않는다. 이점을 살피면 실수하는 일이 적을 것이다.

沙參閣老權初重, (사삼각로권초중)

雜菜尚書勢莫當. (잡채상서세막당)

처음에는 더덕 정승의 권세가 중하더니,

이제는 잡채 판서의 세력 당할 자 없구나.

더덕(沙蔘)은 예로부터 우리 조상들이 즐겨 먹던 작물로, 중국에서는 주로 약으로 썼지만 우리나라에서는 구이·무침 등 식재료로도 애용했다. 잡채(雜菜) 역시 예로부터 명절이나 잔칫상에 빠지지 않는 우리나라의 대표적인 맛난 먹거리다. 그런데 이 더덕과 잡채에 정승이니 판서니 하는 높은 벼슬 이름이 붙어 있다.

광해군 시절에 한효순(韓孝純)이란 사람은 좌의정까지 올랐는데, 세간에서는 그가 임금에게 더덕을 넣은 꿀떡(蜜餅)을 바쳐서 정승 자리를 얻었다고 수군댔다. 도대체 얼마나 맛있는 떡이기에 그 높다는 정승 자리까지 얻을 수 있었을까? 왠지 모르게 입가에 군침이 돌기도 한다.

한편 이충(李沖)이란 사람은 요리를 얼마나 잘했는지 광해군은 꼭 그가 만든 반찬이 상에 올라야만 수저를 들었다고 한다. 특히 신선한 각종 채소를 섞어서 만든 잡채 요리가 그의 주 메뉴였다고 한다. 요리 솜씨 덕분에 이충은 광해군의 총애를 많이 받았고 벼슬이 호조 판서까지 이르렀지만, 백성들은 그를 '잡채 판서'라 부르며 조롱했다.

우리나라에서는 고위 공직자를 비롯해 일정한 지위에 있는 사람들에게 청탁을 일삼는 것을 금하도록 한 이른바 '김영란 법'을 두고 말들이 많다.

그 옛날 임금에게 바쳐진 잡채의 맛은 달콤했지만, 이로 인해 이 땅의 백성들은 안타깝게도 쓰디쓴 혹정(酷政)에 신음해야 했다. 부디 뿌리 깊은 그릇된 청탁의 문화가 자취를 감추기를 기대한다.

진(秦)나라 2세 황제 때 박사로 임용한다는 조서를 기다리고 있던 숙손통(叔孫通)이라는 사람은 각처에서 반란이 일어난 소문을 듣고, 2세 황제가 반란이라며 노하자 반란이 아니고 쥐새끼 같은 도적이라고 아첨을 하여 목숨을 구하고서 고향 설현(薛縣)으로 돌아갔다. 그곳에 항량(項梁)의 반란군이 투항했다. 항량이 정도(定陶)에서 패하고 죽자 그는 초회왕(楚懷王)을 따라갔고, 회왕이 의제(義帝)가 되어 장사현(長沙縣)으로 옮기게 되자, 이번에는 항우(項羽)를 섬기게 되었다. BC 205년에 유방(劉邦)이 제후들의 군대를 이끌고 팽성(彭城)을 공격하자, 한군(漢軍)에게 투항했다.

유방이 한(漢)나라를 세우자 공신이 되고 한나라 조의(朝儀, 조정과 군신 간의 예의 거동에 관한 규정)등을 만드는 등 부귀영화를 누렸다.

여포(呂布; ? ~ 198) - 삼국지(三國志)나 삼국지연의(三國志演義) 등에서 후한(後漢) 말기의 군웅(群雄) 가운데 가장 무용(武勇)이 뛰어난 인물로 묘사되고 있는 사람이다. 삼국지(三國志)에 주(註)로 인용되어 있는 '조만전(曹瞞傳)'에 따르면 민간에서는 그가 탔다고 전해지는 적토마(赤兎馬)와 함께 "사람 가운데는 여포, 말 가운데는 적토마"(人中呂布 馬中赤兎)라는 이야기가 전해졌던 인물이지만 절개가 없으며 물욕이 많아 유혹에 쉽게 넘어가는 성격을 지녔던 것으로 전해진다.

그의 아유구용(阿諛苟容)의 예를 보면, 처음 병주자사(并州刺史) 정원(丁原, ?~189)의 가신(家臣)··· 정원(丁原)을 죽이고 동탁(董卓, ?~192)의 수하가 됨··· 사도(司徒) 왕윤(王允)이 초선(貂蟬)을 미끼로 동탁을 죽임··· 이에 반발한 곽사(郭汜), 이각(李傕)에게 패··· 원소(袁紹, ?~202)에 합세··· 장막(張邈, ?~195)에 의지하였다가, 다시 하내(河內)로 가서 장양(張楊) 의지··· 다시 유비(劉備, 161~223)

에 의지하였다가 유비의 본거지인 하비(下邳, 지금의 江蘇省 邳州市)를 빼앗고⋯› 원술과 손을 잡고 조조(曹操)에 맞섬. 조조가 직접 대군을 이끌고 서주(徐州)를 공격하자 여포는 하비성(下邳城)에서 조조의 군대에 포위되어 3개월 동안 농성전(籠城戰)을 벌였지만 결국 사로잡혀 처형됨.

이들 모두는 한 시대를 아침으로 풍미했던 인물들이다. 그들이 당시는 호화롭고 권세 있는 삶을 살았을지라도 후세에 조롱과 비웃음거리가 되고 있음은 역사가 증명하고 있다.

인간의 삶은 후세에 명예로운 명성과 부끄럼 없는 삶을 그 가치로 삼는다. 후손에게까지 부끄러운 모습을 보이는 삶, 과연 올바른 삶이겠는가?

30

羊頭狗肉(양두구육)

양머리를 걸어놓고 개고기를 판다.

ㄴ**글자 뜻** 羊(양 양) 頭(머리 두) 狗(개 구) 肉(고기 육)
ㄴ**출전** 안자춘추(晏子春秋)
ㄴ**의미·비유**
❶ 양의 머리를 걸어놓고 개고기를 판다.
❷ 그럴 듯한 물건을 걸어놓고 형편없는 물건을 판다.
❸ 겉으로는 훌륭한 듯이 내세우지만 속은 보잘 것 없는 것을 비유함.

사건유래의 요약

전국시대 제(齊)나라의 영공(靈公)은 궁중의 모든 여자들에게 남장을 시켰다. 그러자 백성들이 모두 남장을 했다. 그러자 영공은 백성들에게 "여자인데 남자 옷을 입는 자는 옷을 찢고 허리띠를 잘라버리겠다."고 하며 남장을 금지시켰으나 서로 바라보면서 그치지를 않았다.

영공은 재상인 안자(晏子)에게 물었다.

"과인이 관원을 시켜 여자들의 남장을 금지시키고 옷을 찢고 허리띠를 자르는데도 서로 바라만 보면서 그치지 않는 것은 무엇 때문이오?"

안자가 대답했다.

"왕께서는 궁중의 여자들에게는 남장을 하라고 하시면서 백성들에게만 하지 말라고 하십니다. 그것은 마치 소머리를 문에 걸어 놓고 안에서는 개고기를 파는 것과 같은 일입니다. 궁중에서도 남장을 못하게 하시면 백성들 사이에서도 감히 못 할 것입니다."

영공은 옳다고 하며 궁중에서도 남장을 하면 안 된다는 명을 내렸다. 한 달여가 지나자 아무도 남장을 하지 않았다.

유사성어

우두마육(牛頭馬肉) **구밀복검**(口蜜腹劍) **면종복배**(面從腹背)

표리부동(表裏不同) **양의 탈을 쓴 늑대**

생활 속의 지혜

❶ 윗사람이 모범을 보여야 아랫사람이 깨끗하다.

❷ 남을 속이기 전에 나를 한번 돌아보라.

❸ 지도자는 법(法)보다 덕(德)으로 다스려야 한다.

보충자료

上流旣濁 下流難淸(상류기탁 하류난청)

윗물이 이미 흐리니 아랫물이 맑기 어렵다.

이솝 우화에 '양치기 소년의 이야기'는 어린 시절부터 많이 읽고 들어서 너무나 잘 알고 있다. 동화의 요지는 양을 치던 양치기 소년이 심심해서 늑대가 나타났다고 두 번이나 거짓말을 해 마을 사람들을 속여먹었으나 세 번째로 진짜 늑대가 나타났다고 말했지만 이번에도 거짓말로 알고 아무도 오지 않아 모두 늑대에게 잡혀 먹혔다는 내용이다.

어린이 동화의 재미와 재치를 더하고 있는 우화는 동식물이나 기타 사물을 주인공으로 하여 그들의 행동 속에 많은 풍자와 교훈의 뜻을 의미 있게 담아내고 있다.

이는 그리스의 아피소포스(이솝)가 지은 우화를 말하는데 그 오랜 세월이 지났음에도 어쩌면 그토록 오늘날에도 잘 맞아 떨어지는지 놀라움을 금치 못한다.

양치기 소년 우화는 "거짓말은 나쁜 것이다"라는 것을 어린아이들에게 알리는 교육 자료로 더 많이 활용되어 왔지만 어른 사회에서도 역시 거짓은 불행을 자초한다는 점을 강조하는 교훈적인 사례로 쓰인다. 한 마디로 어른 아이 할 것 없이 거짓말을 하지 말라는 것이다. 거짓말을 해서 한 번은 속여 먹을 수 있지만 거짓말도 자주하면 이는 불신으로 이어져 아무리 옳은 말을 하더라도 결코 신뢰를 얻지 못한다.

성경은 십계명을 통해 "거짓말을 하지 말라"고 가르치고 있다. 거짓은 위선이요, 참이 아니고, 진리가 아니기 때문이다. 거짓을 올바른 행위라고 말할 수 있는 사람은 없을 것이다. 그래서 자고로 거짓말하는 사람은 나쁜 사람, 사악한 사람으로 치부되는 것이다.

그러면 거짓말을 누가 왜 하는지 살펴보면 그 답은 아주 간단하다. 자신의 행위를 합리화하고 진실을 왜곡하기 위해서이다. 잘못된 행위를 호도하기 위해서 저지르는 비도덕적인 행위이자 사기이다.

그리고 손바닥으로 하늘을 가리는 행위를 지칭하기도 한다. 거짓말을 통하여 양치기소년은 재미를 느꼈을 수도 있지만 결국 양과 마을사람들, 그리고 자신의 목숨까지 잃어야 하는 비극을 자초하고 마는 것이다. 우리는 어린 시절부터 거짓말은 나쁜 것이라는 교육을 받고 살았다. 그리고 나쁜 사람과 좋은 사람의 개념도 이를 통하여 배웠다. 거짓말을 하는 사람은 당연히 나쁜 사람이다.

이런 교육을 선생님과 부모님으로부터 배우고 살아온 사람들이 바로 이 땅의 국민들이다. 그러나 교육자나 사회지도층이 거짓을 말하고 이를 위장하고 국민의 눈과 귀를 속이고자 한다면 이는 이른바 양치기 소년과 같다. 많은 피해를 불러올 수 있는 위선이자 사기이다.

거짓과 위선이 판을 치는 사회는 건강한 사회가 될 수 없다. 이는 도덕과 양심을 속이는 일이다. 남을 잘 속이고 일말의 가책조차 느끼지 못한다면 그것은 정신적인 문제로 넘어간다는 지적이다.

반사회적인 인격장애가 있는 사람은 이미 중증인 심각한 정신병적 증세를 의심해야 한다고 전문가들은 보고 있다. 사기전과자들을 보면 똑같은 수법으로 지속적으로 다수의 피해자를 양산한다. 거짓을 말하는 자들은 거짓말이 양치기 소년처럼 습성화되어 있는 특징이 있다. 거짓과 진실게임에서 승자는 분명 진실에 있다는 사실을 바로 보아야 한다. 거짓말은 패가망신의 지름길이며 척결대상이다. 거짓을 진실로 포장하려는 뜬 구름 잡는 헛된 행태는 추악한 죄악이자 범죄이다. 이를 용인하는 사회는 병든 사회에 다름 아니다. 하늘을 우러러 한 점 부끄러움이 없는 삶의 자세는 바로 거짓말을 하지 않는 데서 비롯된다. 그 강렬한 메시지를 고대 그리스 양치기 소년이 오늘 우리 대한민국 사회에 교훈을 던져주고 있다.

31
養虎遺患(양호유환)

범을 길러 화(禍)를 남긴다.

ㄴ**글자 뜻** **養**(기를 양) **虎**(범 호) **遺**(남길 유) **患**(근심 환)
ㄴ**출전** **사기**(史記) **고조본기**(高祖本紀)
ㄴ**의미·비유**
❶ 화근을 길러서 스스로 걱정거리를 산다.
❷ 남의 사정을 봐주었다가 나중에 도리어 화를 입게됨을 비유함.

사건유래의 요약

전국시대(戰國時代)를 마감하고 천하를 통일했던 진시황(秦始皇)이 사망한 후, 진(秦)나라는 초(楚)나라 재건과 진(秦)나라 멸망의 기치를 높이 들었던 항우(項羽) 등 항진(抗秦) 세력에 의해 나라가 멸망했다.

스스로 초패왕(楚霸王)이 된 항우는 팽성(彭城)을 수도로 삼고, 초회왕(楚懷王)을 의제(義帝)로 옹립했다. 그리고 진나라를 타도하는데 공이 큰 사람들을 제후로 봉했다. 항우는 특히 위험인물인 유방(劉邦)을 한왕(漢王)으로 봉해 오지인 파촉(巴蜀) 땅(사천성)으로 몰아냈다.

천하는 진정 국면에 접어들었고, 항우가 천하를 차지한 것처럼 보였다. 그러나 이듬해 의제(義帝)가 항우의 사주를 받은 영포(英布)에게 시해를 당하자 논공행상에 불만을 품었던 제후들이 각지에서 반기를 들고 일어났다.

항우가 각지의 반군들을 평정하는 사이, 유방은 관중(關中) 땅을 공략하고, 이어 56만 대군을 몰아 단숨에 팽성을 점령했다. 그러나 급보를 받고 말머리를 돌려 달려온 항우의 3만 기병에게 대패한 유방은 아버지와 아내를 적진에 남겨 둔 채, 겨우 목숨만 부지하여 형양(滎陽)으로 달아나 군사를 정비하고 항우와 대치했다. 그 후 쌍방은 일진일퇴를 거듭하다가 마침내 홍구(鴻溝)를 경계로 해서 천하를 양분하고 휴전하기로 했다. 항우는 약속을 지켜 유방의 아버지와 부인을 돌려보내고 팽성을 향해 철군 길에 올랐다.

유방도 철군을 하려 하자, 장량(張良)과 진평(陳平)이 말렸다.

"한(漢)나라는 이제 천하의 반을 차지했고, 제후들과 인심도 우리 편입니다. 그러나 초나라 군대는 지쳤고 식량도 떨어졌으니 이는 하늘이 초를 멸망시키려는 때입니다. 기회를 놓치지 말고 천하를 탈취해야 합니다. 지금 공격하지 않으면 이는 호랑이를 길러 화근을 남겨 두는 꼴이 되고 맙니다."

유방은 장량과 진평의 계책에 따라 즉시 말머리를 돌려 항우를 추격했다. 이듬해 유방은 한신과 팽월 등의 군사와 연합하여 해하(垓下)에서 항우의 초나라 군대와 최후의 일전을 벌여 초나라 군대를 섬멸했다.

유사성어

반식자 우환(半識者 憂患) **무신불입**(無信不入) **배은망덕**(背恩忘德)

생활 속의 지혜

❶ 아첨 잘 하는 자를 너무 믿지 말 것.

❷ 사람을 너무 믿으면 믿는 도끼에 발등 찍히는 경우도 있다.

보충자료

人無遠慮 必有近憂(인무원려 필유근우)

> 사람이 (살아감에 있어서) 먼 장래를 깊이 생각하지 않으면 반드시 근심이 가까이 닥친다. — 논어 위령공 편

"믿는 도끼에 발등 찍힌다."라는 말에는 다음과 같은 뜻이 있다. 자기가 늘 사용하는 도끼이기 때문에 그 도끼에 대해서 너무도 잘 알고 있는 연장이다. 그러므로 그 도끼에 대해서는 자신만만하게 다룰 수 있으며 그 도끼에 대한 믿음이 대단할 것이다. 그러나 연장이란 잠깐의 부주의나 실수로 사람을 다치게 할 수 있다. 도끼는 나무(장작)를 쪼개는 일이나 나무를 찍어내는 일이 주된 일이다. 그러므로 나무를 찍을 때는 도끼를 하늘 높이 쳐들었다가 내려 쳐야 그 내려치는 힘으로 나무가 잘 뽀개지기도 하며 짤 찍혀 나갈 것이다. 그런데 높이 들어 올린 도끼자루가 빠진다면 그 도끼날은 십중팔구 작업하는 사람의 머리위로 떨어질 것이며, 떨어지는 도끼날을 용케 피한다고 해도 결국에는 발등에 떨어질 것이다.

아무리 잘 알고 믿음이 있다 하여도 잠깐의 부주의나 실수로 큰 피해를 볼 수 있으니 항상 조심하고 방비하라는 교훈을 말해주는 말로서 이와 비슷한 속담이나 이야기는 많다.

그중에서 몇 가지 예를 들면, "내 밥 먹은 개가 발뒤축을 문다.", "삼년 먹여 기른 개가 주인 발등 문다." 등 배은망덕한 경우가 많은 데서 문제가 있는 것이다.

예전 일제(日帝)시대 때, 부모를 잃고 유랑 걸식하는 어린 소년이 있었다. 며칠 간이나 끼니를 건너 뛰어 탈진해 곧 죽을 지경에 이르렀을 때, 지나가던 한 아주머니가 이 소년의 몰골을 보고 안쓰러워 집으로 데려와 씻겨주고 밥을 먹여 주었다. 어릴 때 홍역을 앓다 죽은 아들 또래라서 아들 생각이 나서 측은한 마음에 그렇게 한 것이다. 넉넉지 않은 살림이었지만 아이 하나는 건사할 수 있을 것 같아

서 자식 같이 키웠다. 소년은 그 집에서 농사일을 도와주며 자랐다. 성장하여 딸과 결혼까지 시켜주고 작은 오막살이 한 채를 지어주며 그곳에 살게 했다.

소년은 어찌어찌하여 순사 보조원이 되었고, 유세를 부려 인근 사람들이 모두 그를 두려워했다. 어느 날인가 소년이 아주머니를 찾아와 그동안 자신이 일했던 세경을 달라고 억지를 부렸다. 은인인 장모에게 행패를 부리면서 모질게 구타를 했다. 이를 지켜보던 동리 사람들이 혀를 차며 "이래서 머리 검은 짐승은 거두는 것이 아니라고 하는 것이야! 저놈이 배은망덕도 유분수지 은혜를 원수로 갚는 구나!"라고 모두들 한마디씩 하였다.

그 후 해방이 되었다. 그동안 순사 앞잡이가 되어 날뛰던 놈들은 모조리 맞아 죽을 위기에 몰렸다. 몰매를 맞다 거의 죽을 지경에서 겨우 빠져나온 이놈은 뻔뻔하게도 장모를 찾아갔다.

"저를 좀 숨겨주십시오. 제발 목숨만 살려주세요!"

장모는 차마 내치지 못하고 광속 깊숙이 파놓은 땅굴에 숨겨주고 밤늦은 시간 몰래 음식을 날라다 주었다.

6.25전쟁이 터졌다. 인민군 천지가 되었다. 이놈은 친일 경력이 있는데도 무슨 재주를 부렸는지 내무서원이 되었다. 이놈은 생명의 은인인 장모를 악질 지주라고 고발하고 인민재판에 회부했다. 그 집의 집과 재산을 차지하려는 속셈이었다. 이를 본 사람들이 혀를 차며 말했다. "한번 배신한 놈은 반드시 또 한번 배신하는 법이여! 호랑이 새끼를 길렀더니 오히려 우환이 되었구먼!"이라고 하였다.

32

魚目混珠(어목혼주)

물고기 눈이 구슬과 섞이다.

ㄴ **글자 뜻** 魚(물고기 어) 目(눈 목) 混(섞을 혼) 珠(구슬 주)
ㄴ **출전** 한시외전(漢詩外傳)
ㄴ **의미·비유**
❶ 백골(흰뼈)은 상아와 비슷하고, 물고기 눈알은 구슬과 흡사하다.
❷ 가짜와 진짜가(천함 귀함, 우수함과 열등) 뒤섞여있음을 비유함.

사건유래의 요약

경릉팔우(竟陵八友)의 한 사람인 임방(任昉)은 남조의 송(宋)·제(齊)·양(梁) 3대에 걸쳐 벼슬을 하였다. 박학다식한 인물로 읽지 않은 책이 없다고 일컬어질 정도였으며, 임방은 궁중에 소장된 서적을 분류하고 교감(校勘)하는 일을 담당하기도 하였는데, 상주문에도 능해 왕공대인들 가운데 황제에게 상주문을 올릴 때 그에게 대필을 부탁하지 않는 사람이 없을 정도였다. 임방의 글은 《문선(文選)》에 여러 편이 실려 있는데, 그 가운데 〈치대사마소연기실전(致大司馬簫衍記室箋)〉이 있다. 임방은 이 글에서 자신을 발탁한 조정에 감사하며, 자신은 물고기 눈알처럼 쓸모없는 사람인데도 조정에서 여번(璵璠, 아름답고 값진 보옥)처럼 사용하였노라고 표현하였다.

《한시외전》의 "백골은 상아와 비슷하며, 물고기 눈알은 구슬과 흡사하다."(白骨類象 魚目似珠)는 구절을 인용하였다. 여기에서 유래하여 '어목혼주(魚目混珠)'는 가짜가 진짜와 뒤섞여 있는 상태를 비유하는 말로 쓰이게 되었다.

물고기 눈알이 어찌 구슬이 되겠는가. 쑥은 가차(檟茶)가 될 수 없다."(魚目豈爲珠 逢蒿不成價 어목기위주 봉호불성가) 가차는 고차(苦茶)의 일종으로 일반 차보다 쓴맛이 난다.

유사성어

어목혼진(魚目混珍) 어목사주(魚目似珠)

생활 속의 지혜

❶ 가짜와 진짜는 구분하기 힘들다. 욕심을 버리면 가짜가 보인다.
❷ 과도하게 친절하고 아양을 떠는 사람을 조심하라.
❸ 겉 포장이 화려한 것을 조심하라.

보충자료

옛날, 마음씨 착한 만의(滿意)라는 상인이 있었다. 하루는 만의가 커다란 진주를 사게 되었는데, 반짝반짝 영롱한 빛을 품는 것이 한눈에 보아도 값비싼 보물이었다. 만의는 붉은색 비단주머니에 진주를 곱게 싸서 장롱 깊숙이 감추어 두었다. 그 진주를 가보로 삼아 자손들에게 물려줄 생각이었다.

만의의 이웃에 수량(壽量)이라고 하는 게으른 가난뱅이가 살고 있었다. 수량은 자신의 가난한 처지를 남에게 들킬까 늘 불안에 떠는 허영심 많은 사람이었다. 돈만 생겼다 하면 한 푼도 남기지 않고 모조리 써 버렸으며 늘 부자인양 행세를 하고 다녔다. 그러는가 하면 때때로 이웃에 사는 만의와 부(富)를 비꼬기도 했다.

하루는 쌀독이 바닥나 며칠을 굶어 지냈던 수량이 배고픔을 견디다 못해 그만 길바닥에 쓰러지고 말았다. 이 광경을 본 행인이 그를 불쌍히 여겨 은자 몇 냥을 손에 쥐어주고 떠났다. 수량은 허기부터 달래고자 마을의 만두가게에 들렀다. 이때 마침 옆자리 손님들이 주고받는 대화를 엿듣게 되었다.

"장사를 마치고 돌아온 만의네 집에 글쎄 찾아드는 손님들로 발 디딜 틈이 없다고 하더라. 차(茶)도 내주며 후하게 대접한다던데 우리도 한번 가보지 않겠나?"

그의 말에 수량은 귀가 솔깃해졌다. 냉큼 자리에서 일어나더니 배고픔도 잊은 채 곧장 마을의 옷 가게로 달려갔다.

만의네 집에 가면 여러 사람들을 만날 수 있어 자신을 과시할 수 있는 좋은 기회라고 생각했다. '사람들을 만나는데 번듯한 옷 한 벌은 있어야지….' 그는 주머니에 든 은자를 전부 털어 옷가게에서 가장 비싼 옷을 샀다. 이처럼 수량은 겉만 따지는 사람이었다.

며칠이 지났다. 밖에서 빈둥대던 수량은 바닥에 굴러다니는 물고기 눈알을 하나 발견했다. 그 물고기 눈알은 햇빛을 받아 진주처럼 반짝였다. 수량은 지난번 만의네 집에서 보았던 진주를 떠 올렸다.

'나에게도 이제는 진주가 생겼구나!'

수량은 누가 보기라고 할까봐 얼른 주머니에 넣었다. 그 때부터 수량은 그 물고기 눈알을 진짜 진주를 다루듯 애지중지했다.

훗날 같은 마을에 사는 주민이 병들어 곧 죽게 되었다. 의원은 진주를 갈아 약에 넣어 먹어야만 나을 수 있다고 했다. 이를 알게 된 만의가 그 사람을 가엽게 여겨 자신이 아껴온 진주를 내어주겠다고 말했다.

소문은 마을 전체에 퍼졌고 수량도 이를 전해 듣게 되었다. 이 기회에 영웅으로 칭송받고 싶었던 수량은 애지중지하던 물고기 눈알을 가지고 한달음에 달려왔다. 마을 사람들이 모인 자리에서 만의와 수량은 나란히 앉았다. 만의가 먼저 보자기를 풀었다. 그러자 하얀 진주가 눈부신 광채를 뿜으며 귀한 자태를 드러냈다. 이에 뒤질세라 수량도 보자기를 풀었다. 그러나 광채는커녕 거무스름한 빛만 보일 뿐 누가보아도 썩은 물고기 눈알이었다. 이 일이 있은 후 수량은 줄곧 사람들의 비웃음과 조롱을 받아야만 했다.

"물고기 눈알과 진주가 서로 섞이다."라는 뜻의 어목혼주(魚目混珠)는 가짜와 진짜가 마구 뒤섞인 것을 비유하는 말로 쓰인다.

33
吾舌尙在(오설상재)

나의 혀가 아직 남아있다.

ㄴ**글자 뜻** 吾(나 오) 舌(혀 설) 尙(아직 상) 在(있을 재)
ㄴ**출전** 사기(史記) 장의열전(張儀列傳)
ㄴ**의미·비유**
❶ 비록 몸은 망가졌어도 혀만 살아있다면, 뜻을 펼칠 수 있다.
❷ 부족한 것이 많더라도 한 가지라도 뚜렷한 재능을 가지고 있으면 성공할 수 있다.

사건유래의 요약

장의(張儀: ?~B.C. 309년, 魏나라 출신)는 전국시대(戰國時代) 세객(說客)으로 소진(蘇秦: B.C. ?~B.C. ?, 東周 雒陽 人)과 더불어 쌍벽을 이룬 사람이다.

장의(張儀)는 소진(蘇秦)과 함께 당시 권모술수의 대가 귀곡선생(鬼谷先生: 鬼谷子)에게서 종횡술(縱橫術: 合從/合縱과 連衡/連橫의 학술)을 배웠다. 둘 다 말솜씨와 총명을 두루 갖춘 귀재였다.

소진(蘇秦)이 스스로 자기 재주가 장의(張儀)에게 미치지 못한다고 인정할 정도로 장의(張儀)는 재능이 뛰어났다.

수학 후 소진(蘇秦)은 당시 최강국 진(秦)나라에 대항하기 위해서는 조(趙)·한(韓)·위(魏)·연(燕)·제(齊)·초(楚) 등 6국이 서로 동맹을 맺어야 한다고, 6국을 돌아다니며 6국의 왕들을 설득하여 합종책(合縱策)을 만들어 성공시켜 6국을 함께 총괄하는 겸임 재상이 되었다.

동문인 소진(蘇秦)이 유명세를 탈 때까지도 장의(張儀)는 뜻을 펴지 못하고 초(楚)나라 재상인 소양(昭陽)의 집에서 문객 노릇을 하며 지내고 있었다.

그때 소양(昭陽)은 위(魏)나라와 싸워 대승한 공로로 왕으로부터 귀중한 화씨벽(和氏璧)을 하사받았다. 소양(昭陽)을 그것을 언제나 가지고 다녔다.

어느 날 초(楚)나라의 재상이 개최한 연회에서 술을 마시는데, 재상의 벽옥이 없어졌다. 재상의 빈객들은 장의(張儀)를 의심하고 여럿이서 장의(張儀)를 호되게 때렸다. 만신창이가 되어 집에 돌아온 그를 보고, 그의 아내가 공부와 유세(遊說) 같은 것을 안 했으면 이런 욕(辱)을 당하지 않았을 것이라며 탄식하자 장의(張儀)가 물었다.

"내 혀가 있는지 보아 주오. 아직도 있는가?"

아내가 비웃으며 말했다.

"혀가 있긴 있구려."

장의(張儀)가 말했다.

"그러면 됐다."

장의(張儀)는 소진(蘇秦)과는 반대로 6국(六國)이 연합하여 진(秦)과 동맹을 맺어 화친해야 한다는 연횡책(連橫策: 連衡策)을 주장하였다. 장의(張儀)는 탁월한 언변으로 논리적인 유세를 펼쳐 진(秦)나라의 재상이 되었다. 그런 후에 6국을 돌며 진(秦)나라와 화친해야 하는 당위성을 주장하여 결국 소진(蘇秦)이 이룩했던 합종책(合縱策)을 깨뜨리고 모든 나라가 진(秦)나라에 복속하도록 만들었다.

그는 소양(昭陽)에게 이런 격문을 써 보냈다.

"지난 날 내가 그대와 술을 마실 때 나는 그대의 구슬을 훔치지 않았건만 내게 매질을 하였네. 이제 그대는 그대의 나라를 잘 지키게. 내가 그대 나라의 성읍을 훔칠지니."

장의(張儀)는 마지막으로 위(魏)나라의 재상을 지냈는데, 재상이 된 지 1년 만에 위(魏)나라에서 죽었다.

자신의 몸뚱이에서 다른 곳은 모두 상했다고 하더라도 남보다 가장 뛰어난 부분이 멀쩡하다면 다른 사람보다 뛰어날 수 있다는 뜻으로 쓰이는 말이기도 하다.

유사성어

합종연횡(合縱連衡) **견아설**(見我舌)

생활 속의 지혜

❶ 어떠한 경우라도 살아갈 수 있는 한 가지 실력을 보유해야 함.

❷ 어떤 일을 실패해도 포기하지 말고 열심히 도전해서 이룩해야 함.

❸ 인간의 능력은 어느 한 부문에만 국한되지 않는다.

보충자료

若蹈虎尾畏其噬 若涉春氷畏其陷(약도호미외기서 약섭춘빙외기함)

범의 꼬리를 밟는 듯함은 물릴까 두려워서 하는 것이요, 봄에 살얼음을 걷는 듯함은 빠질까 두려워하는 것이다. — 書經

사마천은 열전에서 소진과 장의를 두고 이렇게 말한다.

삼진(三晋: 한(韓)·위(魏)·조(趙))에는 권모와 기이한 변화를 부린 인물이 많다. 합종연횡(合縱連橫)을 부르짖어 진(秦)나라를 굳세게 한 자는 대개가 다 삼진출신이다.

장의(張儀) 책모는 소진(蘇秦)보다 심하였으나 세상이 장의보다 소진을 미워하는 것은 소진이 죽은 뒤 장의가 소진의 단점을 선전, 폭로하고 자기의 유세를 유리하게 하여 연횡을 성취한 때문이다. 요컨대 이 두 사람은 진실로 위험한 인물이다.

합종연횡은 선거철 때마다 등장하는 용어이다. 곧 자기 당(黨)과 다른 당과 합쳐서 자기 당에게 유리하게 적용하기 위한 수단으로 사용하기 때문이다. 정작 국민을 위한 지도자라면, 정정당당하게 실력으로 심판을 받아야 하는데, 권모(權謀)와 술수(術數)로 "선거만 잘 치루고 보자"는 얄팍한 꼼수를 부리는 자들은 국민의 준엄한 심판을 받아야 한다. 국민들도 정치에 성숙해져서 "꼼수는 결코 이길 수 없다"는 교훈을 냉정하게 적용해야 할 때이다. 지금이 어느 때인가?

34

牛角掛書(우각괘서)

소뿔에 책을 걸다.

ㄴ**글자 뜻** 牛(소 우) 角(뿔 각) 挂(걸 괘) 書(책 서)
ㄴ**출전** 신당서(新唐書) 이밀전(李密傳)
ㄴ**의미·비유**
시간을 아껴 학문을 닦는데 힘쓰는 것에 비유

사건유래의 요약

이밀(李密)은 명문가 출신으로, 소년 시절에 수(隋)나라 양제(煬帝)의 궁정에서 시위(侍衛)가 되었다. 양제는 이밀이 범상치 않은 인물임을 알아보고 우문술(宇文述)에게 명하여 시위를 그만두게 하였다.

우문술은 이밀을 불러 재능과 학문으로 현달하도록 하라고 격려하였다. 이밀은 집으로 돌아가 학문에 더욱 힘썼다.

한번은 학문이 높은 포개(包愷)가 수산(緱山)에 있다는 소식을 듣고 그를 찾아가는데, 먼 길을 가면서 책을 읽을 방법을 강구하여 부들로 안장을 엮어 소 등에 얹고 그 위에 앉아 소의 뿔에《한서(漢書)》한 질을 걸고 소를 타고 가면서 책을 읽었다.

조국공(趙國公) 양소(楊素)가 우연히 길에서 이를 보고 고삐를 잡고 그 뒤를 따라가 물었다.

"무슨 책이기에 이렇게 열심히 보는가?"

이밀은 양소를 알아보고 소에서 내려 절을 하고는〈항우전(項羽傳)〉을 읽는다고 대답했다.

양소는 이밀과 대화를 나누어 보고는 범상치 않은 인물이라 여겼다. 양소는 집에 돌아가 아들 양현감(楊玄感)에게 말했다.

"내가 이밀을 보니 지식 수준이 너희들보다 훨씬 뛰어난 것 같다."

양현감은 마음을 기울여 이밀과 교제를 맺었다.

양현감은 수양제의 제2차 고구려 원정 때 반란을 일으켰는데, 이밀을 불러들여 모사로 삼았다. 그러나 이밀의 계책을 받아들이지 않았다가 결국 반란에 실패하여 동생 양적선(楊積善)에게 자신의 목을 베게 하여 일생을 마쳤다. 이밀도 체포되었으나 낙양으로 호송되는 도중 도망해 책양(翟襄)이 이끄는 반란 집단에 가담했다가 반란 집단을 장악하여 낙구(洛口)에 주둔하면서 위공(魏公)이라 칭했다.

많은 사람이 양제의 수나라가 끝이 나고 이밀의 위(魏)나라가 들어설 것으로 확신하고 다투어 이밀의 휘하로 모여들어, 그 무리가 수십만에 이르렀다. 당시의 반란 세력 가운데 확실한 정치적 구상을 가진 사람은 귀족 출신인 이밀 한 사람뿐이었다.

이밀은 북주(北周)의 팔주국(八柱國)의 한 사람이었던 이필(李弼)의 손자였으므로, 사실은 수 왕조의 양씨 가문과 동등한 문벌이었다. 하지만 결국에는 왕세충(王世充)에게 패하고 말았으며, 잠시 당(唐)나라에 귀의해서 광록경(光祿卿)까지 올랐는데, 다시 반란을 일으켰다가 결국 살해되고 말았다.

유사성어

형설지공(螢雪之功) **현량자고**(懸梁刺股) **인추자고**(引錐刺股)

생활 속의 지혜

❶ 학문을 이루기 위해 단단한 결심이 필요

❷ 의지를 확고히 하고 끝까지 집중하여 성공토록 노력함.

❸ 현명한 자질은 나라의 부흥을 위해 쓰도록 해야 함.

보충자료

遇不肯敎而云 必當先讀百遍 言讀書百遍而意自見(우불긍교이운 필당선독백편 언독서백편이의자견)

동우는 가르치기를 즐겨하지 아니하며 말하기를 “반드시 마땅히 먼저 백번을 읽으라고 했고 글을 백번 읽으면 뜻이 저절로 나타난다.”

— 삼국지 위지(三國志 魏志)

오늘날 독서 인구가 점차 줄어든다고 걱정들이 많다. 하지만 도서관이나 서점마다 독서하는 사람들로 꽉 차고, 출판사마다 불황이라 해도 계속 책이 나온다. 지하철에서 신문이나 책 읽는 모습은 자취를 감췄어도 여전히 책을 사랑하고 책으로 지혜를 얻는 사람들이 많기 때문일 것이다. 책이나 독서에 관한 선인들의 좋은 경구는 차고 넘친다.

고사가 따르는 성어도 많은데 반딧불과 눈빛으로 책을 읽었다는 형창설안(螢窓雪案)이나 잠을 쫓기 위해 머리카락을 매달고 넓적다리를 찌르는 현두자고(懸頭刺股), 마당에 널어놓은 보리가 소나기에 떠내려가는 줄도 모르고 책을 읽었다는 고봉유맥(高鳳流麥) 등이 그것이다.

이런 성어에 못지않게 쇠뿔(牛角)에 책을 건다(掛書)는 이 말은 길을 가면서도 책에서 눈을 떼지 않은 이밀(李密)의 이야기에서 나왔다.

이밀은 수(隋)나라 때의 명문가 출신으로 어릴 때부터 포부가 커 천하를 구하는 것이 자신의 임무라고 생각했다. 처음 음덕으로 양제(煬帝)의 하급관리로 있다가 병으로 사직하고 고향에서 독서에 전념했다. 어느 때 평소 존경하던 학자 포개(包愷)가 살고 있는 곳을 알아내고 먼 길을 가면서도 책을 읽을 방법을 찾다가 묘안을 떠올렸다.

먼저 갯버들을 뜯어 안장을 엮은 뒤 소의 등에 얹고, 양 뿔에 읽던 한서 책을 걸고서는 가면서 책을 읽었다. (以蒲韉乘牛 掛漢書一帙角上行且讀, 이포천승우 괘한서일질각상 행차독)

한 손으로는 고삐를 잡고 다른 손으로는 책을 읽는 모습이 너무나 자연스러웠다. 그 때 길을 지나던 재상 양소(楊素)가 보고 기이하게 여겨 무슨 책을 보고 있느냐고 물은 뒤 자신의 아들과 교유하도록 했다.

구양수(歐陽修) 등이 엮은 신당서(新唐書)의 이밀전에 실려 전한다.

이밀의 후일은 그러나 탄탄대로가 아니었다. 양소의 아들 밑에 모사로 들어갔다가 계책이 받아들여지지 않아 반란 집단에 가담하게 되었고, 당(唐)나라에 귀순한 뒤 다시 반란을 일으켰다가 결국 36세 되는 해 살해되고 말았다.

시간을 아껴 오로지 공부에만 전념한 결과가 허무하다. 학문 외의 세상 흐름에 너무 무심하고 자기 길만 옳다고 여긴 결과가 아니었을까. 열심히 공부하는 태도만은 본받을 일이다. 소와 관련된 성어로 '우의대읍(牛衣對泣)'이 또 있다. 이는 소 옷을 입고 마주하여 운다는 말이다.

중국 한나라 때 왕장(王章)이란 인물과 관련된 말이다.

출사하기 전 그는 지독하게 가난하였는데 병까지 얻어 처지가 딱하였다.

이불조차 없어 소 등을 덮는 거적떼기 우의(牛衣)를 뒤 집어 쓸 정도였다. 병이 깊어 곧 죽게 될 것이라 생각한 그는 부인을 마주하여 한바탕 통곡을 하며 이별을 고한다. 그러자 부인이 노하여 질책하였다.

"대장부가 어려움을 당하면 더욱 발분하여 노력할 일이거늘 오히려 풀이 죽고 기가 꺾여 질질 짜고 있으니 어찌 사내라 하겠습니까?"

왕장은 부인의 질책에 정신이 번쩍 들어 마침내 분발하여 병마를 이기고 출사하여 큰 공을 이루었다.

천둥 같은 부인의 질책을 듣고 소뿔에 책을 걸고 다시 근실하고 성실하게 길을 가보자.

'책 속에 황금이 있다(서중유황금, 書中有黃金)'라 했으니, 소뿔에 책을 걸고 갔다가(우각괘서거, 牛角掛書去) 소 등에 황금을 쌓아 돌아올 수도(우배적금래, 牛背積金來) 있다.

학문을 하는 것도 세상을 알기 위함인데 학문만 알고 세상을 모르는 것도 문제다. 세상 살이에 이제껏 닦은 학문을 기초로 하고 성현의 모범을 통하여 응용한다면 세상도 잘 다스려지고, 개인의 가치도 고매해질 것이다.

35

有虞二妃(유우이비)

舜(순)임금의 두 왕비

ㄴ**글자 뜻** 有(있을 유) 虞(헤아릴 우, 나라이름 우) 二(두 이) 妃(왕비 비)

ㄴ**출전** 사기(史記) 요순본기(堯舜本紀)

ㄴ**의미·비유**

부인의 현명함으로 남편을 귀하게 함

사건유래의 요약

유우(有虞)의 두 비(妃)는 요(堯) 임금의 두 딸이다. 장녀는 아황(娥皇)이고 차녀는 여영(女英)이다. 순(舜)의 아버지 고수(瞽叟)는 사람됨이 미련했고, 어머니는 완악(頑惡)했다. 순의 동생 상(象)은 오만하게 굴며 기분 내키는 대로 행동하는 사람이었다.

그럼에도 순은 그들을 잘 감싸주었고 아버지에게는 효(孝)를 다해 모셨다. 어머니는 순(舜)을 미워하고 상(象)만을 좋아했는데 순은 오히려 집안 일에 열심일 뿐 그들에게 나쁜 감정을 갖지 않았다.

이러한 사실이 세상에 알려지자 요임금을 보좌하던 사악(四嶽)이 요임금에게 순을 추천했다. 이에 요임금은 두 딸을 순(舜)에게 시집보내 그 집안의 사람됨을 살펴보게 했다.

요임금의 두 딸은 순을 내조했는데 천자의 딸이라는 이유로 교만하거나 태만하지 않았다. 그녀들은 오히려 더 겸손하고, 공손하며, 검소했고 부도(婦道)를 다하려고 노력했다.

그런데도 고수와 상은 순을 죽이려는 음모를 꾸며 순에게 곳간수리를 맡겼다. 이에 순이 돌아와 두 부인에게 의논하여 말했다.

"부모님께서 나더러 곳간 지붕을 수리하라 하시니 거기로 가봐야 겠소."

두 부인은 "그렇다면 다녀오세요."

순이 곳간 위에 올라가 수리를 다하고 내려오려 하자 고수는 사다리를 치워버리고 곳간에 불을 질렀다. 이에 순은 미리 준비한 삿갓을 이용하여 뛰어내렸다.

상은 다시 부모와 음모를 꾸며 순을 우물에 처넣으려했다. 순은 또 두 부인과 의논했다. "할 수 없지요. 가셔 야지요"라는 두 부인의 대답을 듣고 순은 우물 속으로 들어갔다. 그러자 고수와 상은 우물입구를 막고 순이 나오지 못하게 흙으로 덮어 버렸다. 그런데 순이 몰래 빠져나오는 바람에 순을 죽이려던 고수와 상의 계획은 실패로 돌아갔다.

그 후 순은 지극한 효(孝)로 인하여 주위의 추천으로 백관(百官)이 되어 국가의 중책을 맡게 되었다. 그리고 요(堯)임금은 순에게 천자의 자질이 있는지를 여러 방면으로 시험했는데 매사를 언제나 두 부인과 상의했다.

마침내 순은 요임금을 이어 천자의 자리에 올랐다. 이에 요임금의 두 딸 중 아황(娥皇)은 순임금의 후(后)가 되고 여영(女英)은 비(妃)가 되었다.

군자가 이르기를 "두 비는 덕이 순수하고 행동이 신실했다."

후세 사람들이 그를 칭송하여 노래하기를,

元始二妃 帝堯之女 嬪列有虞 承舜於下 以尊事卑 終能勞苦 瞽叟和寧 卒享福祜(원시이비 제요지녀 빈렬유우 승순어하 이존사비 종능노고 고수화녕 졸순복호)

최초의 두 비는 요임금의 딸들이네/ 나란히 순임금의 비가 되어 낮은 곳에서 남편을 내조 했네/ 존귀한 신분으로 비천한 집안 섬기면서 그 노고 심했도다/ 시아버지 고수와도 화목하니 마침내 복을 누리게 되었네

생활 속의 지혜

❶ 남편의 자만심을 버리고 부인과 소통하여 조언을 구해야 함.

❷ 부인의 의견을 존중하고 항상 고맙게 생각해야 함.

❸ 효(孝)와 공경(恭敬)은 자신을 귀하게 만들고 가정과 나라를 바로 잡는다.

보충자료

賢婦令夫貴 佞婦令夫賤(현부영부귀 녕부영부천)

현명한 부인은 남편을 귀하게 하고 악처는 남편을 천하게 한다.

家有賢妻 夫不遭橫禍(가유현처 부부조횡화)

집안에 현명한 부인이 있으면 남편이 느닷없는 화를 만나지 않는다.

옛날, 체코의 어느 마을에 돈은 많지만 성격은 매우 탐욕스러운 농부와 인정은 많지만 가난한 양치기가 살고 있었다. 욕심 많은 농부는 무슨 거래든지 자신에게만 유리한 쪽으로 성립시켜 이웃들을 힘들게 만들었다.

농부의 이웃에 사는 그 가난한 양치기는 암소 한 마리를 품삯으로 받는 조건으로 농부의 밭에 품을 팔아줬다. 그런데 주기로 약속한 시기가 다 되어도 농부는 암소를 주지 않고 버텼다. 그래서 양치기는 시장(市長)에게 이 문제를 해결해 달라고 소송을 제기했다. 그런데 이 새로 부임한 시장은 나이가 젊고 경험이 부족하여 양쪽 말을 듣고 생각한 다음 "이 사건을 해결하는 대신 수수께끼를 내겠다. 그리고 둘 중에서 가장 현명한 답을 내놓는 이에게 암소를 주도록 하겠다."

라고 대답을 했다. 농부와 양치기는 모두 제안을 받아들였고 시장이 낸 수수께끼는 다음과 같았다.

“이 세상에서 가장 빠른 것은 무엇인가? 이 세상에서 가장 달콤한 것은 무엇인가? 이 세상에서 가장 부유한 것은 무엇인가?”

이 수수께끼를 받은 농부는 집으로 돌아가 화를 냈고 농부의 말을 들은 농부의 아내는 이 수수께끼에 대한 해답으로 가장 빠른 것은 자기 집 말, 가장 달콤한 것은 자기 집 꿀, 가장 부유한 것은 자기 집 금고라고 일러주었다.

한편, 양치기도 수수께끼를 풀지 못하면 꼼짝없이 품삯으로 받기로 한 암소를 빼앗기게 된 상황이라 기분이 나쁘기는 매한가지였다.

그런데 그 양치기에게는 ‘만카’라는 이름의 딸이 있었는데, 매우 현명하기로 유명했다. 양치기에게서 시장이 낸 수수께끼를 들은 만카는 아주 쉬운 문제라며 해답을 일러주었다.

다음 날, 시장의 관사에 들어간 두 사람은 그 수수께끼의 해답을 내놓았다. 농부는 아내가 일러준 답을 내놓았으며 양치기는 만카에게 들은 해답을 내놓았는데 그 답은 이렇다.

“세상에서 가장 빠른 것은 생각입니다. 생각은 눈 깜짝할 사이에도 얼마든지 멀리 갈 수 있기 때문입니다. 가장 단 것은 잠이죠. 사람이 지치고 힘들 때 잠보다 더 단 것이 어디 있겠습니까? 그리고 세상에서 가장 부유한 것은 바로 땅이죠. 세상의 모든 것이 다 땅에서 나오니까요.”

원하는 답을 들은 시장은 매우 기뻐하며 양치기에게 암소를 주었는데 시장은 이 해답을 양치기 머리로 생각해냈을 것 같지 않다고 생각하고 누가 답을 일러주었냐고 캐물었다. 양치기는 대답하려 하지 않았지만 시장의 끈질긴 추궁에 못이겨 딸이 알려주었다는 걸 털어놓았다. 그러자 시장은 만카의 영리함을 더 시험해 보고 싶어서 달걀

열 개를 가져와 내일까지 병아리로 부화시키라는 수수께끼를 내렸다.

그 수수께끼를 들은 만카는 너털웃음을 짓고는 이렇게 대답했다.

"기장 한 줌을 가지고 시장에게 돌아가 전하세요. '제 딸이 이 기장을 보냈습니다. 딸애가 말하기를, 시장님이 이것을 심어 키워서 내일까지 기장을 수확하면 자기도 병아리 10마리를 데려와 그 낟알을 먹일 수 있다고 하는군요.'라고 말이에요."

만카의 말을 들은 시장은 만카가 보통내기가 아니라고 생각해 아내로 삼고 싶은 마음이 들었다. 그는 양치기에게 만카를 아내로 삼고 싶다고 말했다. 단, 만카가 시장의 아내가 되기 위해선 또 하나의 조건이 붙었는데 그 조건 역시 수수께끼였고 그 문제는 다음과 같았다.

"시장에게 올 때 낮에 와서도 안 되고 그렇다고 밤에 와서도 안 된다. 그리고 무엇을 타고 와서도 안 되고 그렇다고 걸어와서도 안 된다. 또 옷을 입고 와서는 안 되며 그렇다고 발가벗고 와서도 안 된다."

그 말을 들은 만카는 이튿날 새벽이 될 때까지 기다린 다음, 몸에 그물을 두르고, 다리 한 쪽은 염소의 등에 올려놓고 한 쪽 다리로만 땅을 딛고 시장에게로 갔다.

새벽은 밤이 지나간 뒤에 오는 것이므로 밤이 아니지만 아직 해가 뜨기 전이니 역시 낮도 아니다. 그리고 다리 한 쪽은 땅에 있으니 염소를 타고 온 것이 아니며 나머지 다리 한 쪽은 염소 등에 있으니 걸어온 것 또한 아니다. 또 그물은 옷이 아니니 옷을 입은 것도 아니며 어쨌든 몸에 그물을 두르고 있으니 알몸인 것도 아니다. 이 모습을 본 시장은 만카의 지혜와 아름다움에 반해 청혼했으며 결혼식을 올렸다. 그렇게 두 사람이 행복한 결혼 생활을 이어갔다.

그 후로 시장은 아내를 나무라지 않았고, 어려운 문제가 생길 때마다 늘 이렇게 이야기했다.

"이 문제는 아내에게 물어보는 게 좋겠소. 내 아내가 매우 현명한 여인이라는 것 다들 알고 있죠?"

36

意氣揚揚(의기양양)

의기가 드날리다.

ㄴ**글자 뜻** **意**(뜻 의) **氣**(기운 기) **揚**(드날릴/오를 양)
ㄴ**출전** 사기 관안열전(史記 管晏列傳)
ㄴ**의미·비유**
뜻한 바를 이루어 만족한 마음이 얼굴에 나타나는 모양

사건유래의 요약

춘추시대 제(齊)나라의 안영(晏嬰, 안자晏子)은 영공(靈公)과 장공(莊公), 경공(景公)의 세 왕을 섬기면서 군주를 잘 보좌하여 명재상으로 존경받았다.

하루는 안영이 수레를 타고 출타하였는데, 수레를 끄는 마부의 아내가 문틈으로 남편의 거동을 엿보았다. 남편은 재상의 말을 몰면서 머리 위에 큰 일산을 펼쳐 햇빛을 가리고 채찍을 휘두르며 네 필의 말을 몰았는데, 의기양양하여 매우 만족한 모습이었다. 마부가 집에 돌아오자 아내는 이혼하자고 요구하였다. 마부가 그 까닭을 묻자 아내가 대답했다.

"안자께서는 키는 6척도 안 되지만 제나라의 재상이 되어 제후들 사이에 명성이 높습니다. 오늘 제가 그분께서 외출할 때 보니 뜻과 생각이 깊은데도 항상 자신을 낮추는 모습이었습니다. 그런데 당신은 키가 8척이나 되지만 남의 마부에 지나지 않으면서도 당신의 뜻은 스스로 만족하고 있으니 제가 떠나겠다고 하는 것입니다."

그 후로 마부는 항상 자신을 억제하고 겸손한 태도를 취하였다.

안영이 이상하게 여겨 까닭을 묻자 마부가 사실대로 말해 주었다.

안영은 그 마부를 천거하여 대부(大夫)로 삼았다.

유사성어

안자지어(晏子之御) **과즉물탄개**(過則勿憚改) **절장보단**(絶長補短)

생활 속의 지혜

❶ 남에게 부끄러움이 없을 때 의기당당 하게 된다.

❷ 남의 충고를 잘 받아들일 줄 알아야 한다.

❸ 작은 포부에 만족치 말고 포부와 목적을 크게 가져라.

보충자료

道吾善者是吾賊 道吾惡者是吾師(도오선자시오적 도오악자시오사)

나에게 잘한다고 칭찬만하는 것은 나를 해치는 것이요, 나에게 잘못을 꾸짖어주는 자는 나의 스승이다. — 명심보감

안자지어(晏子之御)는 변변치 않은 지위를 믿고 우쭐대는, 기량이 작은 사람을 가리킬 때 흔히 쓰는 말이다. 재능이 뛰어났어도 겸손했던 제경공 시대의 재상 안영은 제나라를 천하의 강국으로 만들 만큼 치세에 능력이 있었던 출중한 인물이었다. 그의 언행은 공자(孔子)에게도 영향을 미칠 정도여서 안자(晏子)라는 경칭까지 얻게 되었다. 아내로부터 크게 무안을 당한 마부는 그 후부터 사람이 싹 달라졌다.

마부가 달라진 것을 느낀 안영은 그 까닭을 물었고, 자초지종을 듣게 된 재상 안영은 그를 가상히 여겨 벼슬자리까지 천거해 주었다.

그 뒤로는 턱없이 뒷 배경을 믿고 우쭐대는 어리석은 사람을 빗대어 안자지어(晏子之御)라고 부르게 되었다고 한다.

이 안자지어라는 말에는 두 가지 의미가 들어 있다. 그 하나는 권력을 등에 업고 호가호위(狐假虎威)하며 백성들에게 오만방자하게 구는 어리석은 자들에 대한 경종이다.

다른 하나는 재상 안영의 태도로, 자신이 가진 권력이 백성으로부터 나오며, 그 권력은 백성에게 아무리 겸손해도 지나치지 않다는 것을 말해주고 있다. 획득된 권력(어떠한 권력이든)을 개인의 영달이나 욕심을 위해 사용해서는 안 된다는 교훈을 주고 있다는 것이다.

안영의 마부와 같이 어리석은 자들은 자신이 가진 권력이 자신이 기울인 노력의 산물(産物)이라고 착각한다. 그래서 그것을 내 마음대로 이용할 수 있다고 여긴다. 독선과 아집은 바로 여기서부터 생겨나고 발전한다. 제 아무리 선한 권력자라 하더라도 권력의 원천이 어디인가를 깨닫지 못하거나 무시하면 독선적으로 변하게 마련이다. 우리나라에서 위정자들 나아가 자치단체장의 독선적 태도가 문제가 되어 여론의 도마 위에 자주 오르는 경우는 매우 흔하다.

독선, 또는 아집이 국민들에게 미치는 영향이 없으면 굳이 독선과 아집을 들먹이며 하등에 이러느니 저러느니 할 이유가 없다. 독선과 아집은 독단을 낳게 되며, 자신의 결정이 제일이라고 믿는 최면에 빠지게 된다. 독선이 위험하다는 것은 이를 두고 하는 말이다.

재상 안영과 그의 마차는 현재로 말하면 크고 작은 권력들이다. 그 자리에 앉은 사람은 다름 아닌 마부다. 자신이 맡은 역할은 마차인 백성이 편안하고 안전하게 목적지까지 갈 수 있도록 하는 일이다. 거드름을 피우고 안하무인 할 자리가 아닌 한없이 겸손해야할 자리라는 것을 모른다.

우리 생활주변에서 크고 작은 권력을 가진 자들 중에 안자지어의 어리석음을 범하는 자들이 심심치 않게 눈에 띈다. 그 마부에게는 다행히도 현명한 아내가 있어 개과천선(改過遷善)할 수 있었지만, 그렇지 못한 경우에 이런 안자지어 부류의 말로(末路)가 어떠할 것이라는 것은 굳이 말로 표현하지 않아도 충분하다고 본다. 안자지어일수록 현명한 자들은 꺼리고 멀리 한다는 것은 또한 널리 알려진 사실이다. 귀찮고 성가시기 때문이다. 즉 지금 자신이 가진 권력만으로도 충분한데 뭘 더 노력하고 누구에게 잘 보이란 것인지 그런 자들의 아둔한 머리로는 도무지 알 수 없기 때문이다.그래서 그들의 말로는 이미 예정 지어져 있다고 해도 과언이 아닐 듯싶다. 물론 그 많은 크고 작은 권력 중에 그 힘의 원천인 독자를 무시하고 깔보는 언론의 종사자도 당연히 안자지어에서 예외일 수 없다.

37

一擧兩得(일거양득)

한번 들어 둘을 얻는다.

ㄴ**글자 뜻** 一(하나 일) 擧(들 거) 兩(둘 양) 得(얻을 득)
ㄴ**출전** 사기(史記) 장의열전(張儀列傳)
ㄴ**의미·비유**
한 가지 일을 해서 두 가지 이익을 보는 것에 비유

사건유래의 요약

한(韓)나라와 위(魏)나라는 서로 싸운 지 일 년이 지나도록 풀지 못하고 있었다. 진(秦)나라 혜왕(惠王)이 화해를 주선하기 위해 주위 신하들에게 물었다. 어떤 사람은 주선하는 편이 낫다고 하고, 어떤 사람은 주선하지 않는 편이 낫다고 하였다. 혜왕이 결정을 내리지 못하고 망설이고 있는데, 진진(陳軫)이 진나라에 와서 진혜왕이 진진에게 의견을 물었다.

진진이 말했다.

"일찍이 왕께 변장자(卞莊子)가 호랑이를 찔러 죽인 일을 들려드린 사람이 있었습니까? 변장자가 호랑이를 찔러 죽이려고 하자 여관의 심부름하는 아이가 말리면서 '호랑이 두 마리가 소를 잡아먹으려 합니다. 먹어 봐서 맛이 좋으면 분명히 서로 다툴 것이고, 다투면 반드시 싸울 것이며, 서로 싸우면 큰 놈은 상처를 입고 작은 놈은 죽게 될 것입니다. 상처 입은 놈을 찔러 죽이면 한꺼번에 호랑이 두 마리를 잡았다는 명성을 얻을 것입니다.'라고 하였습니다. 변장자도 그럴 것이라고 생각하고 서서 기다렸습니다. 조금 있으니 정말 두 호랑이가 싸워서 큰 놈은 상처를 입고 작은 놈은 죽었습니다. 이때 변장자가 상처 입은 놈을 찔러 죽여 한꺼번에 호랑이 두 마리를 잡는 공을 세웠다 합니다. 지금 한나라와 위나라가 싸움을 벌인 지 한 해가 넘도록 해결이 나지 않았다면 큰 나라는 타격을 입고 작은 나라는 멸망할 것입니다. 타격 입은 나라를 치면 한꺼번에 둘을 얻는 이득이 있을 것입니다. 이는 변장자가 호랑이를 찔러 죽인 것과 같은 일입니다. 신이 우리 주군(초楚 나라 왕)을 위해 바치는 계책과 왕께 바치는 계책에 무슨 차이가 있겠습니까?"

혜왕은 옳다고 말하고 결국 화해시키지 않았다.

과연 큰 나라는 타격을 입고 작은 나라는 멸망하고 말았다. 이에 진나라는 군사를 일으켜 크게 쳐부쉈다. 이것은 모두 진진의 계책에서 나왔다.

유사성어

一石二鳥(일석이조) **一擧兩獲**(일거양획) **一箭雙鳥**(일전쌍조)
烹頭耳熟(팽두이숙) **卞莊刺虎**(변장자호) **漁父之利**(어부지리)

생활 속의 지혜

❶ 요행(僥倖)으로는 한 가지를 행해 둘을 얻을 수 없다.
❷ 선한 행위를 꾸준히 하면 둘을 얻는다.
❸ 술과 담배를 끊으면 돈도 절약되고, 건강도 얻을 수 있다.

보충자료

煩莫如靜 拙莫如動(번막여정 졸막여동)

번거로움을 막는 데는 고요함보다 나은 것이 없고, 못난 것을 막는 데는 부지런보다 나은 것이 없다.

일거양득은 곧 행복과 연결된다.

행복이 별건가? 보고 싶은 사람보고, 먹고 싶은 음식 먹고, 하고 싶은 일 하며 즐겁고 기쁘게 살면 그게 바로 행복이다. 행복을 여는 비결은 오늘 당신이 만나는 사람에게 웃음을 활짝 지어도 손해 볼 것 없다. "고맙다"고 말해도 손해 볼 것 없다. "훌륭하다"고 칭찬해도 손해 볼 것 없다. "함께 일하는 것이 즐겁다"고 말해도 손해 볼 것 없다. 그렇게 말하면 그 말이 당신에게 두 배로 메아리가 되어서 돌아오기 때문이다.

오늘 당신이 나가는 일터와 하는 일에 대해서 '감사한 마음'을 가지라. 그 감사하는 마음이 일과 일터로부터 당신을 더 높은 곳으로 인도한다. 오늘 당신과 한솥밥을 먹는 가족에게 따뜻한 웃음을 보여도 손해 볼 것 없다. "수고한다, 고생한다."라고 말해도 손해 볼 것 없다. 그 따뜻한 웃음과 따뜻한 말이 바로 행복의 문을 열기 때문이다.

일거양득은 먼 훗날을 기약하는 식견을 가지고 있어야 한다. 우선은 놀기 좋다고 다 놀고, 먹고 싶다고 다 먹고, 입고 싶다고 다 입으면 우선은 미련이 없지만, 훗날을 기약할 거리는 찾지 못한다.

1741년 베링이 이끄는 러시아 선단이 처음으로 알래스카에 상륙하여 러시아 영토가 되었다. 제정 러시아는 크리미아전쟁(또는 크림전쟁, 1853~1856)으로 재정이 어려워 얼음의 땅(Ice box) 알래스카를 팔기로 하였다. 1867년 미국은 1에이커(3,000평)에 2센트, 총 720만불(720억)에 매입하기로 하고 의회 비준안이 1표 차로 가까스로 통과되었다. 이를 주도한 윌리엄 수워드 국무장관은 '바보짓' 하고 있다는 비난에 "땅속에는 무언가가 있다"는 모기만한 소리로 장관직에서 쫓겨났다. 1897년 금광이 발견되고, 1950년 유전이 발견된 것을 윌리엄 수워드는 알지도 못하고 욕만 먹고 죽었다. 인구 65만이 살고 있는 알래스카를 미국인은 지금 '위대한 땅'이라고 한다.

한번 거동에 두 가지의 득을 보는 것을 일거양득이라고 한다. 돌 위에 앉은 새를 한방의 화살로 두 마리를 잡는 것을 일석이조(一石二鳥)라고 한다.

한번 거동과 한 방의 화살로 이중 효과를 얻는 것은 보통 재미가 아니다. 도랑치고 가재 잡고, 꿩 먹고 알 먹고, 누이 좋고 매부 좋고, 마당 쓸고 동전 줍고 등 많은 속담이 있다. 말하기 좋은 속담으로 일거양득이자 일거양손(一擧兩損)도 있다.

낭패(狼狽)는 중국 고사성어(古事成語)에 나오는 상상의 동물이다. 낭(狼)이라는 승냥이는 앞다리가 짧고 뒷다리는 길고, 패(狽)라는 여우는 앞다리가 길고 뒷다리는 짧아 같이 항상 붙어 다니는 동물이다. 승냥이와 여우가 붙으면 일거(一擧)에 걸을 수 있지만 떨어지면 두 마리가 다 같이 걸을 수 없다는 표현을 낭패(狼狽)라고 한다.

1996년 10월 13일, 석가탑의 보수 공사를 위해 복개석 하나를 들어 올리다가 받침목으로 쓰던 나무 기둥이 부러지면서 그 복개석을 떨어뜨려 한쪽이 깨지는 큰 사고가 발생했다. 실로 엄청난 사고였다. 그러나 다음날 석가탑 파손 현장을 조사하기 위해 그곳에 간 두 명의 교수에 의해 사리함 속에 있는 《무고정광 대다라니경》이 발견되었으니 우연치고는 대단한 우연이 아닐 수 없다. 아니 우연이라기보다는 차라리 행운이다. 행운도 이러한 행운이 어디 또 있겠는가?

탑도 보수하고, 새로운 문화재도 발견했으니 일거양득(一擧兩得)이 아니겠는가! 세로 6.5 cm, 가로 약 52cm가량 되는 인쇄 지면을 14개의 폭으로 이어서 만든 이 다라니경의 출현으로, 우리나라는 물론이고 세계 인쇄술의 시작에 대한 새로운 고증이 시작되었다.

한국의 목판 인쇄술 발달이 세계에서 가장 빨랐다는 사실이 증명되는 순간이었다.

38

一葉障木(일엽장목)

잎사귀 하나로 눈을 가리다.

ㄴ**글자 뜻** 一(하나 일) **葉**(나무잎 엽) **障**(가로막을 장) **目**(눈 목)
ㄴ**출전** 갈관자(鶡冠子) 천칙(天則). 소림(笑林)
ㄴ**의미·비유**
단편적이고 지엽적인 일에 현혹되어 문제의 본질이나 전모를 보지 못하는 것.

사건유래의 요약

옛날에 도(道)는 정(政)에서 취했지 귀와 눈에서가 아니었다. 무릇 귀는 듣는 것을 주관하고 눈은 보는 것을 주관한다. 그러나 나뭇잎 하나가 눈을 가리면 태산이 보이지 않고, 콩 두 알이 귀를 막으면 우렛소리가 들리지 않는다. (夫耳之主聽 目之主明 一葉蔽目 不見太山 兩豆塞耳 不聞雷霆. 부이지주청 목지주명 일엽폐목 불견태산 양두색이 불문뇌정.)

여기에서, '일엽폐목(一葉蔽目)'과 '양두색이(兩豆塞耳)'가 유래했고, '일엽폐목'은 다시 '일엽장목(一葉障木)'이 되었다.

숲 속에서 사마귀가 매미를 잡기 위해 기다릴 때 매미는 나뭇잎으로 가리면 몸을 숨길 수 있다는 것을 알게 되었다. 이때 어느 한 사람이 나무 밑에서 위를 바라보며 (매미가 몸을 숨긴)나뭇잎을 찾아 땄는데, 그만 잎을 나무 아래로 떨어뜨리고 말아 분별해 찾아낼 수가 없었다. 그래서 나뭇잎을 여러 되나 쓸어 담아 가지고 집에 와 (그 이파리를 찾기 위해) 이파리 하나하나로 자신을 가리면서 아내에게 자기가 보이냐고 물었다. 아내는 처음에는 보인다고 대답했는데, 하루

종일 그러자 지겹고 귀찮아서 보이지 않는다고 속여 말했다.

이 사람은 아주 기뻐하며 나뭇잎을 가지고 시장에 가 사람이 보는 앞에서 물건을 훔치다가 붙잡히고 말았다. 관리는 그를 묶어 현으로 데려갔다. 현관이 묻자 그는 일의 본말을 이야기해 주었다. 현관은 크게 웃으며 법으로 다스리지 않고 그를 풀어 주었다.

유사성어

이장폐천(以掌蔽天) **견수불견림**(見樹不見林) **타산지석**(他山之石)

생활 속의 지혜

❶ 작은 것에 연연하지 말고, 큰 목표를 세우고 정진하라.

❷ 자기의 작음을 자랑하지 말고, 남의 장점을 얕게 보지 마라.

❸ 남에게 베풀면 더 큰 것이 자기에게 돌아옴을 가르치라.

보충자료

待人春風 持己秋霜(대인춘풍 지기추상)

남을 대하기는 봄바람(따뜻함)같이 하고, 자신을 대할 때는 가을 서리와 같이 하라.

맹인모상(盲人摸象). 진리를 알기 위하여는 바른 눈과 깊은 지혜가 필요함에도 불구하고 자기가 알고 있는 만큼만 이해하고 고집하는 행위, 전체를 보지 못하고 일부만 가지고 전체인 듯 말하는 행위를 일컫는 말입니다.

옛날 인도의 어떤 왕이 진리에 대해 말하다가 대신을 시켜 코끼리를 한 마리 몰고 오도록 하였다. 그리고는 장님 여섯 명을 불러 손으로 코끼리를 만져 보고 각기 자기가 알고 있는 코끼리에 대해 말해

보도록 하였다.

제일 먼저 코끼리의 이빨(象牙)을 만진 장님이 말하였다.

"폐하 코끼리는 무같이 생긴 동물입니다."

그러자 이번에는 코끼리의 귀를 만졌던 장님이 말하였다.

"아닙니다, 폐하. 코끼리는 곡식을 까불 때 사용하는 키같이 생겼습니다."

옆에서 코끼리의 다리를 만진 장님이 나서며 큰소리로 말하였다.

"둘 다 틀렸습니다. 제가 보기에 코끼리는 마치 커다란 절구 공이같이 생긴 동물이었습니다."

이렇게 하여 코끼리 등을 만진 이는 평상같이 생겼다고 우기고, 배를 만진 이는 코끼리가 장독같이 생겼다고 주장하며, 꼬리를 만진 이는 다시 코끼리가 굵은 밧줄같이 생겼다고 외치는 등 서로 다투며 시끄럽게 떠들었다.

이에 왕은 그들을 모두 물러가게 하고 신하들에게 말하였다.

"보아라. 코끼리는 하나이거늘, 저 여섯 장님은 제각기 자기가 알고 있는 것만을 코끼리로 알고 있으면서도 조금도 부끄러워하지 않는구나. 진리를 아는 것도 또한 이와 같은 것이니라."

맹인모상의 우화는 진리를 알기 위하여는 바른 눈과 깊은 지혜가 필요하다는 것을 말하기 위한 것이다.

사람은 누구나 자기가 알고 있는 만큼만 이해하고 고집하려 한다는 사실을 깨우쳐 주기 위한 것이다.

남의 말에 쉽게 따르는 것도 좋지 않지만, 자기 주장만을 계속 고집하는 행위도 옳지 않다는 교훈이 맹인모상에 담겨 있다.

39

一切唯心造(일체유심조)

모든 것은 오직 마음에서 지어낸다.

ㄴ **글자 뜻** 一(하나 일) **切**(온통 체) **唯**(오직 유) **造**(지을 조)
ㄴ **출전** 대승불교(大乘佛敎) 화엄경(華嚴經)
ㄴ **의미·비유**
❶ 자신의 마음을 관찰하는 수행이 필요함을 비유
❷ 吉凶禍福, 興亡盛衰, 喜怒哀樂은 자신의 마음에 달렸다.

사건유래의 요약

원효대사(元曉大師)가 불법(佛法)을 공부하기 위해 당(唐)나라로 유학을 가는 길이었다. 날이 저물어 잠 자리를 찾던 중 어느 동굴을 발견하였다. 그 동굴에서 자다가 목이 말라 잠결에 물을 찾아 마셨는데, 다음날 일어나보니 그곳은 동굴이 아니라 무덤이었고, 잠결에 달게 마셨던 물은 그 무덤의 해골바가지에 고인 물이었다. 그 사실에 구역질이 났다. 그리고 그 순간 원효대사는 크게 깨닫고, 당나라로 향하던 발걸음을 다시 고국으로 돌렸다.

같은 동굴인데 밤에는 포근한 잠자리였지만 낮에는 무서운 무덤이 되었으며, 같은 물인데 밤에는 목을 축여주는 시원한 물이었지만 낮에는 해골에 고인 끔찍한 물이 되었다.

우리가 인식하는 모든 것은 마음의 작용이라는 일체유심소조(一切唯心所造)를 크게 깨닫고 불법을 찾아 머나 먼 당나라까지 갈 필요가 없다는 것을 깨달았다.

원효는 이 깨달음의 내용을 "마음이 일어나면 만법이 생기고 마음이 멸하면 만법이 소멸한다."(心生故種種法生 心滅故種種法滅 심생

고종종법생 심멸고종종법멸)라고 표현했다.

인간이 선악(善惡), 미추(美醜)를 비롯한 가치판단이나 사유작용을 하는 근본은 오직 한 마음에 달려 있다는 의미이다. 같은 문제를 두고도 마음 편하게 잘 지내는 사람도 있고, 안절부절못하는 사람도 있다. 마음은 편하게 하지만 열심히 해결해 나가는 사람도 있고, 안절부절못하지만 불편한 마음 때문에 정작 아무것도 해결 못 하는 사람도 있다. 또 너무 태평이라서 해결은커녕 문제의식조차 못 가지는 사람도 있고, 적당한 긴장감을 가지고 더욱 열심히 해결하는 사람도 있다.

혜능(慧能)에 의하면 마음이 악하면 그 행동도 악하고 마음이 선하면 그 행동도 선하다. 마음이 깨끗하면 온 세상이 청정하고 마음에 때가 끼면 온 세상이 더럽다. 이 세상 모든 일이 한 마음에서부터 비롯한다. 이 이치를 철저히 알면 견성이다. 혜능이 인종법사(印宗法師) 회상에 갔을 때 깃발이 바람에 나부끼는 것을 보고 한 승려는 깃발이 동(動)한다고 하고, 또 한 승려는 바람이 동한다고 다투는 것을 보고 혜능은 동하는 것은 바람도 깃발도 아니며 당신들의 마음이 동하는 것이라 했다.

유사성어

삼계일심(三界一心) **호연지기**(浩然之氣)

생활 속의 지혜

❶ 세상을 너무 어렵다고 생각하지 말고, 할 수 있다는 자신감을 가지고 도전하라.

❷ 또한 세상을 너무 만만히 보아서는 안 될 것이다.

❸ 마음이 악하면 그 행동도 악하고, 마음이 선하면 그 행동도 선

하다.

보충자료

一切無碍人 一道出生死(일체무애인 일도출생사)

• 모든 것에 걸림(거리낌)이 없는 사람이 한길로 생사를 벗어나도다.

• 모든 것에 걸림이 없는 사람은 단번에 생사를 벗어난다.

— 원효대사

경허 스님과 만공 스님이 길을 가는데, 만공 스님이 시주자루를 메고 무겁다고 끙끙대며 투덜거렸다. 그러자 경허 스님이 지나가는 처녀를 희롱하였다.

동네 사람들이 몰려나오는 것과 동시에 두 스님은 '걸음아 날 살려라'하면서 산으로 뛰기 시작하였다. 쫓아오는 사람이 보이지 않자 경허 스님은 숨을 돌리면서 만공 스님에게 물었다.

"어떠냐? 지금도 무거운가?"

그러자 만공 스님이 대답하였다.

"죽을지도 모르는데 무거움이 어디 있겠습니까." 라고 하자

경허 스님께서 "옳거니, 네 말이 맞다. 무겁다는 생각이 없으니 무엇이 너를 무겁게 하겠느냐?"

일체(一切)는 마음이 만듭니다. 나는 어떤 사람에게 도움이 되었다고 생각하지 않습니다. 만일 도움을 얻고 이익이 되었다면 그 마음이 그러는 것이지요.

누구에게 손해를 끼치거나 피해를 주었다는 죄의식도 갖지 않으렵니다.

만일 피해를 보았다면 그들 자신이 그런 것이지요.

세상이 나를 인정하고 사랑한다고 생각하면 이 또한 착각입니다

사람들이 나를 상처 주고 괴롭힌다고 생각한다면 이 또한 착각입니다
아무도 나를 그렇게 할 수 없습니다.
오직 내가 나 자신을 사랑하고 인정하며 살고 있습니다.
그 누구도 나를 돕거나 피해를 줄 수 없습니다.
어떤 사람도 나를 사랑하거나 괴롭힐 수 없습니다.
오직 나 한 사람이 어떻게 마음먹느냐에 따라 스스로 그렇게 하는 것입니다.
나 자신이 어떤 생각을 하느냐에 따라서 나의 운명을 한순간에 바꿀 수 있습니다.

—「우리 시대의 마음공부」 중에서

관광객을 상대하며 살아가는 마을이 있었다. 그런데 메르스로 관광객의 발길이 뚝 끊겼다. 그러던 어느 날 드디어 여행객 한 사람이 와서 민박집에 방을 잡았고, 20만 원의 숙박비를 지불했다. 민박집 주인은 정육점으로 달려가서 그동안 외상으로 밀려있던 고깃값 20만 원을 갚았다.

정육 집 주인은 세탁비 20만 원을 갚았고, 세탁소 주인은 맥줏집으로 달려가서 그동안 외상으로 마신 맥줏값 20만 원을 갚았다. 맥줏집 주인은 민박집으로 달려가서 빌려 쓴 차용금 20만 원을 갚았다. 돈이 순식간에 마을을 한 바퀴 돌고 돌아 다시 민박집 주인에게로 돌아왔다. 그런데 여행객이 방이 마음에 들지 않는다고 20만 원을 돌려받고 떠나 버렸다. 돈을 번 사람은 아무도 없고 돈을 쓴 사람도 없다. 그러나 마을에는 빚진 사람이 아무도 없어졌다. 돈은 돌고 돌아야 돈이고, 구름은 흘러가야지 구름이듯이 사람은 사랑해야 아름답게 보이는 법이다. 저 하늘에 구름은 바람 없이 흘러갈 수 없듯이 말이다.

남이 무어라 해도 "오늘 나는 행복하다"라고 하면 행복한 것이다.

모든 것이 내가 생각하기에 달렸다.

춘추 시대에 노(魯)나라의 손휴(孫休)라는 사람은 자주 자기 스승인 편경자(扁慶子)한테 가서 수신처세(修身處世)에 관한 학문을 연구했다. 어느 날 그는 스승 집에 들어서자 한숨을 지으며 자기 신세타령을 했다.

"내 운수는 어째 이리도 사나울까요. 밭에서 농사를 지으면 소출이 나지 않고, 조정에 들어가 벼슬을 하니 현명한 군주를 만나지 못하고, 주관한테 추방되어 산간 마을로 내려오니까 촌뜨기 관리들까지 나를 업신여긴단 말입니다. 글쎄 내가 하느님께 무슨 죄를 지었다고 이렇게 악운밖에 당하지 않는 걸까요?"

편경자는 동정 어린 목소리로 그를 차근차근 타일렀다.

"성인들은 자기 행위를 어떻게 단속한다는 것도 잊은 듯 외부에서 발생하는 일들에 대해서는 일절 못 본 체, 못 들은 체 하지요. 그들은 이 세상 밖에서 사는 것처럼 마음속엔 티끌 하나 묻지 않는다오. 그런데 자넨 어떤가? 속된 사람들의 일만 생각하며 자기 욕망을 나타내며 자기 재능을 자랑하는 데는 마치 해와 달을 추켜들고 사람들 속을 지나가는 듯이 환하니 어찌 성인들을 따를 수 있겠소? 자네는 오관이 모자란 데 없이 완전무결하며 지금까지 병들었거나 재해를 입었거나 귀머거리나 봉사나 절름발이가 된 적이 없지. 그리고 아들딸을 낳아 천륜의 낙을 보고 있지 않소. 그만하면 됐지, 무엇이 안타까워 하늘만 원망하는고? 공연한 속만 태우지 말고 어서 집으로 돌아가게!"

편경자에게서 한바탕 훈시를 받고 난 손휴는 머리도 들지 못하고 공손히 집으로 돌아갔다.

40

前虎後狼(전호후랑)

앞에는 호랑이 뒤에는 이리

ㄴ**글자 뜻** 前(앞 전) 虎(범 호) 後(뒤 후) 狼(이리 랑)
ㄴ**출전** 조설항 평사(趙雪航 評史)
ㄴ**의미·비유**
❶ 앞문의 호랑이를 막으니 뒷문의 이리가 온다.
❷ 끝없이 오는 재앙을 비유함.

사건유래의 요약

장제의 황후였던 두태후(竇太后)와 그녀의 오빠 두헌(竇憲)이 정권을 잡게 되자, 나이 어린 10살의 화제(和帝)는 명목상의 임금에 불과하게 되었다. 얼마 후 권력의 맛을 알게 된 두헌은 한 걸음 나아가 화제를 시해하고 자신이 직접 제위에 오르기 위해 음모를 꾸미기 시작했다.

그러나 이 사실은 화제에 의해 발각되었고, 화제는 당시 실력을 갖고 있던 환관 정중을 시켜 두씨 일족을 제거 하도록 했다. 뜻을 이루지 못한 두헌은 체포 직전에 자살을 한다. 두씨 일족의 횡포가 사라졌다고 해서 황제의 지위가 공고해진 것은 아니었다. 이번에는 두씨 일족을 대신하여 환관 정중(鄭衆)이 권력을 쥐고 정사에 관여하기 시작한 것이다.

이로 인해 후한은 결국 자멸하게 된다. 명(明)나라 때 조설항(趙雪航)이라는 자가 이 당시의 상황을 다음과 같이 비유적으로 말하고 있다.

"두씨가 제거되자 환관의 세력이 일어나게 되었다. 앞문의 호랑이를 막으니 뒷문의 이리가 온다. 라는 속담은 바로 이것을 두고 한 말인 것 같다"(前門据虎 後門進狼 문전거호 후문진랑)

유사성어

설상가상(雪上加霜) **전화위복**(轉禍爲福) **새옹지마**(塞翁之馬)

생활 속의 지혜

❶ 연속되는 화(禍)에 안주하지 말고 항상 만약을 대비해야 한다.

❷ 항상 호사다마(好事多魔)를 생각하고 신중한 대비를 게을리 하지 말라.

보충자료

한 가지 화(禍)를 피하려다 더 큰 화를 당할 때 비유적으로 "여우 피해서 호랑이를 만났다"라거나 "귀신 피하려다 호랑이 만나다"라는 속담을 쓴다.

사나운 늑대, 이리를 만나 전력으로 도망치는데 앞에는 더 무서운 호랑이가 떡하니 버티고 있으면 진퇴양난이다. "엎친 데 덮친 격"이다.

호랑이를 막으려고 전력을 다해 앞문을 막고 있는데 뒷문으로 이리가 들어오면 살아날 길이 없다. 나쁜 일이 끊임없이 일어나는 것을 두고 일컫는 표현이다.

구덩이를 피하려다 우물에 빠지는 피감낙정(避坎落井)이나 노루를 피하다 호랑이를 만난다는 피장봉호(避麞逢虎)도 마찬가지다.

원(元)나라 문인 조설항(趙雪航)이란 사람이 지은 평사(評史)에 이 당시를 묘사한 표현이 나온다.

竇氏雖除 而寺人之權從玆盛矣 諺曰 前門拒虎 後門進狼.(두씨수제 이사인지권종자성의 언왈 전문거호 후문진랑).

두씨가 제거되었지만 환관의 권세가 이로부터 성하게 되었다. 속담에 말하기를 앞문의 호랑이를 막으니 뒷문으로 이리가 들어온다고 했다.

신약성경 사도행전 8장 1~8 절에 이런 구절 있다.

1사울은 그가 죽임 당함을 마땅히 여기더라 그 날에 예루살렘에 있는 교
회에 큰 박해가 있어 사도 외에는 다 유대와 사마리아 모든 땅으로 흩어
지니라 2경건한 사람들이 스데반을 장사하고 위하여 크게 울더라 3사울
이 교회를 잔멸할새 각 집에 들어가 남녀를 끌어다가 옥에 넘기니라 4그
흩어진 사람들이 두루 다니며 복음의 말씀을 전할새 5빌립이 사마리아
성에 내려가 그리스도를 백성에게 전파하니 6무리가 빌립의 말도 듣고
행하는 표적도 보고 한마음으로 그가 하는 말을 따르더라 7많은 사람에
게 붙었던 더러운 귀신들이 크게 소리를 지르며 나가고 또 많은 중풍병
자와 못 걷는 사람이 나으니 8그 성에 큰 기쁨이 있더라

초등학교 국어 시험에 이런 문제가 나왔다. "불행한 일이 거듭 겹침"이란 뜻의 사자성어는?" 하고, "설○가○" 이렇게 두 개의 빈칸이 있었다. 한 아이가 이렇게 답을 적었다. "설사가또". 아이에게 이처럼 불행한 일이 또 어디에 있을까?

사람들은 저마다 나름대로 불행한 일을 겪으며 살아가고 있다. 그런데 그 고난이 설상가상으로 계속해서 겹쳐올 때가 있다. 그럴 때 우리는 보통 "믿음으로 이겨 내야 한다"라는 말을 듣는다. 하지만 그게 어디 쉬운가? 우리가 설상가상의 형국에 처할 때, 만약 그런 말을 해 주는 사람이 있다면 우리는 어떻게 반응할까? "당신이 이 고난을 당해 보지 않아서 그래. 그렇게 함부로 말하지 마!"라고 말하지 않을

까?"

탁월한 영성신학자인 마르바 던은 『의미 없는 고난은 없다』라는 책에서 이렇게 말한다.

> 절망이 안에 쌓여 우울에 빠지지 않으려면 상실의 비애를 인정하고 충분히 슬퍼해야 한다. 하지만 삼위일체 하나님을 믿는 믿음으로 내게 주어진 희망을 확신하기에 우리는 큰 슬픔에도 당당히 맞설 수 있다. 그러나 말은 그렇게 쉽지만 행동은 훨씬 어렵다!

앞에서 소개한 사도행전 8장의 본문은 스데반의 죽음과 동시에 그날부터 예루살렘교회에 큰 박해가 일어났다고 밝힌다. 이 박해가 얼마나 엄청났던지 성경은 "큰 박해"라고 표현하고 있다. 여기서 "큰"이라는 형용사는 헬라어로 '메가스'인데, 바로 '백만 배'를 뜻하는 영어 단어 'mega'가 바로 이 단어에서 유래했다. 상상을 초월하는 엄청난 박해, 곧 고난이 시작된 것이다.

그런데 놀랍게도 그들은 계속되는 엄청난 고난 속에서도 복음을 전하기 시작했고, 마침내 복음은 예루살렘을 벗어나 사마리아와 땅 끝까지 전파되어 우리에게까지 전해지게 되었다. 그러기에 고난을 두려워할 필요가 없다. 초대교회 교인들이 설상가상의 고난을 통해 하나님의 도구로 사용된 것처럼 우리도 그렇게 사용될 수 있다는 희망을 가져야 한다.

어려운 일이 극에 달했을 때 우리 선조들은 굴하지 않고 더욱 용기를 내는 것으로 어려움을 극복하였다. 즉 "더운 것은 뜨거운 것으로 다스린다"는 이열치열(以熱治熱)을 생활화하였다.

"백 척 높이의 흔들리는 장대위에서 한 발 더 내 디딘다면 비로소 새로운 세계가 그 모습을 보일 것이다." (百尺竿頭進一步 十方世界現全身 백척간두진일보 시방세계현전신)

거상 임상옥이 인삼 장사할 때 중국 상인들의 담합에 대응하기 위해 내세운 슬로건이다. 임상옥이 성공하여 거상이 되었음을 말할 필요가 없다.

41

轉禍爲福(전화위복)

禍(화)가 변하여 福(복)이 되다.

ㄴ**글자 뜻** 轉(구를 전) 禍(재앙 화) 爲(될 위) 福(복 복)
ㄴ**출전** 전국책(戰國策) 연책(燕策), 사기(史記) 관안열전(管晏列傳)
ㄴ**의미·비유**
❶ 재앙이 될 일도 잘 이용하면 복이 된다.
❷ 실패가 공이 된다. 국가위기가 오히려 기회가 된다.

사건유래의 요약

연문공(燕文公) 때, 진(秦)나라 혜왕(惠王)이 그의 딸을 연(燕)나라 태자의 부인으로 삼게 했다. 연문공이 죽은 후 이왕(易王)이 왕위에 올랐다. 제(齊)나라 선왕(宣王)이 연나라의 국상을 틈타 공격하여 10개성을 빼앗았다.

무안군(武安君) 소진(蘇秦)이 연나라를 위해 제나라 왕을 설득했다. 소진은 선왕을 만나자 재배한 후에 축하의 말을 올린 다음 바로 고개를 들고 애도(哀悼)의 말을 전했다.

제왕이 손으로 창을 잡고 뒤로 몇 걸음 물러선 후에 물었다.

"무엇 때문에 축하의 말을 하고 곧바로 애도의 말을 하는 것이오?"

소진이 대답했다.

"사람이 배가 고파도 오훼(烏喙)를 먹지 않는 것은 설령 배를 채웠다고 해도 죽는 것과 같은 고통이 있기 때문입니다. 지금 연나라는 비록 약소한 나라이지만 강한 진나라의 사위 나라입니다. 왕께서는 10개 성의 이익을 취하고 강한 진나라와 깊은 원한을 맺은 것입니다. 지금 만약 약한 연나라가 선봉에 서고 강대한 진나라가 뒤를 제압하여 천하의 정병을 불러 공격한다면 이는 오훼를 먹은 것과 같은 유(類)가 되는 것입니다."

제선왕이 말했다.

"그렇다면 어찌하면 좋겠소?"

소진이 대답했다.

"성인은 일을 함에 화(禍)를 복(福)으로 돌리고, 실패로 인하여 공을 이룩합니다. 그래서 제나라 환공(桓公)은 여색에 연루가 되었지만 자신의 명예를 더욱 존귀하게 만들었고, 한헌자(韓獻子)는 살인죄를 저질렀지만 자신의 지위를 더욱 굳게 만들었습니다. 이것이 모두 화를 복으로 돌리고 실패로 인하여 공을 이룩한 예입니다. 왕께서는 제 말씀을 들으시어 연나라의 10개성을 돌려주고 겸허한 언사로 진나라에 사죄하는 것이 나을 것입니다. 그러면 진왕은 자기로 인하여 왕께서 연나라의 성을 돌려준 것을 알고 왕을 덕이 있다고 여길 것입니다. 연나라는 아무 이유 없이 10개의 성을 얻었으니 연나라도 왕을 덕이 있다고 할 것입니다. 이것은 강한 원수를 버리고 두터운 친교를 맺는 것입니다. 이는 10개의 성으로 천하를 취하는 것으로, 왕의 업적이 되는 것입니다. 이른바 화를 돌려 복으로 만들고, 실패로 인하여 공을 이룩한다는 것입니다."

제왕은 이 말을 듣고 아주 기뻐하며 연나라에 성을 돌려주고, 천금을 풀어 사과를 한 후, 머리를 조아리며 진나라에 형제의 나라가 될 것과 죄를 용서해 줄 것을 간청했다.

유사성어

화전위복(禍轉爲福) **새옹지마**(塞翁之馬) **반화위복**(反禍爲福)

생활 속의 지혜

❶ 사건의 경중을 잘 파악하여 균형을 잃지 않도록 신중하게 대처
❷ 작은 것을 잃고 큰 것을 취하도록 결정하라.
❸ 화를 돌려 복으로 실패를 돌려 성공으로의 지혜를 만들라.

보충자료

火或至燒屋爛人而民莫不用何哉 謹則無害也(화혹지소옥난인이민막불용하재 근즉무해야)

불이 혹 집을 태우고 사람을 문드러지게도 하지만 불을 쓰지 않는 사람이 없는 것은 어째서입니까? 조심하면 해(害)로움이 없기 때문이다.

전화위복의 의미는 처음에는 안 좋아 보이는 일도 거기에 어떻게 대응하느냐에 따라 얼마든지 좋은 일로 바뀔 수 있다는 오묘한 의미가 내포되어 있다.

중국에 주산(朱汕)이라는 이름을 가진 사람의 일화를 소개한다.

충칭(重慶)공업지대 한 화학공장의 노동자였던 주산은 정리해고를 당한 후 조그마한 분식가게 하나를 열었다. 어렸을 적 할아버지에게 배운 '지류(닭의 살코기만을 튀긴 것)'라는 간식거리를 팔면서 가게이름을 '하오메이웨이(맛있다는 뜻)로 지었다.

하지만 워낙 알려지지 않은데다가 주변에 음식점이 너무 많아 가게는 항상 파리만 날리기 일쑤였고 주산의 마음은 언제나 돌을 올려놓은 듯 무거웠다.

그러던 어느 날 손님 한 명이 지류를 먹자마자 큰 소리로 욕을 하기 시작했다.

"퉤, 퉤, 퉤, 이게 뭐가 맛있다는 거야 정말 괴상한 맛이로군!"

장사가 잘 되지 않아 기분이 좋지 않았던 주산이 정신을 다른데 팔

고 있으면서 양념을 잘못 넣었던 것이다.

주산은 황급히 달려 나가 손님에게 연신 고개를 숙여 사과했지만 손님은 아랑곳하지 않고 큰 소리로 이렇게 떠들어댔다.

"맛좋다는 것은 모두 거짓말이야 못 믿겠으면 먹어 보시라구!"

이 소리를 듣고 몰려온 주위 가게의 주인들은 이 광경을 지켜보며 고소하다는 듯 한 마디씩 그 손님의 말을 거들었다.

다음날 주산은 더 난처한 일을 겪었다. 누군가가 그의 가게 문 앞에 '괴상한 맛'이라고 커다랗게 써놓았던 것이다. 주산은 너무 화가 나서 서둘러 글씨를 지우려고 하였다. 하지만 잠시 마음을 진정시키고 난후 뼈아픈 교훈을 새겨두자는 생각에서 그 낙서를 그대로 두기로 했다.

그리고 그 날 이후 주산은 더욱더 정성을 다해 손님을 접대했다. 그런데 정말 이상하게도 '괴상한 맛'이라는 간판이 생긴 다음부터 가게를 찾는 손님이 점점 많아지기 시작했다. 어리둥절해진 주산은 어느 날 한 손님에게 그 이유를 물어보았는데 손님이 대답하기를 "처음에는 괴상한 맛이 어떤 맛인지 궁금해서 들렀는데 일단 지류를 한번 먹고 난후에는 그 맛을 잊을 수가 없어서 다시 주산의 가게를 찾아오게 되었다는 것 아닙니까?"

이 사실을 알게 된 주산은 그 날로부터 이 가게 이름을 아예 '꽈이난츠('괴상한 맛'이라는 뜻)로 바꾸어 버렸다. 그 뒤부터 주산의 가게 앞은 괴상한 지류를 먹으러 온 사람들로 장사진을 이루었고 지류는 유명세를 타기 시작했다.

가게가 번창하자 주산은 몇 개의 분점을 더 내고 자신처럼 정리해고당한 노동자들에게 가게를 맡겼다. 그렇게 하여 그들에게는 일자리를 제공하고 자신은 사업을 확대할 수 있었다.

그 후 주산은 더 부드럽고 진하며 바삭바삭한 지류를 개발하여 상표등록까지 했다.

사람이 살다보면 화(禍)처럼 보이는 일이 빈번하게 일어난다.

그로인해 누군가가 밉고 원망스럽게 느껴지기도 한다. 하지만 너무 마음상하여 상심하고 낙심하면 안 된다. 주산의 경우처럼 긍정적으로 그 일이 뜻밖의 복(福)을 가져다 줄 수도 있기 때문이다. 미래에 어떤 일이 일어날지 아무도 모른다.

지금 여러분들을 힘들게 만드는 그 일에 좌절하지 말고 그 일로 인해 오히려 곧 복이 올 것이라고 스스로에게 "파이팅!"을 외쳐보라. 그 힘든 일이 결국 좋은 일이 있던 것으로 밝혀지게 되는 날은 멀지 않으리라. 단, 긍정적 사고와 인내심이 수반되어야 한다.

> **亡羊牢可補 失馬廐可築 往者雖已矣 來者猶可及**(망양뢰가보 실마구가축 왕자수이의 래자유가급)
>
> 양을 잃어도 우리를 고치고, 말을 잃어도 마굿간을 지을지어다. 지난 일은 비록 어쩔 수 없지만 오는 일은 오히려 대처 할 수 있으니.

우리나라 최대의 환란인 '임진왜란과 정유재란을 겪고 재부흥을 눈물로 다짐하던 명재상 서애 유성룡(西厓 柳成龍)의 의미 있는 고언이다.

42

竊鉤竊國(절구절국)

갈고리를 훔친 자, 나라를 훔친 자

ㄴ**글자 뜻** **竊**(훔칠 절) **鉤**(갈고리 구) **國**(나라 국)
ㄴ**출전** **장자 거협편**(莊子 胠篋篇)
ㄴ**의미·비유**
❶ **좀도둑**(갈고리 훔친 자)**은 큰 벌을 받고, 큰 도둑은**(나라를 훔친 자)**는 부귀를 누린다.**
❷ **법률 및 제도의 허구성이나 불합리함을 비유**

사건유래의 요약

전국시대(戰國時代, 기원전 403~221년) 때의 사상가 장주(莊周)는 '장자(莊子)'에서 도덕이나 지식, 문명 등의 부정적 측면을 꼬집는다.

성인이나 지식인은 위정자라는 큰 도둑을 위한 파수꾼에 불과하다고 거협(胠篋, 胠는 겨드랑이 거, 篋은 상자 협) 편에서 주장한다. 상자를 열고 궤짝을 뜯는 도둑에 대비하려면 줄로 꽁꽁 묶어야 하는데 큰 도둑이 오면 상자 째로 훔쳐 간다. 그러니 지혜로 상자를 잘 간수한다는 것은 큰 도둑을 위해 물건을 모아주는 것이 된다는 설명이다.

아무리 성인이 잇달아 나와 세상이 잘 다스려진다 해도 그것은 도척(盜跖)과 같은 큰 도둑만 이롭게 해 줄 뿐이다. 곡식을 계량하는 말과 섬으로 정확히 잰다고 해도 말과 섬을 훔치고, 저울로 계량하려 하면 저울을 훔치며, 인의의 도를 내세워 사람을 가르치면 그 인의마저 도둑질할 것이라며 이어진다.

조그만 쇠갈고리를 훔친 사람은 목을 베이지만, 나라를 훔친 자는 제후가 된다(彼竊鉤者誅 竊國者爲諸侯 피절구자주 절국자위제후).

그 가문에는 인의가 있다고 하니, 인의와 성인의 지혜를 한꺼번에 훔친 것이 된다는 것이다.

결국 좀 도둑은 큰 벌을 받고 큰 도둑은 부귀를 누린다. 시비나 상벌이 공평하지 못하고 지위에 따라 달라진다는 것을 꼬집은 말은 많다. 높은 벼슬아치가 갖가지 뇌물과 세금으로 재물을 탐한다는 "사모 쓴 도둑놈"이나, 그러면서도 밑의 사람들의 부정행위는 엄격히 다스린다는 "큰 도적이 좀도적 잡는 시늉 한다" 등의 속담이 있다. 이것에 훨씬 더하여 나라를 송두리째 들어먹어도 성공하면 제후가 되었으니 공정을 말할 수가 없다.

권세나 돈이 많은 자들이 저지르는 부정이나 부패를 법대로 처벌한다고 생각하는 사람은 드물다. 국민의 힘으로 세상이 바뀌었어도 돈의 힘으로, 또는 서로 밀어주고 당겨주는 권력의 연줄로 법의 틈을 헤집어 빠져나가는 일이 숱했기 때문이다. 장자의 작은 도둑, 큰 도둑 이야기는 오늘날도 여전한 셈이다.

유사성어

有錢無罪 無錢有罪(유전무죄 무전유죄) **賊反荷杖**(적반하장)

생활 속의 지혜

❶ 가정에서 자녀에게 법과 질서를 잘 지키는 교육을 가르친다.

❷ 법을 잘 지키고 매사를 공평하게 처리한다.

❸ 법과 공평한 처리에 모범이 되고 사회인들을 계도한다.

보충자료

大道廢有仁義, 慧智出有大僞 六親不和有孝慈 國家昏亂有忠臣(대도폐유인의, 혜지출유대위 육친불화유효자 국가혼란유충신)

큰 도가 없어지니 인의가 있고, 지혜가 나오니 큰 거짓이 있다. 한 집안 식구가 화합하지 않으니 효도와 사랑이 있게 되고, 국가가 혼란하니 충신이 있다. — 老子

물건을 훔치는 것을 도(盜), 사람을 협박·공갈하는 것을 적(賊)이라 한다. 절도(竊盜)·도인(盜人)·장도(贓盜)·도범(盜犯)·강도(强盜)·산적(山賊)·해적(海賊) 등 상태에 따라 여러 가지로 쓰인다.

그리스 신화에서 헤르메스는 교활한 청년 신(神)이면서 쾌활한 도둑의 신이다. 그는 세상에 태어나자마자 이복형인 아폴로가 기르는 소 50마리를 훔치는 솜씨를 보여주었다.

원래 길거리의 신이던 헤르메스는 교통·교역(交易)·길 안내의 전령신(傳令神)에서 상업의 신이 되고, 동시에 도둑·사기·수회(收賄) 등 모든 지능범의 신이 된다. 바다·사막·고개 등을 여행하는 대상(隊商)들이 때에 따라 도둑 떼로 돌변하는, 도(盜)·상(商) 미분화(未分化)상태가 소멸한 것은 인간의 역사에서 극히 최근의 일이며, 헤르메스는 대항해시대(大航海時代)에 바다의 영웅 및 교활한 아라비아·베니스 상인의 수호신이 되었다.

한편 도둑질이 인간의 지혜이고 능력이며, 기술에 속하는 것임을 과시한 것으로는 멀리 대(大)피라미드 시대의 이집트 도둑이 있다. 이 도둑들에게 어떠한 비밀도 간파(看破)당하고, 잇달아 왕릉이 도굴되자 역대의 파라오(왕)들은 방지책에 부심하다가 기원전 16세기의 투트메스 1세 때 1,700년 전부터 계속되어 온 피라미드 조영(造營)을 단념하고, 사람 눈에 띄지 않는 왕가의 산골짜기 암굴에 왕족을 매장하였으나 도둑들은 이 왕릉도 도굴해서 부장품을 훔쳤다.

기원전 12세기의 파피루스에는 석공(石工)·공예장(工藝匠)·농부·수부(水夫)·노예 등 5명의 도둑이 도굴의 배후인물로써 동(東)테베 장관을 고소한 흥미 있는 소송사건이 기록되어 있다.

한편 쾌활한 헤르메스와는 달리 프로메테우스는 나날을 고통 속에 보내지 않으면 안 되었다. 프로메테우스도 지혜로는 제우스를 능가하였으나 하늘의 불을 훔쳐 인간에게 줌으로써 제우스의 노여움을 사 권력의 신 크라토스와 폭력의 신 비아에 의해 황야 끝에 있는 코카서스(캅카스) 산정에 쇠사슬로 매어졌다. 포박당한 프로메테우스의 간을 독수리가 쪼아 먹는데, 낮에 쪼인 상처가 밤사이에 아물면 다음 날에 다시 쪼이는, 참기 어려운 고통이 되풀이되었다. F.W.니체에 의하면 프로메테우스가 불을 훔친 신화는 아리안인(人)의 근원적 범죄(Urfrevel)의 신화이며, 별도로 아담과 이브의 근원적 죄악(Original Sin)의 신화가 셈족에게 있다고 한다.

골고다 언덕에서 그리스도가 십자가에 매달렸을 때 함께 매달린 두 사람의 도둑 중 사면된 도둑, 바라바의 존재 등도 근원적 죄악의 문제를 오랫동안 인류에게 던져주었다. J. E. 르낭의 《예수전(傳)》에 의하면 바라바는 그 실명(實名)이 예수여서, 그리스도와 동명(同名)이었는데, 총독 빌라도는 예수를 사면하려 하였으나, 민중이 사면해 주기를 바란 것은 예수 그리스도가 아니라 도둑인 예수 바라바였다고 한다.

15세기의 파리대학 문학사(文學士)인 프랑수와 비용은 강도·살인·소매치기를 저지르면서도 아름다운 서정시를 남겼다. 또한 남색(男色)인데다가 도둑인 프랑스의 작가 J. 주네는 1948년에 열 번째로 법정에 서서 유죄판결을 받고 무기수(無期囚)가 될 뻔하였으나 콕토·사르트르 등 저명한 문인들의 도움으로 특사를 받은 뒤 《도둑일기》

(1949)를 비롯하여 도덕적·성적 이상자를 악마적·신비적인 예외자로 그린 작품을 썼다.

바늘을 훔친 자는 목이 베이지만, 나라를 훔친 자는 왕이 된다. 그 왕의 집안에 사랑과 의리가 있다면, 이는 사랑과 의리는 물론 지혜까지 훔친 게 아닐까?

큰 도둑이 돼야 왕이 되는 것이다. 사랑과 의리, 됫박, 저울, 부적, 옥새 따위의 이로움(利)을 훔치는 건 상(賞)을 주면서 권할 수 있는 게 아니다. 하지만 벌을 준다고 해서 말릴 수 있는 것도 아니다. 이렇듯 척(跖) 같은 도둑을 이롭게 하면서 내버려두는 건 곧 똑똑한 사람(聖人)의 잘못이다. 그래서 예로부터 이르길, "물고기가 물속에 몸을 감추듯, 나라에 이로운 물건(國之利器 국지이기)도 남에게 드러내지 말아야 한다."고 한다.

저 똑똑한 사람도 세상을 이롭게 하는 물건이어서 남에게 드러내면 안 된다. 그래서 똑똑한 사람을 없애고 지혜를 버리면(絶聖棄知 절성기지) 큰 도둑이 들지 않고, 옥구슬을 버리고 진주를 깨뜨리면 작은 도둑이 들지 않는 것이다. 부적을 불사르고 옥새를 부수면 사람들이 순박해지고, 됫박을 쪼개고 저울을 부러뜨리면 서로 다투지 않을 것이다.

사람들의 눈이 정말 밝아지면 세상은 어두울 게 없다. 사람들의 귀가 정말 밝아지면 세상은 시끄러울 게 없다. 사람들이 제대로 알면 세상에 미혹될 게 없다. 사람들이 제대로 일하면 세상에 치우칠 게 없다. 법이란 아무짝에도 쓸모없는 것이다.

43

絶長補短(절장보단)

긴 것을 잘라서 짧은 것을 보충한다.

ㄴ**글자 뜻** 絶(끊을 절) 長(긴 장) 補(기울 보) 短(짧을 단)
ㄴ**출전** 전국책(戰國策)
ㄴ**의미·비유**
장점이나 넉넉한 것으로 단점이나 부족한 것을 보충함을 이르는 말

사건유래의 요약

전국시대 초나라에 장신(莊辛)이라고 하는 대신이 있었는데 하루는 초 양왕(襄王)에게 이렇게 말했다.

"대왕께서 궁 안에서는 좌편에 주후를, 우편에 하후를 데리고 계시고, 궁 밖에 나가실 때에는 언릉군과 수근군이 대왕을 모시는데 이 네 사람은 음탕하고 방종하여 절약(節約)도 없이 재정을 낭비합니다. 이렇게 나아가다가는 어느 날 우리 영성(郢城)은 보전하지 못할 것입니다."

"무슨 소리를 그렇게 하나?"

양왕은 장신의 말을 듣고는 버럭 화를 내며 꾸짖었다.

"그대는 망령이라도 들었나 보군, 그대는 그런 엉뚱한 말로 이 나라 백성의 민심을 혼란시킬 수작인가?"

장신은 조금도 황망함이 없이 대답을 했다.

"신(臣)은 현재의 이 실정을 보고는 그 중대함을 느끼고 더 이상 함구불언을 할 수가 없습니다. 사실이 그렇지 않다면 초나라가 어찌 오늘과 같은 지경에 이르렀으며 신이 어찌 감히 민심을 소란시키겠습니까? 황공하오나 대왕께서는 하루 속히 이 일을 시정하시기 바라오

며 만일 그러시지 않고 계속 이 네 사람만을 총애하신다면 초나라의 존망은 조석에 달릴 것입니다."

그래도 받아들이려 하지 않자 장신은 "대왕께서 기왕 신의 말씀을 믿지 않으신다면 신이 잠시 조나라에 피하여 시국이 돌아가는 형편을 볼 수 있도록 허락해 주시기 바랍니다."

이리하여 장신은 조나라로 가고 초양왕은 여전히 사치하였다. 그 후 오 개월이 지난 뒤 진나라가 초나라를 침공하여 양왕은 성양으로 망명을 하게 되었다. 이때에야 비로소 초양왕은 장신의 말을 깨닫고는 즉각 사람을 조나라에 보내어 장신을 불러오게 했다. 장신이 대왕의 부름을 받고 초나라로 돌아오니 양왕은 친절히 그를 맞이하고는, "과인이 애당초 그대의 말을 들었다면 오늘 이 지경에 이르지는 않았으련만, 지금 후회를 해도 소용이 없겠으나 그래도 이제 과인이 어찌해야 좋을지 알려줄 수 없겠소?" 이에 장신이 느긋이 대답을 했다.

"신이 일찍이 이런 말을 들은 적이 있습니다. 토끼를 발견하고 머리를 돌이켜 사냥개를 시켜도 늦지를 않은 것이고, 양이 달아난 뒤 다시 우리를 고쳐도 늦질 않다고요. 그리고 옛날에 탕(湯), 무(武)가 백리 땅에서 나라를 일으켰고, 걸왕(桀王)과 주왕(紂王)은 천하가 너무 넓어 또한 멸망했습니다. 현재 초나라가 비록 작더라도 긴 것을 잘라 짧은 것을 기우면 그래도 수 천리는 되는지라 당연히 탕(湯), 무왕(武王)의 백리(百里)에 불과한 땅과 견주면 굉장히 많은 것이지요."

유사성어

억강부약(抑强扶弱) **수어지교**(水魚之交)

생활 속의 지혜

❶ 우선 자신의 장·단점을 확실히 파악한다.

❷ 자신의 장점으로 남을 돕고, 자기 단점을 보완할 요소를 찾아 노력한다.

❸ 앞날을 생각하고 대비책을 철저히 준비한다.

보충자료

見兎而顧犬未爲晩也 亡羊而補牢未爲遲也(견토이고견미위만야 망양이보뢰미위지야)

토끼를 발견하고 나서 사냥개를 돌아보아도 늦지 않고, 양을 잃은 후에 우리를 고쳐도 늦지 않다.

'한비자'에는 구맹주산(狗猛酒酸)이라는 말이 나온다.

이 고사성어의 유래는 중국 송나라 시절로 거슬러 올라간다. 술을 잘 빚어 파는 장씨는 언제부터인가 손님이 뜸해 파리를 날리게 됐다. 장씨가 마을의 현자인 양천을 찾아가 조언을 청하자 양천은 "일손이 바쁜 농번기에 사람들이 아이들에게 술심부름을 시키는데, 자네 집의 사나운 개가 무서워 딴 데로 가고 있는 게지. 사나운 개가 있으면 술이 쉬는 법이야"라고 답했다.

저자는 '조직에 간신이 있으면 어진 신하가 모이지 않아 결국 나라가 쇠퇴한다.'는 의미의 이 고사성어를 경영자의 처신에 대입한다.

조직의 변화를 이끄는 리더는 자신이 변화의 걸림돌이 될 수 있기 때문이다. 리더가 먼저 변할 때 조직의 변화도 이끌 수 있는 것이다.

한비자는 "스스로 파괴하지 않으면 파괴당하고 만다."고 말한다. 조직 내부에 '사나운 개'가 있는지 살펴야 한다.

절장보단(絶長補短)은 조직의 리더가 사람을 다룰 때의 마음 가짐이다. 사람이든 사물이든 장점으로 단점을 보완하면 쓸모 있고 소중한 존재가 된다. 사람들은 약점만 지적당할 경우 의욕을 잃고 사기도 떨어지기 마련이다. 점점 무능한 사람으로 변해갈 수 있다. 반대로 장점을 먼저 보고 살려주면 그 사람도 기를 펴고 조직도 발전하게 된다. 단점보다 장점을 먼저 봐야 하는 이유다.

애벌레였던 매미가 성충이 돼 금빛 날개를 가진 화려한 형상으로 바뀐다는 의미의 금선탈각(金蟬脫殼)은 경영자에게 두 가지 교훈을 준다.

첫째는 어느 정도 기업이 성장하면 허물을 벗는 혁신이 필요하다는 것이다. 혁신을 해야 한계를 극복하고 새로운 성장을 꾀할 수 있다.

둘째, 매미가 껍질은 남기고 몸만 빠져나가는 것처럼 위기의 상황에서 계략을 써야 한다. 기업이 성장해 나가는 과정에서 경쟁자들과 맞서게 될 때 전면전을 피하고 살아남는 묘책을 강구하라는 것이다.

냉혹한 기업 전쟁에서 정면 돌파가 항상 올바른 선택일 수는 없다.

"절(絶)"은 '무릎을 꿇고 앉아 바느질을 하는 아낙네가 칼을 들고 실을 끊는 모습'을 나타냈고, 여기서 '끊다'라는 뜻이 나왔다. 용례(用例)에는 '두절(杜絶: 통함이나 통신 따위가 막히거나 끊어짐), 사절(謝絶: 요구나 제의를 받아들이지 않고 사양하여 물리침)' 등이 있다.

'장(長)'자는 머리를 길게 늘어뜨린 노인이 지팡이를 들고 있는 모습을 그려 '길다'라는 뜻을 나타냈다. 웃어른, 우두머리, 자라다, 같은 뜻으로도 쓰인다.

장물(長物: 길이가 긴 물건), 장사진(長蛇陣: 많은 사람이 줄을 지어 길게 늘어선 모양을 이르는 말)'등에 쓰인다.

'보(補)'자는 '깁다'라는 뜻을 나타냈고, 후에 '채우다' '메우다'같은 뜻이 파생됐다.

용례로는 '보강(補强: 보태거나 채워서 본디보다 더 튼튼하게 함), 보전(補塡: 부족한 부분을 보태어 채움)'등이 있다.

'단(短)'자는 '矢'(화살 시)와 '豆'(제기 두)로 구성된 글자로, '화살의 길이나 제기(祭器)의 높이만큼 길지 않다'는 뜻을 나타냈다. 후대에 '짧다.' '모자라다.' 등의 뜻이 파생(派生)하였다.

용례에는 '고침단면(高枕短眠: 베개를 높이 베면 오래 자지 못한다는 말), 단견(短見: 천박한 소견), 장취사단(取長舍短: 좋은 것은 취하고 나쁜 것은 버림)'등이 있다.

등문공(滕文公)이 世子(세자) 시절, 초(楚)나라로 가는 길에 송(宋)나라에 머물고 있던 맹자(孟子)를 찾아 신세 한탄(恨歎)을 하였다. 맹자는 본인의 노력 여하에 따라 누구나 성인(聖人)이 될 수 있다는 원론적(原論的) 입장(立場)을 표명하였다. 맹자의 말뜻을 이해하지 못한 문공은 공무(公務) 수행을 마치고 돌아오는 길에 다시 맹자를 만났다. 문공의 질문(質問)에 성간, 안연, 공명의를 예로 들면서 '나라는 (국토의)긴 곳을 잘라 짧은 곳을 보충(絶長補短)하면 사방 50리가 되니, 그만하면 좋은 나라를 만들 수 있을 것'이라고 하였다.

일시적(一時的)으로 곤경에 처한 것은 사실이나 장점(長點)이 더 많은 만큼, 이를 잘 활용(活用)하면 전화위복(轉禍爲福)이 될 수 있다는 주장(主張))이다.

44

井中之蛙(정중지와)

우물안의 개구리

ㄴ**글자 뜻** 井(우물 정) 中(가운데 중) 蛙(개구리 와)
ㄴ**출전** 장자 추수편(莊子 秋水篇) 후한서 마원전(後漢書 馬援傳)
ㄴ**의미·비유**
견문이 좁아서 넓은 세상의 사정을 모름을 비유함.

사건유래의 요약

황하(黃河)의 신(神) 하백(河伯)이 하류를 따라 처음으로 바다까지 내려와 보았다. 끝없이 뻗어 있는 동쪽 바다를 바라보며 북해의 신(神)인 약(若)에게 말했다.

"나는 지금까지 이 세상에서 황하가 제일 넓은 줄로 알고 있었는데, 지금 이 바다를 보고서야 넓은 것 위에 더욱 더 넓은 것이 있다는 것을 깨달았소. 내가 여기를 와 보지 않았던들 영영 식자(識者)들의 웃음거리가 될 뻔했소"

그러자 북해의 신(神) 약(若)이 말했다.

"우물 안 개구리에게 바다에 대해 말할 수 없는 것은 그들이 좁은 곳에만 사로잡혀 있기 때문이며, 여름 벌레에게 얼음이 있다는 사실을 말해도 알지 못하는 것은 그들이 여름만을 굳게 믿고 있기 때문이다. 식견(識見)이 좁은 사람에게는 도(道)를 말해도 알지 못하는 것은 그들이 상식의 가르침에 구속되어 있기 때문이다. 당신은 지금 좁은 개울에서 나와 큰 바다를 바라보고 자기의 추함(작음)을 알았기 때문에 이제 더불어 큰 진리에 대하여 말할 수 있을 것이다."

왕망(王莽)이 전한(前漢)을 멸하고 세운 신(新)나라 말경, 마원(馬

援)이란 인재가 있었다. 그는 관리가 된 세 형과는 달리 고향에서 조상의 묘를 지키다가 농서 감숙성(隴西 甘肅省)에 웅거하는 외효(隗囂)의 부하가 되었다. 그 무렵 공손술(公孫述)은 촉(蜀)땅에 성(成)나라를 세우고 황제(皇帝)를 참칭(僭稱)하여 세력을 키우고 있었다.

외효는 그가 어떤 인물인지 알아보기 위해 마원을 보냈다.

마원은 고향 친구인 공손술이 반기어 맞아주리라고 믿고 즐거운 마음으로 찾아갔다. 그러나 공손술은 계단 아래 무장한 군사들을 도열시켜놓고 위압적인 자세로 마원을 맞았다. 그리고 거드름을 피우고 말했다.

"옛 우정을 생각해서 자네를 장군에 임명할까 하는데 어떤가?"

마원은 잠시 생각해 보았다.

'천하의 자웅(雌雄)은 아직 결정되지 않았는데 공손술(公孫述)은 예(禮)를 다하여 천하의 인재를 맞으려 하지 않고 허세만 부리고 있구나. 이런 자가 어찌 천하를 도모 할 수 있는가!'

마원은 서둘러 돌아와서 외효에게 고했다.

"공손술은 좁은 촉 땅에서 으시대는 재주밖에 없는 '우물 안의 개구리(井中之蛙)'였습니다." 그래서 외효는 공손술과 손잡을 생각을 버리고 훗날 후한(後漢)의 시조가 된 광무제(光武帝)와 수호(修好)하게 되었다.

유사성어

坐井觀天(좌정관천) **管窺蠡測**(관규려측) **鼠目寸光**(서목촌광)
群盲撫象(군맹무상)

생활 속의 지혜

❶ 큰 목표를 가지고 겸손과 초지일관으로 정진하면 반드시 성공

함.

❷ 망아지를 낳으면 제주도로 보내고, 사람을 낳으면 서울로 보내라.

❸ 목표는 원대하게 행동(실천)은 차근차근

보충자료

呑舟之魚不遊枝流 鴻鵠飛高不集洿池(탄주지어불유지류 홍곡비고불집오지)

배를 삼킬만한 고기는 작은 물에서는 놀지 않고, 홍곡은 높이 날지만 더러운 연못에는 앉지 않는다.

"오늘 걷는 나의 발자국은 반드시 뒷사람의 이정표가 될 것"(今日我行迹 遂作後人程)"이라는 백범 김구 선생의 좌우명이기도 한 서산대사의 선시(禪詩)는 그래서 울림이 크다.

치자(治者)의 도리를 누누이 강조했던 맹자가 "원칙을 굽힌 자, 곧 자신이 옳지 못하면 지도자가 되어도 바르게 이끌지 못한다(枉己者未有能直人也 왕기자 미유능직인야)"고 일갈했던 연유를 알 만하다. 그럼 지도자는 어디에서 무엇을 보고 배워야 할까. 역사다. 한나라 때 '가의신서(賈誼新書)'는 "이전의 일들을 잊지 않으면 뒷날의 본보기로 삼을 수 있다(前事之不忘 後事之師也 사전지불망 후사지사야)"고 가르치고 있다.

재주와 덕이 있는 사람이 나라를 다스릴 때는 언제나 옛 역사를 관찰해 처신에 반영한다는 뜻이다. 곧 역사에서 흥망성쇠(興亡盛衰)의 이치를 깊이 살펴, 시대 조류와 국민 눈높이에 맞게 버리거나 취해야만 빛나는 지도자의 길을 걸을 수 있다는 것이다. 또한 지도자의 도리는 무엇인가. 중요한 자리에 있을 때 자신에게 엄격하라는 것이다.

채근담은 “권세 있는 지위에 오르면 모름지기 품행을 엄격하고 분명히 해야 하며, 조금이라도 사리사욕을 일삼는 무리들과 가까이 해선 안 된다(處權門要路 操履要嚴明 毋少隨而近腥之黨 처권문요로 조리요엄명 무소수이근성지당).”고 답을 주고 있다.

‘후한서(後漢書)’ 양진전(楊震傳)에는 이렇게 기록돼 있다. “하늘이 알고 땅이 알고 그대가 알고 내가 알고 있는데(天知, 地知, 子知, 我知 천지, 지지, 자지, 아지), 어찌 아는 사람이 없다고 말하는 것이오?”

시비에 오른 것 자체가 부끄러운 일이다. 역대 정권의 교훈을 깊이 새기지 못했던 것 같다. 누구 탓을 하겠는가. 잘못을 자신에게서 찾는, 반구저기(反求諸己)할 일이다.

45

齊人驕妻(제인교처)

제(齊)나라 사람이 처첩에게 교만을 떨었다.

ㄴ**글자 뜻** **齊**(가지런할 제/나라 제) **驕**(교만할 교) **妻**(아내 처)
ㄴ**출전** 맹자 이루편(孟子 離婁篇)
ㄴ**의미·비유**
사소한 권세나 부귀를 가지고 거드름을 피우는 사람을 비유한다.

사건유래의 요약

제(齊)나라의 어떤 사람이 아내와 첩을 데리고 살았는데 남편이 매일 외출하면 반드시 술과 고기를 물리도록 먹고 나서 돌아오곤 하였다. 그의 아내가 함께 먹고 마신 사람을 물으면, 모두 "돈 많고 벼슬 높은 사람들이었다."라고만 답하고 아내를 상대하려 하지 않았다.

그의 아내가 그의 첩(妾)에게 "남편이 나가면 반드시 술과 고기를 물리도록 먹고 나서 돌아오고는 하였다." 그리고 "함께 먹고 마신 사람을 물어보면 모두 돈 많고 벼슬 높은 사람들이라고 대답하곤 했다." 그러나 "여태껏 이름난 사람이 우리 집에 와 본 일이 없으니 나는 주인이 가는 곳을 몰래 알아보려네."라고 말하고 일찌감치 일어나 몰래 남편 가는 곳을 뒤 따라 다녔다.

그런데 온종일 돌아다녀도 같이 서서 이야기하는 하는 사람이라고는 없었다. 그러다가 남편은 동쪽 성 밖의 무덤에서 제사 지내는 곳으로 가서 그들이 먹고 남은 것을 구걸하고, 모자라면 또 주위를 살펴보고서는 다른 곳으로 가곤 하였다. 이것이 그가 물리도록 배 채우는 방법이었다.

그 아내가 돌아와서 그의 첩에게 "남편이란 우러러보고 평생을 살 사람인데 지금 그는 이 꼴일세."하고 그의 첩과 함께 자기 남편을 나무라면서 마당 한 가운데서 서로 붙들고 울었다. 그런데도 남편은 그것을 몰랐던 것이다. 오히려 으스대며 밖에서 돌아와 자기 아내와 첩에게 뽐내며 의기양양했다고 한다.

부귀와 영화를 추구하는데 여념이 없어 저열하고 추잡스러운 짓을 하며 남이 모르는 줄 알고 사람들에게 묘출(描出: 어떤 대상이나 현상 따위를 표현하여 드러냄)한 것이다.

현시대에 부귀를 누리는 사람들은 거의 굽은 방법을 써서 밤중에 애걸해 얻어가지고 대낮에 남에게 그것을 뽐내니 이런 사람과 무엇이 다르겠는가?

유사성어

번간걸여(墦間乞餘) 구밀복검(口蜜腹劍) 양질호피(羊質虎皮)
표리부동(表裏不同)

생활 속의 지혜

❶ 화려한 겉 모습에 현혹되지 않고 진실을 볼 줄 아는 지혜로운 남편 및 아내가 되어야 한다.
❷ 자기 자신을 알고 자신과 맞는 삶을 열심히 살아야 한다.
❸ 가장의 역할을 깊이 통찰하며 처신해야 한다.

보충자료

莫見乎隱 莫見乎微 故 君子愼其獨也(막견호은 막현호미 고 군자신기독야)

숨어있는 것보다 더 잘 보이는 것은 없고, 작은 것보다 더 잘 드러나는 것은 없으니 그러므로 군자는 그가 홀로 있을 때 삼가 해야 한다.

옛날에 한 장님이 개성에 살았다. 그는 품성이 몹시 어리석고 꽉 막힌 사람으로 기괴한 이야기를 즐겨 믿었다. 때문에 항상 젊은 사람을 만나면 붙잡고는 뭔가 이상한 일이 없느냐고 묻곤 하였다.

어느 날 어떤 젊은이가 장님에게 말하였다.

"가까운 곳에 아주 이상한 일이 있습니다. 동쪽 거리가 갈라져서 천 길이나 패였는데, 땅 아래 오가는 사람들을 역력히 볼 수 있고 닭 소리와 다듬이질 소리를 다 들을 수 있습니다. 제가 지금 거기서 오는 중인걸요."

이 말을 듣더니 장님이 말했다.

"정말 자네 말과 같다면 더할 나위 없는 이상한 일일세. 내 눈이 멀어서 비록 물건을 보지는 못하지만 그 근처에 가서 그 소리라도 한 번 듣는다면 내 죽어도 한이 없겠네."

그래서 장님은 젊은이를 따라 길을 나섰다. 젊은이는 하루 종일 도성 안을 오가면서 골목길을 왕래하다가, 마침내 장님의 집 뒷동산에 올라가 말했다.

"이곳이 바로 그곳입니다."

장님은 자기 집에서 나는 닭 울음소리와 다듬이 소리를 듣더니 손뼉을 치며 웃으면서 외쳤다.

"정말 좋구나! 정말 좋구나!"

젊은이는 어처구니가 없었던지 장님을 밀어 언덕 아래로 굴렸다. 데굴데굴 굴러서 자기 집 앞까지 내려온 장님을 보고 그 집 하인이 뛰어나와 웬일이냐고 물었다. 장님은 머리를 조아리고 손바닥을 비비면서 말했다.

"나는 하늘나라에서 온 장님이니라."

이 꼴을 보고 있던 그의 아내가 기가 막혀 껄껄 웃었다. 그 소리를 들은 장님이 이번에는 아내를 향하여 말했다.

"아니 자네는 또 언제 이곳에 왔는가?"

이 내용은 조선조 때 학자인 성현(成俔, 1439 ~ 1504)이 지은 '용재총화(慵齋叢話)'에 수록된 이야기이다.

46

朝三暮四(조삼모사)

아침에는 (도토리) 세 개, 저녁에는 네 개

ㄴ**글자 뜻** 朝(아침 조) 三(석 삼) 暮(저녁 모) 四(넉 사)

ㄴ**출전** 장자의 제물론(莊子齊物論), 열자황제편(列子黃帝篇)

ㄴ**의미·비유**

❶ 간사한 속임수(잔꾀)로 어리석은 사람을 속인다.

❷ 눈앞에 보이는 차이만 알고 결과가 같은 것은 모른다.

사건유래의 요약

송(宋)나라에 저공(狙公)이라는 사람이 있었다. 그는 원숭이를 사랑하여 여러 마리를 길렀다. 저공은 원숭이들의 뜻을 알 수 있었으며, 원숭이들 역시 저공의 마음을 알았다.

저공이 많은 원숭이를 기르다보니. 집안 형편은 점점 궁핍해져가고 원숭이의 먹이인 도토리조차 제대로 공급하기가 어려워지게 되었다. 그런데도 저공은 식구들의 먹을 것을 줄여 가면서 원숭이의 욕구를 채워 주었다.

그러나 얼마 후 원숭이들의 먹이인 도토리조차 떨어져 가서 앞으로 그 먹이를 줄이려고 했으나, 원숭이들이 말을 잘 듣지 않을 것을 우려하여 먼저 속임수를 써 말했다.

"너희에게 도토리를 주되 아침에 세 개를 주고 저녁에 네 개를 주겠다. 만족하겠느냐?"

원숭이들이 다 일어나서 화를 냈다. 저공은 바로 말을 바꾸었다.

"너희에게 도토리를 주되 아침에 네 개를 주고 저녁에 세 개를 주겠다. 만족하겠느냐?"

여러 원숭이가 다 엎드려 절하고 기뻐하였다.

사물이 지혜로써 서로를 속이는 것이 다 이와 같다. 성인은 지혜로써 어리석은 군중들을 속이는데, 역시 저공이 지혜로 원숭이들을 속이는 것과 같다. 이름과 실상을 훼손하지 않고 그들을 기쁘게도 하고 노하게도 한다.

유사성어

관중규표(管中窺豹) **정중지와**(井中之蛙) **정이불박**(精而不博)

생활 속의 지혜

❶ 잔꾀로 남을 해치면 결국 다른 재앙이 자기에게 돌아온다.

❷ 원대한 꿈을 가지고 꿋꿋하게 실천하는 습관을 가져야한다.

보충자료

他官可求牧民之官不可求也(타관가구목민지관불가구야)

다른 벼슬은 구해도 좋으나 목민관 벼슬은 구해서는 안 된다.

— 목민심서

목민관은 덕성이 있어도 위엄을 갖추지 않으면 안 되며, 굳은 의지가 있어도 총명함이 없으면 안 된다. 이러한 요건을 갖추지 못한 사람이 목민관이 되면 백성들은 그 해독으로 고통을 당하며 사람들의 비난과 귀신의 책망으로 그 재앙이 두고두고 자손들에게 미치게 된다. 그러므로 자청해서 목민관 자리를 구해서는 안 된다.

공자가 동쪽으로 길을 가고 있는데 두 아이가 다투고 있어서, 한 아이에게 까닭을 물었더니 이렇게 대답했다.

"저는 해가 아침에 뜰 때가 가깝고, 낮엔 멀리 있다고 생각합니다.

왜냐하면 아침에는 크기가 수레바퀴만 하지만 낮엔 쟁반만 하니, 가까이 있으면 크게 보이지 않겠습니까?"(日初出大如車蓋 及日中則如盤盂 此不爲遠者小而近者大乎. 일초출대여차개 급일중칙여반우 차불위원자소이근자대호)

그러자 다른 아이도 지지 않고 응수했다.

"저는 아침엔 멀고 낮엔 가깝다고 생각합니다. 멀리 있으면 시원하고 가까이 있으면 더워지는 것이니 제 말이 맞지 않겠습니까?"(日初出滄滄凉凉 急機日中如探湯 此不爲遠者凉乎. 일초출창창양량 급기일중여탐탕 차불위원자량호)

공자는 누가 옳고 그른지 결정을 내릴 수 없었다. 그러자 두 아이가 동시에 비웃으며 이렇게 말했다.

"누가 선생님께 지혜가 많다고 하겠습니까?"(孰爲汝多知乎 숙위여다지호)

쟁기질을 하는 소가 말을 듣지 않고 삐뚤빼뚤 설치는 바람에 곧은 이랑이 하나도 없자 화가 난 농부가 버럭 소리를 질렀습니다.

"이 못된 놈의 소야! 너를 늑대에게 주어버리겠다. 네놈을 보는 것도 오늘이 마지막이다."

마침 지나가던 늑대가 이 소리를 듣고 밭갈기를 끝낸 농부에게 소를 달라고 했다.

"이런 미친놈이 있나. 내 소가 어떻게 네 것이냐?"

농부는 펄펄 뛰었고 늑대도 제 주장을 굽히지 않았다.

싸움이 끝이 없자 둘은 재판관을 찾기로 했다. 떠돌이 여우가 그곳을 지나다 무엇 때문에 그렇게 다투느냐고 물었다. 농부는 여우에게 일의 전말을 설명했다.

"내가 바로 당신들이 찾는 재판관이오."

이렇게 자청한 여우는 농부에게 귓속말로 속삭였다.

"내가 당신을 도와줄테니 나와 내 아내에게 닭 한 마리씩을 주겠소?"

농부는 여우가 원하는 것을 모두 주겠다고 약속했다.

여우는 이번에는 늑대를 따로 불러 농부가 당신을 쫓아주면 나에게 엄청나게 큰 치즈를 주겠다고 했다며 그 치즈를 보러 가자고 꼬드겼다.

"내가 당신을 도와주면 당연히 보답을 하시겠지? 그 치즈를 보고 싶으면 날 따라오시오."

여우와 늑대는 함께 떠났다. 드디어 둘은 달밤에 한 우물에 도착했다.

"늑대 친구, 저 우물 바닥에 있는 멋진 치즈를 보라고! 우리가 치즈를 반씩 가집시다."

우물 속에 반사된 달은 둥글고 아주 멋진 치즈였다. 여우가 늑대에게 우물 속 치즈를 가져오면 된다고 했지만 늑대는 의심이 났다.

"그런데 치즈가 너무 커서 혼자 들고 올 수 없겠군. 네가 먼저 내려가면 내가 뒤를 따르지."

여우가 도르래에 걸린 밧줄 끝에 달린 두레박 두 개 중 하나를 타고 먼저 내려갔다.

"이거 치즈가 너무 무거워 들어 올릴 수가 없군. 늑대 친구, 나 좀 도와주시오."

늑대가 다른 두레박을 타고 내려가자 가벼운 여우가 탄 두레박은 위로 올라왔다. 그렇게 해서 늑대는 아직도 우물 속에 갇혀 살려달라고 애원하고 있다고 한다.

사람도 동물과 마찬가지로 자기 이익에 대해서는 상당히 민감하다. 절대로 자기에게 손해가 되는 것은 양보하지 않으려고 한다. 단 인간은 자기 자식에게는 모든 것을 물려주려고 한다. 그러나 형제간이라도 손익에 관계되는 일이라면 양보하지 않으려고 한다.

저공이 이러한 심리를 이용하여 원숭이들을 교묘히 속이고 있다. 원숭이들은 다 똑같은 일곱 개의 도토리이지만 아침저녁으로 분배하는 과정에서 생각을 달리하고 있다. 우선 먼저 받을 때 많이 받는 것이 속지 않는 것이라 생각했을 것이다. 그 우매한 원숭이를 속이는 저공이 오히려 나쁜 생각을 가진 사람이 아닐까? 속고 속이는 세상이니 오히려 저공이 현명한 사람이 아닐까?

그러나 인간은 남을 해롭게 하면 반드시 그에 상응한 벌을 받는다는 고귀한 진리를 잊으면 안 될 것이다. 하늘과 양심이 보고 있기 때문이다.

47

助紂爲虐(조주위학)

주(紂) 임금을 도와 포학한 짓을 저지르다.

ㄴ**글자 뜻** 助(도울 조) 紂(주임금 주) 爲(할 위) 虐(사나울 학)
ㄴ**출전** 맹자(孟子) 등문공하편(滕文公下篇)
ㄴ**의미·비유**
나쁜 짓을 하는 세력에 빌붙어 약자를 더 괴롭힘을 비유함.

사건유래의 요약

중국 역사에서 이상적인 정치를 펼친 천자로 요·순(堯·舜)을 든다. 이와 반대로 폭군의 대명사로는 하(夏)나라의 걸왕(桀王)과 은(殷)나라의 주왕(紂王)이 첫손에 꼽힌다. 이들은 각기 요녀 말희(妺姬)와 달기(妲己)에 빠져 흥청망청 주지육림(酒池肉林)을 펼치고 포락지형(炮烙之刑)으로 충신을 죽였다. 나라를 망하게 한 폭군 주(紂)왕을 도와(助紂) 포악한 짓을 저지른다(爲虐). 이 말은 나쁜 사람을 방조하여 나쁜 짓을 저지르는 것을 말한다.

주왕의 학정에 견딜 수 없게 된 백성들이 합심하여 토벌에 나선 무왕(武王)을 도왔다. 주왕은 자살로 생을 끝내고 주(周)나라를 세운 무왕은 동생 주공(周公)과 함께 백성을 안정시켜 봉건제를 확립했다. '맹자(孟子)'의 등문공(藤文公) 하(下)편에 '주공이 무왕을 도와 주왕을 죽이고 엄(奄)나라를 정벌했다. '엄은 동방에 있던 나라로 주 임금을 도와 포악한 짓을 일삼았다.(奄東方之國 助紂爲虐者也 엄동방지국 조주위학자야)

걸(桀)왕을 비유한 성어는 '사기(史記)'에 실려 있다. 진시황(秦

始皇)이 죽은 뒤 폭정에 대항하여 항우(項羽)와 유방(劉邦)은 초·한(楚·漢)이라는 나라로서 상호각축을 벌였다. 열세로 밀리다 항우가 딴 곳에 눈을 판 사이 유방은 진나라 수도 함양(咸陽)을 먼저 차지했다.

시골출신의 유방은 화려한 궁궐과 진귀한 보물들, 아름다운 미녀에 마음이 빼겨 머물고 싶어 했다. 용장 번쾌(樊噲)가 간했으나 듣지 않자 책사 장량(張良)이 다시 간언했다.

"무릇 천하를 위하여 남은 도적들을 제거하려면 검소함으로 자원을 삼아야 마땅하거늘, 지금 진나라에 들어와 편안하게 그 즐거움을 누리려 한다면, 이는 이른바 걸왕을 도와 포악한 짓을 저지르는 것과 다름이 없습니다(夫爲天下除殘賊 宜縞素爲資 今始入秦 卽安其樂 此所謂助桀爲虐/ 부위천하제잔적 의호소위자 금시입진 즉안기락 차소위조걸위학)."

그제서야 유방은 창고를 봉쇄하고 함양을 떠났다.

유사성어

不教而殺(불교이살) 巧言令色(교언영색)

생활 속의 지혜

❶ 겉치레의 칭찬은 좋아하지 말고, 올바른 질책은 고맙게 여기라.

❷ 간언(奸言)과 충언(忠言)을 잘 구분해야 한다.

❸ 아랫사람의 간언(諫言)을 경청하라.

보충자료

良藥苦口而利於疾 忠言逆耳而利於行(양약고구이리어질 충언역이이리어행)

좋은 약은 먹을 때 입에 쓰나 질병에 이롭고, 충성된 간언은 귀에 거스르나 행함에 이롭다.

석개(石介)는 중국 북송 때의 학자로 자는 수도, 연주 봉부사람이다.

진사과에 급제한 후 지방관으로 있다가 부모가 죽자 추라이산 밑에서 농사를 지으며 역(易)을 가르쳤다. 후에 국자감 직강이 되자 따르는 학자들이 많아 이때부터 국자감이 점차 융성하게 되었다.

'괴설중국론(怪說中國論)'을 지어 불가와 노가의 설(設)을 공격했고, 당감(唐鑑)을 지어 간신 환관 궁녀들의 폐단을 비판했다(1005~1045). 여기서 홀(笏)이란 조정조회에 입조하는 대신들이 손에 드는 조각의 하나로 대나무로 만들어 그날의 회의 순서를 기록하기도 했는데, 홀(笏)이란 지시사항을 비망록처럼 기록하는 대나무조각이다. 벼슬아치들은 보통 이 홀을 항상 소매 속에 넣어 지니고 다녔다.

여기서 격사홀(擊蛇笏)이란 말은 "뱀을 공격한 홀"이란 뜻이다. 석개는 역학의 대가로 유교 이외의 학문을 배척했다. 마음을 다스리고 행동함에 있어 공과 사를 엄격히 구분하고 반드시 바른 길로 가도록 하라는 것이다.

"하늘과 땅이 비록 넓고 크지만 그 안에 간사하고 흉포한 것들이 널려 있는 것은 마치 천지가 그들을 놓아길러서 그대로 놓아두는 것 같고 만물 중에 사람이 가장 영특하다지만, 요망하고 음란하며 이단을 믿는 것을 보면 사람이 그것들을 덮어주어서 세상에 드러내지 않는 것 같다."고 전제하였다.

영주 땅 천경관이란 곳에 요망한 뱀이 살았는데 그 고을 자사(刺史)로부터 모든 백성들이 뱀을 용이라 하고 하루에 두 번씩 찾아가

절하고 공경하라 하였다.

그 때 공도보(孔道輔)라는 사람이 자사를 따라가 뱀을 보고 말하기를 "밝은 곳에는 예(禮)가 있고, 어두운 곳에서는 귀신(鬼神)이 있다 했으니, 이 뱀은 용이 아니라 백성을 속이고 풍속을 어지럽히는 요물이다."하고 소매 속에서 홀(笏)을 꺼내어 뱀을 내리쳐서 죽였다.

이 이야기를 하면서 과거 중국에서 당시에 각종 폐단을 일으켰을 때, 현자(賢者)가 나와서 해결했던 예를 들어 그 결과를 하나하나 설명하고, 끝으로 홀에 대한 명(銘)을 지었다. 명이란 돌 같은 곳에 새기는 운문이니 '공도보가 홀로 뱀을 쳐 죽인 덕을 기려 많은 사람들의 교훈'이 되게 하려는 것이다.

공자가 말했다. "군자는 섬기기는 쉬우나 기쁘게 하기는 어렵다. 바른 도리가 아닌 방법으로 하면, 군자는 기뻐하지 않는다. 군자가 사람을 부릴 때는 각자의 재능과 기량에 맞게 쓴다. 이와 반대로 소인은 섬기기는 어렵고 기쁘게 해주기는 쉽다. 비록 도리가 아닌 방법으로 기쁘게 해주어도 그는 기뻐한다. 또 소인은 사람을 부릴 때는 한 사람에게 모든 것이 갖추어지기를 바란다."

군자가 사람을 쓸 때는 각각의 능력에 맞게 쓰기 때문에 누구라도 군자를 섬길 수 있다. 반면 소인은 사람을 쓸 때 자신의 무능함까지 감싸줄 수 있는 완벽함을 요구한다. 그래서 소인을 섬기기는 어렵다.

국가든 기업이든, 리더들은 '쓸 만한 사람이 없다'고 아우성이고, 사람들은 그런 리더들에게 '용인술이 없다'며 혀를 찬다. 리더의 능력이란 결국 '사람 쓰는 능력'이기 때문이다. 천하쟁패(天下爭霸)를 다투었던 수천 년 전부터 지금에 이르기까지, 사람을 쓸 줄 아는 자가 결국 천하를 얻지 않았던가. 사람을 쓰는 데 중요한 것은 옥석을 가리는 것이다.

지인(知人)을 알아보지 못하면 보옥을 알아보지 못하고 돌로 취급한다. 그보다 더 끔찍한 것은 돌을 옥으로 대우하는 것이다. 리더가 일을 모르는 것은 흉이 아니지만, 사람을 적재적소에 쓸 줄 모르는 것은 흉중의 흉이다.

당신은 상대가 칼을 품은 적군인지, 꽃을 든 아군인지 헷갈린 적은 없는가? 리더로서 구성원들에게 선의의 경쟁을 격려하는지, 적의의 전쟁을 부추기는지 몰라 등골에 진땀이 흐른 적은 없는가? 결과가 좋으면 위대한 리더로 칭송받고, 나쁘면 무능한 리더로 매도되는 매정한 인심에 가슴이 미어지는 통분(痛憤)의 경우는 없었는가?

48

曹僖氏妻(조희씨처)

조나라 희부기(僖負羈)의 아내

ㄴ**글자 뜻** **曹**(마을 조) **僖**(기쁠희) **氏**(각시 씨) **妻**(아내 처)
ㄴ**출전** 열녀전(列女傳)
ㄴ**의미·비유**
명석한 아내는 남편에게 좋은 조언으로 남편을 귀하게 함.

사건유래의 요약

진(晉)나라의 공자 중이(重耳)가 망명을 가던 도중 조(曹)나라에 들르게 되었다. 조나라 군주 공공(恭公)은 중이를 예로 대우하지 않을 뿐 아니라 푸대접하기까지 했다. 그때 희부기(僖負羈)의 아내가 중이의 늑골과 겨드랑이가 붙어 있다는 소문을 듣게 되었는데 그 모습을 보려고 중이의 숙소로 갔다. 그녀는 중이가 목욕하는 것을 엿보기 위해 엷은 휘장 뒤에 숨어서 그 일행을 관찰했다. 그리고 집으로 돌아와 남편에게 말했다.

"오늘 진나라의 공자를 보러 갔는데 그를 수행하는 세 사람 모두 일국의 재상감이었습니다. 그 세 사람이 합심하여 중이를 보좌하고 있으니 반드시 진나라를 차지할 것입니다. 만약 공자가 자기 나라로 돌아가게 되면 반드시 제후의 패자가 될 것입니다 그렇게 되면 어려웠던 시절 자신을 무시했던 나라를 토벌할 것인데 우리 조(曹)나라가 그 첫 번째 대상이 됩니다. 만일 조나라가 난을 당하면 당신도 그 난을 피할 수 없을 것입니다. 당신은 어찌하여 빨리 다른 도리를 찾지 않으시는지요? 제가 듣기로는 그 자식을 잘 알지 못하면 그 아비를 보고 그 임금을 잘 알지 못하면 그를 보좌하는 자를 보라고 했습니다.(不知其子者 視其父, 不知其君者 視其所使 부지기자자 시기부, 부지기군자 시기소사) 지금 진나라의 공자를 수행하는 자들은 모두 재상의 자리에 있을 사람들입니다. 그들이 모시는 사람은 임금이 될 것이고 그 임금은 반드시 패왕의 으뜸이 될 것입니다. 예로서 공자를 대우한다면 그들은 반드시 보답할 것입니다 반면에 죄 있는 자에게는 반드시 앙갚음을 할 것입니다. 당신이 빨리 대책을 세우지 않으면 머지않아 화가 닥칠 것입니다."

아내의 이야기를 들은 부기는 병에 먹을 것을 담고 거기에 보물까지 들려 보냈다. 중이는 먹을 것은 받았으나 보물은 돌려보냈다. 마침내 중이가 본국으로 돌아가 진나라의 문공(文公)이 되었고 조나라를 공격해 왔다. 그러나 부기가 사는 구역에는 표시를 하여 병사들의 접근을 금지했다. 조나라 백성이 노인을 부축하고 어린아이를 업고서 부기가 있는 마을로 밀려들어 부기의 마을은 문전성시를 이루었다.

군자가 말하기를 "희씨의 처는 멀리 내다보는 안목이 있었다."고 했다.

생활 속의 지혜

❶ 아내는 남편에 최고의 조력자이다.

❷ 부부가 서로의 인격을 존중하고 소통해야 한다.

❸ 부인 말을 잘 들으면 자다가도 떡이 생긴다.

보충자료

家有賢妻 夫不遭橫禍(가유현처 부부조횡화)

집안에 현명한 아내가 있으면 남편이 갑작스런 화를 만나지 않는다.

賢婦和六親, 佞婦破六親(현부화육친, 녕부파육친)

현명한 아내는 육친을 화합하게 하고, 악처는 육친을 파괴한다.

조선 숙종 때의 일이다. 아직 나이가 스물이 되지 않고 허름한 옷차림을 한 젊은 청년이 경상도 밀양 땅에 나타났다.

그의 이름은 '고유(高裕)'다. 임진왜란 때 의병을 일으켜 왜적을 물리친 '고경명'의 현손이었지만 부모를 어린 나이에 여의고, 친족들의 도움도 받지 못해 외롭게 떠도는 입장이었다.

밀양 땅에 이르러서는 생계를 위해서 남의 집 머슴을 살게 되었다. 비록 머슴살이를 살고 있고, 학문이 짧아서 무식하였지만 사람됨이 신실하였고, 언변에 신중하였으며, 인격이 고매하였으므로 대하는 사람마다 그를 존중하여, 사람들은 그를 "고도령" 이라고 불렀다.

그 마을에는 '박좌수(朴座首)'라는 사람이 살고 있었다. '박좌수'는 관청을 돕는 아전들의 우두머리였지만 박봉이었고 중년 나이에 상처(喪妻)를 한 후에 가세가 매우 구차하였는데 효성스런 딸 하나가 있어 정성껏 아버님을 모셨으므로 가난한 가운데도 따뜻한 밥을 먹으며 살고 있었다.

'고유'는 그 마을에서 달을 넘기고 해를 보내는 가운데 어느덧 그 처녀의 효성과 현숙한 소문을 듣게 되고 먼 빛으로 보고 그 처녀를 바라보며 아름다운 처녀에게 연모의 정을 품게 되었다.

'내 처지가 이러하거늘 그 처녀가 나를 생각해 줄까? 그 처녀와 일생을 더불어 산다면 참 행복할 텐데! 벌써 많은 혼사가 오간다고 하는데, 한 번 뜻이나 전해보자. 그래, 부딪혀 보자고!'

그러다가 노을이 곱게 밀려드는 어느 날에 '고유'는 하루의 일을 마치고 '박좌수'의 집으로 찾아갔다. 본래 '박좌수'는 장기를 좋아하였으므로 장기판부터 벌려 놓았다. 그런 다음에 실없는 말처럼 그러나 젊은 가슴을 긴장시키며 품었던 말을 꺼냈다.

"좌수 어른, 장기를 그냥 두는 것보다는 무슨 내기를 하는 것이 어떨까요?"

"자네가 그 웬 말인가? 듣던 중 반갑구먼. 그래 무엇을 내기하려나?"

좌수는 이웃집에서 빚어 파는 막걸리나 파전을 내기라도 하자는 건가 생각하며 웃어 넘겼다.

"이왕 할 바에는 좀 큼직한 내기를 합시다. 이러면 어떨까요? 제가 지거든 좌수 댁의 머슴살이를 삼년 살기로 하고, 좌수님이 지거든 내가 좌수님 사위가 되기로요!"

'박좌수'는 그제서야 '고유'의 말이 뼈가 있는 말임을 알았다.

"에끼 사람아! 금옥 같은 딸을 자네 같은 머슴꾼에게 주겠는가? 어찌 자네 따위나 주려고 빗발치는 청혼을 물리치고 스무 해를 키웠다던가?"

'고유'는 '박좌수'에게 무안을 당하고는 얼굴이 홍당무가 되어 되돌아갔다. 그런데, '고유'가 돌아간 뒤에 '박좌수'와 '고유'가 말다툼하는 것을 방에서 듣게 된 딸이 물었다.

"아버님께서 뭣 때문에 고도령을 그렇게 나무라셨습니까?"

"그 군정이 글쎄 나더러 자기를 사위로 삼으라는구나. 그래서 내가 무안을 줘서 보냈다."

'박좌수'는 다시 생각해도 어처구니가 없다는 듯이 말하면서 딸의 고운 얼굴을 바라보았다.

"아버님, 그이가 어때서 그래요? 지금은 비록 빈천하나, 본래는 명문사족(名文士族)이었고 또 사람이 듬직하고 그렇게 성실한 걸요."

오히려 '박좌수'의 딸은 처녀의 수줍음 탓에 얼굴은 붉그레졌지만 얼굴 두 눈에 가득히 좌수를 원망하고 있었다.

그러자 소문을 들은 마을 사람들이 와서 좌수에게 혼인을 지내도록 하라고 권하였다. 마치 자신들 집안의 일인 양 우겨대자 좌수도 반대할 수가 없었다.

그리하여 물 한 사발 떠 놓고 젊은 청년과 처녀의 혼례가 이루어졌다. 마을 사람들은 그들이 모은 돈으로 술동이를 받아 놓고 고기와 과일을 먹고 마시며 그들 한 쌍을 축복해 주었다. 화촉동방의 밤은 깊어지고 '고유'와 신부는 촛불 아래서 부부의 연인 초야를 치루었다. '고유'는 가난하였으나 행복할 수가 있을 것이라는 기대뿐이었다. 그러나 색시의 입을 통해서 나오는 것은 꿈같은 말이 아니었다.

"서방님! 글을 아시나요?"

"부끄러우나 배우지 못했소."

"글을 모르시면 어떻하시나요? 대장부가 글을 알지 못하면 삼한갑족이라도 공명을 얻을 길이 없는 법입니다."

색시는 고유의 눈을 바라보며 말을 했다.

"그럼 이렇게 합시다. 앞으로 십년 작정을 해서 서로 이별하여 당신은 글을 배워서 과거에 오르기로 하고 첩은 길삼을 하여 세간을 모으도록 해요. 그렇게 한 뒤에도 우리들의 나이가 삼십이 되지 않으므로 결코 늦은 나이가 아닙니다. 우리 부부가 헤어지는 것은 쓰라리지만 훗날을 위해 고생하기로 해요."

색시는 '고유'의 품에 안기어 눈물을 끊임없이 흘렸다. '고유'의 두 눈에서도 눈물이 흘렀다. 그는 색시의 두 손을 꼭 잡았다.

긴 세월 접어두었던 학문의 길을 깨우쳐 주는 색시가 어찌 그리도 사랑스러운지! 뜻이 있으면 길이 있는 법이다. 아직도 동이 트지 않은 새벽녁에 '고유'는. 짧은 첫날밤이 새자 아내가 싸준 다섯 필 베를 짊어지고 입지출관향(立志出關鄕) 했다.

그는 그렇게 떠나서 어느 시장에서 베를 팔아 돈으로 바꾸고 스승을 찾았다. 돈을 아끼려고 남의 집 처마 밑에서도 자고, 빈 사당 아래서도 밤을 새워가면서 스승을 찾아 발길은 합천 땅에 이르렀다.

고유는 인품과 학문이 높아 보이는 듯한 사람에게 예를 올리고 글을 가르쳐 줍시사 청했다. 그리하여 그는 어린 학동들과 함께 천자문을 처음 배웠다. 처음에는 사람들의 비웃음 속에서 시작했으나, 오륙년이 지난 후에는 놀라움 속에서 '고유'의 글은 실로 대성의 경지에 도달했다.

스승도 탄복하면서 칭찬을 하였다.

"네 뜻이 강철처럼 굳더니 이제는 학문이 일취월장(日就月將)하였구나! 너의 글이 그만 하면 족히 과장에서 독보할만하다. 나로서는 더 가르칠 것이 없으니 올라가서 과거나 보도록 하여라."

'고유'는 그동안의 신세를 깊이 감사하며 그곳을 물러나서는 해인사로 들어갔다. 그는 거기서 방 한 칸을 빌린 다음 사정을 말하여 밥을 얻어먹으면서 상투를 매어 달고 다리를 찌르며 글을 익혔다.

어느 해, 드디어 기회가 찾아왔다. 숙종대왕이 정시를 보라는 영을 내렸다. 뜻은 헛되는 법이 없었다. '고유'는 처음 치루는 과거에서 장원급제하였다.

그 후에 '고유'는 조정에서 왕을 모시게 되었다. 왕을 가까이 모시던 어느 날, 소나기가 쏟아져서 처마에 그 소리가 요란하였기에 왕은 대신들의 말소리가 잘 들리지 않았다. 숙종은 혼잣말을 하였다.

"신료들 소리가 빗방울 소리에 방해되어 알아들을 수가 없구나."

그것을 고유는 초지에 받아쓰기를, "처마에서 나는 빗방울의 소리가 귓가에 어지러우니 의당 상감께 아뢰는 말은 크게 높여라."하니 주서들이 모두 글 잘 한다고 칭찬하였다. 왕은 쓴 글을 가져오라 하여 본 다음에 크게 기뻐하여 물었다.

"너는 누구의 자손이냐?"

"신은 제봉 고경명의 현손이옵니다."

"허! 충성된 제봉이 손자도 잘 두었군. 그래 고향 부모께서는 강령하시더냐?"

"일찍 부모를 여의었습니다."

"그럼, 처자가 있겠구나."

"예, 있사옵니다."

그날 밤, 숙종대왕은 '고유'를 따로 불러서 그의 사연을 사적으로 듣고 싶어했다. '고유'는 감히 기망할 수가 없어서 떠돌아다니다 밀양 어느 마을에서 머슴을 살게 된 이야기며, 거기서 장가를 들었고, 첫날밤에 아내와 약속을 하고 집을 떠나서 10년 동안 공부를 한 그의 이력을 모두 이야기했다.

"허허! 그러면 10년 한정이 다 되었으니 너의 아내도 알겠구나."

"모를 줄 믿사옵니다. 과거에 오른지가 며칠이 안되어 아직 통지를 못했습니다."

"음, 그래?"

왕은 그 자리에서 이조판서를 불러들여 현 밀양부사를 다른 고을로 옮기고 '고유'로 밀양부사를 임명하라고 분부하였다. 그리고 다시 고유를 바라보면서, "이제 내가 너를 밀양 땅으로 보내니 옛날 살던 마을에 가서 아내를 만나되 과객처럼 차리고 가서 아내의 마음을 떠봐라. 과연 수절하며 기다리고 있는지, 변심을 했는지 그 뒷이야기가 나도 궁금하구나!"

'고유'는 부복 사은하고 물러나왔다. 그는 왕이 명한대로 하인들은 도중에 떼어놓고 홀몸으로 허술하게 차린 다음에 옛 마을을 찾았다. 그러나 집터에는 잡초만 무성할 뿐이었고 사람의 그림자도 없이 버려진지 수년의 세월이 지난 것으로 보였다. '고유'는 가슴이 철렁 내려앉았다.

'못 믿을 것이 여심이라던가? 첫날밤에 맺은 굳은 언약이 가슴속에

사무치건만.'

마침 가까이 소를 끌고 가는 노인을 보고 '박좌수' 집 형편을 물으니 그가 '고유'인 줄은 못 알아보고는 늙은이는 아는대로 일러 주었다.

"박 좌수 어른이요? 그러니까 그것이 3년 전이었군요. 병으로 죽었지요. 그에겐 딸이 하나 있지요. 벌써 10년 전에 이 마을에서 머슴을 살았던 고도령에게 시집을 갔는데 첫날밤에 신랑이 자취를 감추어 버려 혼자되었지만, 신기하게도 첫날 초야에 아들이 하나 생겼어요. 참 똑똑하지요. 그 여자는 현숙하고도 어찌나 부지런했던지, 남편이 없었는데도 크게 가산을 일으키더니 땅과 살림이 무수하고 건너편 산 밑에 백여 호가 넘는 대촌을 이루어 놓았어요."

'고유'는 너무도 기뻤다. 가산을 이뤄놓은 사실이 아니라, 사랑의 언약을 지키면서 자신을 기다려줬다는 사실 때문에!

'고유'는 노인에게 사례하고 자신을 따른 군속들에게는 주막에서 대기 하도록 했다.

어슥어슥 어둠이 마을을 감싸올 무렵에, 사람들이 가르쳐주는 대로 제일 큰 집의 대문을 열고 들어가서는 구걸하는 소리를 질렀다.

"얻어먹는 인생이 한 그릇 밥을 바라고 왔소이다."

사랑방에서 늙은 스승에게 글을 배우고 있던 소년이 그 소리를 듣고 나왔다.

"들어오세요. 손님."

'고유'는 그가 아들인줄 알면서도 짐짓 "아니 처마 밑에서라도 좋네."라고 하였다.

"아니, 올라오세요. 우리 집에서는 과객을 절대 그냥 보내지 않습니다."

굳이 올라오라 하므로 못이기는 체 올라가 윗목에 쭈그리고 앉았다.

"저 그런데 손님의 성씨는 무엇인지요?"

"허, 비렁뱅이에게 무슨 성이 있나, 남들은 고가라 하지만."

그러자 소년의 눈이 더욱 빛났다.

"저, 그럼 손님 처가의 성씨는요?"

"10년 전에 장가들어 첫날밤을 지내고는 헤어졌으니, 무슨 처가랄 것이 있을까? 그 댁호야, 박좌수 댁 이었지만…."

그때 박씨 부인이 사랑에 과객이 들었는데 성이 고씨라고 하는 바람에 귀를 기울이고 있는데 아들이 나왔다. 아들의 눈은 기쁨과 설렘으로 어머니의 눈빛을 확인했다.

박씨 부인은 고개를 끄덕이더니 아들 손을 잡고 사랑방으로 들어갔다. 비록 10년을 떠나 살았지만 한 눈에 알 수 있는 남편이라 기쁜 나머지 반가운 눈물을 흘렸다. 오래 그리던 회포에 쌓인 이야기를 꺼내 놓으며 열 살 먹은 아들을 인사 시켰다. '고유'는 그 아들의 머리를 쓰다듬으며 여전히 힘없는 소리로 그의 그간 지난 일을 꾸며댔다.

"그렇게 집을 떠나서는 뜻을 이루어보려 하였으나, 운수가 사나워서 베를 판 돈은 도적을 만나 빼앗겨 버리고, 이리저리 유랑 걸식하여 다니자니 글을 배울 힘도 나지 않았거니와, 서당이 있어 글을 배우려 해도 돈이 없으니 가르쳐 주려 는 사람도 없었소. 세월만 허비하고는 글은 한 자도 배우지 못하고 이렇게 비렁뱅이가 되었소."

그러나 부인은 조금도 원망하거나 민망해 하는 빛이 없이 사람의 궁달은 모두 운수에 있다고 하면서 그가 벼로도 수천 석 추수를 장만해 놓았으니 무슨 걱정이 있겠느냐고 하였다. 그리고 좋은 의복과 음식을 들여 놓으면서 도리어 남편을 위로하여 주었다. '고유'는 음식상을 앞에 두고 부인이 주는 옷으로 갈아입었다.

그런데, 부인의 눈길에 남편의 겉옷이 거렁뱅이 옷차림이지만 속

옷은 새하얗고 깨끗하였으며, 허리춤에는 관리들이 차는 명패가 흔들거리고 있었으니 놀랐다.

"서방님! 사실대로 말씀 해 주십시오."

"나와 동행하던 사람이 있으니, 그들도 불러들여 함께 먹어야 하겠소."

부인이 하인을 시켜 그 사람을 사랑방으로 모셔들이라 하였다.

하인이 나가서 문 밖에 서있는 과객을 보고 들어가시자고 하자, 그는 들은 척도 않고 대로에 나가더니 품에서 호적을 꺼내어서 높이 불었다. 그러자 기다렸다는 듯이 수십 명의 관속들이 달려와 안으로 들어가서는 도열하였다. 그리고 박씨 부인을 향해 문안 인사를 아뢰고 야단이었다. 문 밖에 서있던 과객은 '고유'의 지시를 받은 군관이었다. '고유'는 그제야 박씨 부인에게 말했다.

"우리 부부의 사연을 들은 상감마마께서 지시한 것이라오. 당신의 마음을 떠보려고 한 것이 결코 고의가 아니었소."

군속이 관복을 가져오니 갈아입고 박씨 부인 앞에 당당하게 선 남편을 본 부인의 기쁨은 어떠하였으랴! 그 이튿날부터 3일간 크게 잔치를 베풀어 동리의 남녀노소를 청하여 실컷 먹였다.

박씨 부인은 그동안 모아놓은 전답을 모두 가난한 사람들에게 나누어 주었다.

처음으로 글을 깨우쳐 주신 서당의 스승과 해인사 스님들에게도 많은 보은의 폐백을 보냈음은 물론이다.

'고유'는 얼마 안 있어 벼슬이 경상감사에 올랐다가 이조참판에 이르렀으니, 숙종과 영조, 정조 등 3대를 모시면서 영화로움이 말할 것도 없고, 부인도 나라에서 지정한 '정부인'이 되어 늦도록 복록을 누렸다고 한다.

49

周室三母(주실삼모)

주나라 왕실의 세 어머니

ㄴ**글자 뜻** 周(나라 주) 室(집 실) 三(석 삼) 母(어머니 모)

ㄴ**출전** 열녀전(烈女傳)

ㄴ**의미·비유**

❶ 周나라 건국의 기반을 이룬 三代의 현명한 여인들로 賢母良妻 비유

❷ 태교 및 자식교육의 기본

사건유래의 요약

세 분의 어머니란 태강(太康), 태임(太姙), 태사(太姒)를 말한다.

태강은 왕계(王季)의 어머니로 유태씨(有台氏)의 딸이다. 태왕(太王)이 그에게 장가들어 아내로 삼았다. 태강은 태백(太伯), 중옹(仲雍), 왕계(王季)를 낳았다.

그녀는 아름다운 외모에 정숙했다. 여러 자식을 도(道)로써 이끌어 길러내니 과실이 있을 수 없었다. 태왕이 일을 계획할 때나 자리를 옮길 때에는 꼭 태강과 의논하여 행했다. 군자가 말하기를 "태강은 덕(德)으로 가르침을 넓혀나갔다"고 했다.

태임은 문왕(文王)의 어머니이며 지임씨(摯任氏)의 둘째 딸이다. 왕계가 그녀에게 장가들어 아내로 삼았다. 태임의 성품은 곧고 성실하여 오로지 덕으로써 행동했다.

태임이 문왕(文王)을 임신했을 때 눈으로는 사악한 것을 보지 않고, 귀로는 음란한 음악을 듣지 않았으며, 입으로는 오만한 말을 하지 않았다.

또한 모로 눕지 않았고, 모서리나 자리 끝에 앉지 않았으며, 외다리로 서지 않았으며, 거친 음식은 먹지 않았다. 자른 것이 바르지 않으면 먹지 않았으며, 자리가 바르지 않으면 앉지 않았다. 밤에는 소경(樂官)에게 시(詩)를 읊게 했고, 좋은 시를 암송하였다.

이에 태어난 아들(文王)은 태어나면서부터 비범하여 어머니가 하나를 가르치면 백(百)을 알았다.

태사(太姒)는 무왕(武王)의 어머니이며, 우(禹)임금의 후예인 유신사씨(有莘姒氏)의 딸이다. 그녀는 어질고 도리에 밝았다.

문왕(文王)은 이런 점을 좋게 여겨 위수(渭水)에서 친영례(親迎禮)를 하기 위해 배다리를 만들었다. 주실(周室)의 일원이 된 태사는 시할머니 태강과 시어머니 태임을 공경했다. 태사는 문덕(文德)을 갖춘 어머니라는 뜻에서 문모(文母)라고 불렀다.

문왕은 밖을 다스리고 문모(文母)는 안을 다스렸다. 태사는 열 명의 아들을 낳았다. 태사는 이들이 어려서 성장할 때까지 가르쳐 깨우치게 했다. 아들이 장성해서는 문왕이 아들을 가르치는 일을 이어받았다. 마침내 아들 무왕과 주공이 그 덕을 이루었다.

군자가 말하기를 "태사는 인자하고 명석했으며, 또한 덕을 갖추고 있었다"고 했다.

유사성어

현모양처(賢母良妻) **열녀효부**(烈女孝婦) **요조숙녀**(窈窕淑女)

생활 속의 지혜

❶ 자식교육에는 어머니의 역할이 절대적이다.

❷ 부모는 자식의 모범이니 부모역할에 솔선해야한다.

❸ 선비 집안에 선비나고, 효자 집안에 효자난다.

보충자료

賢婦令夫貴 佞婦令夫賤(현부영부귀 녕부영부천)

어진 부인은 남편을 귀하게 하고, 아첨하는 아내는 남편을 천하게 한다.

躓馬破車 惡婦破家(질마파거 악부파가)

잘 넘어지는 말은 수레를 망가뜨리고 사악한 부인은 가정을 깨뜨린다.

열녀전에 송(頌)을 지어 칭송하니,

周室三母, 太姜任姒, 文武之興, 蓋由斯起, 太姒最賢, 號曰文母, 二姑之德, 亦甚大矣(주실삼모, 태강임사, 문무지흥, 개유사기, 태사최현, 호왈문모, 이고지덕, 역심대의).

주 왕실의 세 어머니 태강, 태임, 태사는
문왕(文王)과 무왕(武王)이 나라를 세울 때 함께했네.
태사가 가장 훌륭하여 문모(文母)라 했지만
두 분 시어른의 덕 또한 매우 크도다.

열녀전은 한(漢)나라 때 유향(劉向)이 역대 여인들의 이야기를 전기체로 쓴 것이다. 세상의 절반을 차지하는 여성을 독립적 단위로 인정한 최초의 작품으로, 여성이 사회 구성원으로써 어떤 역할을 해야 하는지를 명시한다.

'열녀(列女)'는 '많은 여인들'이라는 뜻이며 역대 여인들의 이야기를 전으로 쓴 전기체(傳記體)라는 표제를 책 제목으로 삼은 것이다.

유향은 성제(成帝)의 외척들이 조정을 휘두르거나 애첩들이 총애를 등에 업고 온갖 악행을 저지르는 모습을 그대로 목격하였다. 이에 통치자들과 주위의 여인들이 계감(誡鑑)으로 삼도록 하기 위해 고금 여인들의 각종 언행과 사적을 7가지 유형별로 나누어 찬집하였다.

중국인이라면 "하늘의 반은 여자가 이고 있다(婦女能頂半邊天부녀능정반변천)"는 말을 누구나 알고 있다. 역사의 흐름 속에 여인이 개입되지 않은 사건이란 있을 수 없으며, 여인의 존재 없이 이루어진 공이나 업적이란 세상 어디에도 없다.

여자는 곧 어머니이고 누이이며, 할머니이고 고모·이모이며, 딸이고 아내이다. 그 어디에 함께 하지 않는 곳이 있겠는가. 어머니로부터 영향을 받지 않은 아들딸이 세상에 어찌 있을 수 있으며, 아내의 도움 없이 어찌 성공한 위인이 있겠는가.

『열녀전』에는 우리가 익히 알고 있는 맹모삼천(孟母三遷), 음덕양보(陰德陽報)의 손숙오(孫叔敖) 어머니 등 덕(德)으로써 훌륭했던 여인들은 물론, 모성애와 정절, 나아가 못된 짓의 표본인 달기(妲己)나 포사(褒姒), 나아가 음행(淫行)에 눈이 어두웠던 여인들, 나라를 위해 몸을 내던진 열녀 등 많은 여인들이 등장한다. 이 『열녀전』의 여인들은 학술적인 연구에 중요한 자료의 가치를 넘어, 지금의 우리에게도 많은 것을 생각하게 한다.

물론 현대적 입장에서 보면 시대의 변화에 따른 여성관과 가치, 그리고 여성의 존재에 대한 모든 서술은 다를 수 있다. 그럼에도 천하 인구의 절반인 여성을 최초로 독립적 단위로 인정하였고, 그들이 사회 구성원으로서 어떤 역할을 해야 하는지에 대한 기준이 제시되어 있다. 이를 통해 역사 속의 여인들을 다시 한 번 되짚어 볼 수 있는 기회로 삼고, 아울러 오늘날 우리가 가진 여러 문제들을 해결할 수 있는 자료로 활용할 수 있을 것이다.

50

酒池肉林(주지육림)

술로 만든 못과 고기로 만든 숲

ㄴ**글자 뜻** 酒(술 주) 池(못 지) 肉(고기 육) 林(수풀 림)
ㄴ**출전** 史記(사기) 夏本紀(하본기)
ㄴ**의미·비유**
❶ 극히 호사스럽고 방탕한 술잔치
❷ 폭군정치와 군주의 사치방탕으로 백성이 도탄에 빠짐을 비유

사건유래의 요약

고대 중국의 하(夏)나라 걸왕(桀王)과 은(殷)나라 주왕(紂王)은 원래 지용(智勇)을 겸비한 현주(賢主)였다. 그는 맨손으로 맹수를 때려잡았다. 지혜가 있어 자신의 잘못을 간하는 말을 물리치기에 충분하고 말을 잘하여 비행을 변명하기에 충분했다. 그러나 그들은 각기 말희(妺姬)와 달기(妲己)라는 희대(稀代)의 두 요녀독부(妖女毒婦)에게 빠져서 사치(奢侈)와 주색(酒色)에 탐닉(耽溺)하다가 결국 폭군음주(暴君淫主)라는 낙인(烙印)이 찍힌 채 나라를 망치고 말았다.

하(夏)나라 걸왕은 자신이 정복한 오랑캐의 유시씨국(有施氏國)에서 공물(供物)로 바친 희대의 요녀 말희에게 반해서 보석과 상아로 장식한 궁전을 짓고 옥으로 만든 침대에서 밤마다 일락(逸樂)을 베풀기도 했다. 또 무악(舞樂)에 싫증이 난 말희의 요구에 따라 궁정(宮庭) 한 모퉁이에 큰 못을 판 다음 바닥에 새하얀 모래를 깔고 향기로운 미주(美酒)를 가득 채웠다. 그리고 못 둘레에는 고기(肉)로 동산을 쌓고 포육(脯肉)으로 숲을 만들었다. 걸왕과 말희는 그 못에 호화선을 띄우고, 못 둘레에서 춤을 추던 3,000명의 미소녀(美少女)들

이 신호의 북이 울리면 일제히 못의 미주를 마시고 숲의 포육을 탐식(貪食)하는 광경을 구경하며 희희낙락(喜喜樂樂) 즐겼다. 그러니 국력은 피폐하고 백성의 원성은 하늘에 닿았다. 이리하여 걸왕(桀王)은 하나라에 복속(服屬)했던 상(商)나라 湯王(탕왕)에게 주벌(誅伐)당하고 말았다.

또한 탕왕으로부터 28대째로 상나라 마지막 군주가 된 주왕(紂王)의 마음을 사로잡은 달기(妲己)는 주왕이 정벌한 오랑캐의 유시씨국(有施氏國)에서 공물(供物)로 보내온 희대의 독부였다. 주왕은 그녀의 끝없는 욕망을 만족시키기 위해 가렴주구(苛斂誅求)를 일삼았다. 그래서 창고에는 백성들로부터 수탈(收奪)한 전백(錢帛)과 곡식이 산처럼 쌓였고, 국내의 온갖 진수기물(珍獸奇物)은 속속 궁중으로 징발되었다. 또 국력을 기울여 호화찬란한 궁정을 짓고 미주와 포육으로 '주지육림(酒池肉林)'을 만들었다. 이렇듯 폭군음주(暴君淫主)로 악명을 떨치던 주왕도 결국 걸왕의 전철을 밟아 주(周)나라 시조(始祖)인 무왕(武王)에게 멸망당하고 말았다.

유사성어

황음무도(荒淫無道) **흉포음학**(凶暴淫虐) **유연황망**(流連荒亡)

생활 속의 지혜

❶ 가정의 소비절약으로 모범적 가정유지

❷ 권세와 출세가 빠른 것을 경계해야 함.

보충자료

莫畏於慾 莫善於忍(막외어욕 막선어인)

욕망보다 무서운 것은 없고, 인내보다 더 좋은 것은 없다.

하(夏)나라 걸왕(桀王)에 대하여 조금 더 고찰해 보자.

하(夏)나라 걸왕은 악독하고 탐욕스러웠으나 남다른 힘과 지략을 가지고 있었다. 이러한 걸왕의 마음을 송두리째 빼앗아 마침내 하나라를 멸망케 만든 여인이 바로 말희(末姬)이다.

말희는 걸왕이 정복한 오랑캐의 유시씨국(有施氏國)에서 진상품으로 바쳐진 여인인데 걸왕은 그녀를 보자마자 그녀의 미모에 넋을 잃고 빠져들었다.

말희는 무엇이든 마음대로 할 수 있었다. 보석과 상아로 장식한 요대(瑤臺)라는 궁전을 짓고 옥으로 만든 침대에서 밤마다 일락(逸樂)에 빠졌다.

걸왕은 그녀의 소망에 따라 전국에서 선발한 3,000명의 미소녀(美少女)들에게 오색찬란한 옷을 입혀 날마다 무악(舞樂)을 베풀기도 했다.

이를 개탄하면서 나라를 위해 걸왕에게 충성스런 마음으로 나라를 바로 잡으라고 호소하는 충신들은 모두 죽음을 당하거나 쫓겨 나갔다.

또 말희가 비단이 찢어지는 소리를 듣고 웃고 즐거워하므로 걸왕은나라의 고가(高價)의 비단을 모았다. 관용봉(關龍逢)이라는 신하가 아뢰었다.

"전하, 임금에게는 임금으로서 마땅히 해야 할 도리가 있사옵니다. 자신을 단속하여 예(禮)와 의(義)를 행하고 검소함으로 재물을 아껴 이로써 백성을 이롭게 해야 하옵니다. 이렇게 해야만 나라가 태평하고 전하께선 천수를 누릴 수 있사옵니다. 지금 전하께옵선 날마다 향연을 베풀어 재물을 탕진하심이 끝이 없고 노역동원에 백성들은 죽음보다 더 고통스러워하옵니다. 이를 고쳐 나가지 않는다면 하늘이 재앙을 내려 벌을 받을 것입니다. 전하, 속히 바로 고쳐 나가시옵소서."

이렇게 간하고는 퇴청하지 않고 그 자리에 서 있었다. 걸왕은 그를 잡아 가두었다. 군자가 이를 듣고서 탄식하였다.

"나라의 운명이 다 되었구나!"

이윤(伊尹)이 또 다시 간하였으나 들은 척도 하지 않았다. 결국 이윤은 상(商)나라로 도망쳐 탕왕(湯王)을 섬기게 되었다. 은(殷)나라의 탕왕은 이윤과 함께 군대를 일으켜 하(夏)나라를 쳐들어간다. 걸왕과 말희는 생포되어 남소(南巢)의 산으로 추방되었고 그곳에서 생을 마쳤다. 이것을 하상(夏商)혁명 또는 은(殷)혁명이라 부른다.

우리는 여장부(女丈夫)를 두고 행실은 여자지만 마음은 장부(丈夫)여서 칼을 차고 관을 썼다는 비유로 패검대관(佩劍帶冠)이라고도 한다.

백성들로부터 많은 세금을 거둬 요대(瑤臺)를 세운 다음 고기와 포(脯)를 산더미처럼 쌓고 연못에 술을 가득 담아 두어 한 번에 삼천 명씩 술을 떠 마시고 주지육림(酒池肉林)을 보면서 좋아했다. 이런 실덕(失德)으로 결국 하나라 걸왕은 은(殷)나라 탕왕(湯王)의 공격을 받아 남방으로 달아났다가 죽었다.

51

衆醉獨醒(중취독성)

모두 취했는데 홀로 깨어 있다.

ㄴ**글자 뜻** 衆(무리 중) 醉(취할 취) 獨(홀로 독) 醒(깰 성)
ㄴ**출전** 고문진보 후집, 어부사(古文眞寶 後集, 漁父辭)
ㄴ**의미·비유**
세상의 모든 사람들이 불의와 부정을 저지르고 있는데 홀로 깨끗한 삶을 사는 것을 비유함.

사건유래의 요약

굴원(屈原)은 초(楚)나라의 왕족으로 태어나 초나라 회왕(懷王) 때에 좌도(보좌관)에 임명되어 내정과 외교에서 활약하였다. 그는 삼려대부(三閭大夫)에 올랐으나, 법령 입안을 두고 근상(靳尙) 등 정적(政敵)들의 중상모략으로 왕의 곁에서 멀어지게 되었다.

굴원은 제(齊)나라와 동맹하여 진(秦)나라에 대항해야 한다는 합종책을 받아들일 것을 주장했으나, 회왕은 장의(張儀)의 연횡책을 받아들여 제나라와 단교하고 진나라와 화친하려고 했다가 오히려 진나라에 기만당했으며, 양국의 강화를 위해 자진하여 초나라의 인질이 된 장의마저 석방하였다.

그 후 진나라의 소왕(昭王)이 초나라 회왕에게 진나라 방문을 요청했다. 굴원은 이를 반대했지만 회왕은 막내아들 자란(子蘭)의 권유에 따라 진나라를 방문했다가 억류당해 결국 돌아오지 못하고 객사하고 말았다. 큰아들 횡(橫)이 그 뒤를 이었고 경양왕(頃襄王), 막내아들 자란은 영윤(令尹, 재상)으로 임명되었다. 굴원은 자란이 아버지를 객사하게 한 장본인이라고 비난하다가 또다시 모함을 받아

장강(長江) 이남의 소택지로 추방되었다.

굴원은 이때 〈어부사(漁父辭)〉를 지었는데 여기에서 '중취독성(衆醉獨醒)'이 유래했다.

굴원이 추방을 당하여 강담(江潭, 원수沅水와 상수湘水 사이의 깊은 못)을 유랑하며, 못가를 거닐면서 시부(詩賦)를 읊조리매, 안색이 초췌하고 얼굴과 몸이 바짝 마르고 여위었더라. 어부가 그를 보고 물었다.

"선생은 삼려대부가 아니오? 무슨 까닭으로 이 지경에 이르렀소?"

굴원이 말했다.

"온 세상이 다 흐린데 나 홀로 맑고, 모든 사람이 다 취했는데 나 홀로 깨어 있었소. 이 때문에 쫓겨난 것이오."

어부가 말했다.

"지(智)와 덕(德)이 뛰어난 성인은 사물에 엉키어 막히지 아니하고, 세상과 더불어 변하여 옮겨 가는 것이라오. 세상 사람들이 다 흐린데 어째서 그 진흙을 휘저어 물결을 일으키게 하지 않았소? 모든 사람이 다 취했는데 어째서 그 술지게미를 먹거나 그 박주(薄酒)를 들이마시지 아니하였소? 무슨 까닭으로 깊이 생각하고 고상하게 행동하여 스스로 쫓겨나게 하였소?"

굴원이 말했다.

"새로이 머리를 감은 사람은 반드시 갓을 털고, 새로이 몸을 씻은 사람은 옷을 턴다고 들었소(新沐者必彈冠 新浴者必振衣 신목자필탄관 신욕자필진의). 어찌 깨끗한 몸으로 더러운 사물을 받아들일 수 있겠소? 차라리 상수에 뛰어들어 물고기의 배 속에 장사를 지낼지언정, 어찌 희고 깨끗한 청결한 몸으로 세속의 먼지를 뒤집어쓸 수 있겠소?"

어부가 빙그레 웃고 뱃전을 두들기며 떠나가면서 노래했다.

"창랑(滄浪)의 물이 맑으면 내 갓끈을 씻을 것이오, 창랑의 물이 흐리면 내 발을 씻을 것이라(滄浪之水淸兮可以濯吾纓 滄浪之水濁兮可以濯吾足 창랑지수청혜가이탁오영 창랑지수탁혜가이탁오족)."

드디어 가더니, 다시 어부와 더불어 말을 하지 않았다.

굴원은 멱라(汨羅)에 몸을 던져 죽었다.

유사성어

고립무원(孤立無援) **낙락장송**(落落長松) **독야청청**(獨也靑靑)

생활 속의 지혜

❶ 주위환경에 맞게 융통성 있는 삶

❷ 완고한 고집(자존심)은 오히려 잃는 것이 많음

보충자료

悅人讚者百事皆僞 厭人責者其行無進(열인찬자백사개위 염인책자기행무진)

남에게 칭찬듣기를 좋아하는 자는 온갖 일이 모두 거짓이고, 남이 꾸짖는 것을 싫어하는 자는 그 행동에 진전이 없다.

큰 백화점 입구에서 거지 한 명이 구걸하고 있었다. 그는 예순 살 정도의 노인이었다. 어깨까지 내려오는 흰머리는 헝클어져 있었으며 심지어는 지난밤 길바닥에서 누워 잤는지 잡초가 붙어있기까지 했다.

그래도 그는 얼굴에 미소를 하고 두 손을 앞으로 펼치어 구걸을 하고 있었다.

어느 날 여섯 살 정도의 한 어린이가 거지에게 다가와 옷자락을 잡아 당겼다.

거지가 손을 내려다보니 예쁜 꼬마 아이가 조그마한 손을 내밀고 있는 것이 아닌가?.

거지가 허리를 굽혀 그것을 받아들었다. 거지 손바닥에는 1유로(EURO)짜리 동전 하나가 놓여 있었다.

거지는 얼굴 가득히 주름을 만들어 가며 환하게 웃었다. 그리고는 무엇인가 주머니에서 꺼내서 돌아서려는 아이에게 쥐어 주었다. 아이는 기뻐서 어쩔 줄 몰라 하며 저만치서 기다리고 있는 엄마에게 아장아장 뛰어갔다. 그런데 아이의 엄마가 깜짝 놀랐다. 딸의 손에는 1유로짜리 동전 2개가 쥐어져 있었기 때문이다. 엄마는 거지에게 다가와서 말했다.

"우리 아이가 드린 것도 겨우 1유로짜리 하나인데, 그걸 도로 돌려주셨더군요. 오히려 당신의 1유로를 더 보태서 말이에요. 이러면 안 될 것 같아 다시 가져 왔어요."

아이의 엄마는 동전을 그의 손에 올려놓았다.

그러자 거지는 그 동전을 다시 아이 엄마에게 건네며 이렇게 말했다.

"그건 간단하게 생각하여 주세요. 아이에게 누군가를 도우면 자신이 준 것보다 더 많은 걸 돌려받는다는 것을 가르쳐주고 싶었거든요."

동전 한 닢이 아쉬운 그였지만, 해맑은 어린아이 앞에서는 어른이고 싶었던 것이다.

요즈음의 혼탁한 사회에 훈훈한 바람을 맞는 것 같다.

혹 이 거지도 모두 취해있는 세상에 혼자 깨어있는 은자(隱者)는 아닐까?

52

穿楊貫蝨(천양관슬)

버드나무 잎을 맞추고, 이를 꿰뚫다.

ㄴ **글자 뜻** **穿**(뚫을 천) **楊**(버들 양) **貫**(꿸 관) **蝨**(이 슬)
ㄴ **출전** **사기주본기**(史記周本記) **전국책, 서주책**(全國策 西周策)
ㄴ **의미·비유**
매우 뛰어난 활솜씨를 비유함.

사건유래의 요약

100보나 멀리 떨어진 곳에서 버드나무 잎을 활로 쏘아 꿰뚫는다. 조그만 해충 이(蝨)를 작은 화살로 쏘아 꿴다. 이런 실력이면 활에 관한 한 신(神)의 경지다.

고구려 시조 주몽(朱蒙)이 '활의 명인'이란 뜻을 가졌다고 한다. 그 기예를 이어받은 우리나라에선 명궁이 많았고 출전하는 올림픽마다 양궁은 싹쓸이 금메달이다.

청양관슬(穿楊貫虱)은 화살로 버들잎을 꿰뚫는 양유기(養由基)와 이를 맞힌 기창(紀昌)이란 사람의 고사를 합쳐서 이뤄졌다. 춘추시대(春秋時代) 초(楚)나라의 장수인 양유기는 전장에서 초왕이 적장의 화살을 맞아 눈을 다치자 화살 한 대로 적장을 사살할 정도의 명사수였다. 어떤 사람이 표적지의 중심 붉은 원을 맞추며 우쭐하는 것을 보고 양유기가 백보 밖에서 맞춰야 진짜 명궁이라 말했다. 그 사람이 발끈하여 시범을 보이라고 하자 양유기는 버드나무 세 잎을 표적지에 붙이고 100보 떨어진 곳에서 연거푸 세 번 쏘아 차례로 떨어뜨렸다.

옛날 감승(甘蠅)이란 명궁은 활을 당기면 짐승이 쓰러지고 나는 새가 떨어질 정도였는데 제자인 비위(飛衛)는 스승을 능가했다. 비위에게 기창(紀昌)이란 사람이 활 쏘는 법을 가르쳐달라고 하자 먼저 눈을 깜빡거리지 않는 연습을 하라고 말했다. 기창은 집에서 부인이 베를 짤 때 베틀 밑에서 왔다 갔다 하는 북을 바라보며 훈련을 하여 깜빡거리지 않게 되자 다시 스승을 찾았다. 이제는 작은 것이 크게 보이고 가는 것이 굵게 보일 때까지 연습하라고 해서 들소의 털에 이를 묶어 창에 매달고 매일 바라보니 3년 뒤에는 수레바퀴 만하게 보였다. 작은 활로 이를 맞혔는데 털은 끊어지지 않고 매달려 있었다(貫虱之心而懸不絶/ 관슬지심이현부절). 그제야 스승 비위는 활 쏘는 법을 터득했다며 기창을 칭찬했다.

유사성어

백보천양(百步穿楊) **관슬지기**(貫蝨之技) **백발백중**(百發百中)

생활 속의 지혜

❶ 한 가지에 꾸준히 노력하면 성공 보장

❷ 목표한 일에 집중하여 노력하여 성취

❸ 성취 후 자만하지 말고 꾸준한 노력 및 후진 양성

보충자료

人一能之己百之 人十能之己千之(인일능지기백지 인십능지기천지)

남이 한 번에 그것을 할 수 있으면 나는 백 번을 하고, 남이 열 번을 해서 이룰 수 있으면 나는 그것을 천 번 한다.

포정해우(庖丁解牛)라는 고사성어가 있다.

포정(庖丁)이 문혜군(文惠君)을 위해 소를 잡은 일이 있었다. 그가 소에 손을 대고 어깨를 기울이고, 발로 짓누르고, 무릎을 구부려 칼을 움직이는 동작이 모두 음률에 맞았다. 문혜군은 그 모습을 보고 감탄하여 "어찌하면 기술이 이런 경지에 이를 수가 있느냐?"라고 물었다. 포정은 칼을 놓고 다음과 같이 말했다.

"제가 반기는 것은 '도(道)'입니다. 손끝의 재주 따위보다야 우월합니다. 제가 처음 소를 잡을 때는 소만 보여 손을 댈 수 없었으나, 3년이 지나자 어느새 소의 온 모습은 눈에 띄지 않게 되었습니다. 요즘 저는 정신으로 소를 대하지 눈으로 보지는 않습니다. 눈의 작용이 멎으니 정신의 자연스런 작용만 남습니다. 그러면 천리(天理)를 따라 쇠가죽과 고기, 살과 뼈사이의 커다란 틈새와 빈 곳에 칼을 놀리고 움직여 소의 몸이 생긴 그대로 따라갑니다. 그 기술의 미묘함은 아직 한 번도 칼질을 실수하여 살이나 뼈를 다친 적이 없습니다. 솜씨 좋은 소잡이가 1년 만에 칼을 바꾸는 것은 살을 가르기 때문입니다. 평범한 보통 소 잡이는 달마다 칼을 바꾸는데, 이는 무리하게 뼈를 가르기 때문입니다. 그렇지만 제 칼은 19년이나 되어 수천 마리의 소를 잡았지만 칼날은 방금 숫돌에 간 것과 같습니다. 저 뼈마디에는 틈새가 있고 칼날에는 두께가 없습니다. 두께 없는 것을 틈새에 넣으니, 널찍하여 칼날을 움직이는 데도 여유가 있습니다. 그러니까 19년이 되었어도 칼날이 방금 숫돌에 간 것과 같습니다. 하지만 근육과 뼈가 엉긴 곳에 이를 때마다 저는 그 일의 어려움을 알고 두려워하여 경계하며 천천히 손을 움직여서 칼의 움직임을 아주 미묘하게 합니다. 살이 뼈에서 털썩하고 떨어지는 소리가 마치 흙덩이가 땅에 떨어지는 것 같습니다. 칼을 든 채 일어나서 둘레를 살펴보며 머뭇거리다가 흐뭇해져 칼을 씻어 챙겨 넣습니다."

문혜군은 포정의 말을 듣고 양생(養生)의 도를 터득했다며 감탄했다고 한다.

그렇다. 사람들은 솜씨 좋은 사람을 보고 그의 숨은 노력을 보려하지 않고 솜씨만 보려고 한다.

조선조 후기 윤기(尹愭)의 무명자집(無名子集)에 "지지언 재차언(志至焉 才次焉)"이라는 말이 있다. 이 말은 "의지가 최상이요 재주는 그 다음"이라는 말이다. 어떤 작품이나 기술도 타고난 재주가 있는 것은 틀림이 없다. 그러나 결국 일을 이루는 최종단계를 분석해보면 의지를 가지고 집중하여 끝까지 노력하는 자만의 것임은 부인할 수 없는 사실이다.

53

天衣無縫(천의무봉)

하늘 선녀들의 옷은 꿰맨 자국이 없다.

ㄴ**글자 뜻** 天(하늘 천) 衣(옷 의) 無(없을 무) 縫(꿰멜 봉)
ㄴ**출전** 前蜀(전촉) 牛嶠(우교) 《靈怪錄(영괴록)》 郭翰(곽한)
ㄴ**의미·비유**
詩나 文章이 꾸밈없이 자연스럽게 잘된 것을 비유하는 말

사건유래의 요약

사람들은 시선(詩仙) 이백(李白)과 시성(詩聖) 두보(杜甫)의 시를 '천의무봉'의 경지에 오른 작품이라고들 평가한다.

태원에 사는 곽한(郭翰)은 시문(詩文)과 서예(書藝)에 능하고 익살이 넘쳐 농담하기를 좋아했다. 어느 여름날 밤, 나무 밑에 누워 바람을 쐬고 있는데 아주 아름다운 선녀가 웃음을 지으며 곽한에게 다가왔다.

곽한이 예의 바르게 물었다.

"아가씨는 뉘시며, 어디서 오셨는지요?"

선녀가 대답했다.

"저는 하늘에서 온 직녀입니다."

"하늘에서 왔으면 하늘의 일을 이야기해 줄 수 있겠군요."

"무엇을 알고 싶으신가요?"

"뭐든지 다 알고 싶습니다."

"무엇부터 이야기할까요?"

"선녀들은 총명하다고 하던데 아무거나 이야기해 주십시오."

"하늘은 사철이 봄과 같답니다. 여름에 무더위도 없고 겨울에 혹독

한 추위도 없지요. 나무는 사시사철 푸르고 꽃도 지지 않지요. 나뭇가지에서는 온갖 새들이 노래를 부르고 물속에서는 물고기들이 노닙니다. 질병도 없고 전쟁도 없고 세금도 없지요. 인간 세상의 모든 고난이 하늘나라에는 없답니다."

"하늘나라가 그렇게 좋은데 인간 세상에는 왜 왔습니까?"

"다행히 당신은 공부를 한 사람이라 이야기를 할 만하군요. 이전에 장주(莊周)가 말했지요. 난(蘭) 꽃이 가득한 집에 오래 있으면 향기를 맡을 수 없다고요. 하늘나라에 오래 살다 보니 적막하여 종종 인간 세상에 와서 놀곤 하지요."

"먹으면 장생불로하는 약이 있다고 하던데 어디에 있는지도 알겠군요."

"그런 약은 인간 세상에는 없지만 하늘에는 도처에 있지요."

"하늘에 도처에 있다면 좀 가져와서 사람들에게 맛보게 하면 얼마나 좋겠습니까."

"가져올 수 없답니다. 하늘의 물건을 인간 세상에 가져오면 영험을 잃게 되지요. 그렇지 않았다면 진시황(秦始皇)과 한무제(漢武帝)도 다 먹지 않았겠어요?"

"말끝마다 하늘나라를 말하는데, 당신의 말이 거짓이 아니라는 것을 어떻게 증명할 수 있지요?"

선녀는 곽한에게 자신의 옷을 보여 주었다. 곽한이 자세히 보니 옷에 꿰맨 자국이 없었다. 곽한이 그 까닭을 묻자 선녀가 말했다.

"하늘나라의 옷은 본래 바늘과 실로 짓지 않는답니다."(翰問之. 曰, 天衣本非針線爲也. 한문지. 왈, 천의본비침선위야.) 곽한이 이 말을 듣고 "하하" 하고 웃다가 다시 보니 선녀는 온데간데 없었다.

유사성어

견우직녀(牽牛織女)

생활 속의 지혜

❶ 자기의 능력영역은 완벽의 경지에 오르도록 목표를 삼고 노력

❷ 남을 믿고 이해하는 '삶'이 곧 하늘나라이다.

보충자료

隣國已富 優不足 東者雖貧 樂有香(인국이부 우부족 동자수빈 낙유향)

이웃나라는 이미 부자인데 넉넉함이 부족하나, 동쪽사람들(우리는)은 비록 가난하나 즐거운 향기가 늘 함께 있네.

천의무봉(天衣無縫)은 '하늘 선녀의 옷은 바느질 자국이 없다'는 뜻이다. 사물의 완전무결함 또는 인물의 성격과 언행이 흠이 없음을 의미한다.

가수 이선희가 부른 국민 애창곡 '아름다운 강산'(작사/작곡 신중현)은 우리나라 강산을 천의무봉의 전형(典型)으로 묘사한다. '아름다운 강산'의 노랫말은 서정적이고 감동적이다. 가사 전반에 걸친 소재는 순수한 자연의 표상이요 흔적이다. 파아란 '하늘', 하아얀 '구름', 푸르른 '나뭇잎', 푸른 '강물', 붉은 '태양' 그리고 하얀 물결 넘실대는 저 '바다' 등은 가공되지 않은 자연을 대표한다. 자연은 인공적 기교가 전혀 없다. 그것은 말 그대로 스스로 그러하다는 뜻의 자연(自然)이니 흠이 있을 수 없다. 비틀즈의 'Let it be'(스스로 그렇게 존재한다)도 일부러 꾸민 데 없이 자연 그대로의 소중한 가치를 함축한다. 이런 점에서 자연과 동화된 화자인 '내' 마음도 때마침 불어오는 '실바람'에 두둥실 부풀어 오른다. 즉 자연과 화자는 일심동체가 된다.

삼천리 금수강산 '아름다운 이곳에' 너와 내가 따로 없다. 손에 손을 잡고 '저 광야로' 달려갈 뿐이다. 또한 한라에서 백두까지 꾸밈없는 천의무봉 화려강산에서 미래의 '새 희망을' 허심탄회하게 '말해보자'고 화자는 강조한다.

아름다운 강산에서 태어나 산다는 것은 얼마나 행운인지 모른다. 특히 '사랑하는 그대와' 함께 노래하며 사는 이 땅은 젖과 꿀이 흐르는 약속의 땅 '가나안'이 아닐까 싶다.

아름다운 강산에는 봄, 여름, 가을, 그리고 겨울이 때를 반복하며 어김없이 돌아온다. 이 찬란한 평화의 강산에서 '나'와 '너'는 혼연일체가 되어 같은 마음이 된다.

'봄 여름이 지나면/가을 겨울이 온다네/아름다운 강산/너의 마음은 나의 마음/나의 마음은 너의 마음'

임지훈이 부른 '아름다운 그대'(작사 임지훈·이태윤·김영현, 작곡·이태윤) 노랫말은 어머니와 아버지를 천의무봉의 화신으로 묘사한다. '그대는 참 담담하셨죠/아름다운 그 미소/그 작은 어깨에/슬픔도 모두/혼자서 참아내고 가셨죠.'

화자에게 어머니는 담담한 성격을 지닌 백만 불짜리 아름다운 미소 소유자이다. 레오나르도 다빈치의 작품 '모나리자'의 신비한 미소보다 더 훌륭한 어머니의 미소는 가격을 매길 수 없다.

세상의 그 누구보다 어머니의 '그 미소'는 팬케이크처럼 달콤하지 않을까 싶다. 부드러운 빵이 사르르 녹을 때 입안에 번지는 달달함 그 자체처럼 어머니의 미소는 감미롭다. 아울러 어머니는 세상의 그 어떠한 '슬픔'도 모두 녹여내는 용광로 같은 여인이다.

또한 그녀는 자식의 흠집 있는 잘못을 '용서'하면서 홀로 인내하는 흠결 없는 천의무봉 여인이다. 그래서 화자는 '이제 보고 싶어요/안아보고 싶어요.'라고 말하며 무결점 어머니에 대한 그리움을 애틋

하게 표현한다. 천의무봉 아버지에 대한 화자의 묘사는 더욱 극적이다. 그에게 아버지는 따스한 성격의 소유자이다. 그 모습은 늘 아름답게 다가온다.

아버지는 보통 무뚝뚝한 이미지의 대상으로 그려지곤 하지만 화자에게는 그 반대가 사실이다. '그대는 참 따스하셨죠/아름다운 그 모습'. 아버지는 '언제나 내 걱정'만 하는 인물이다.

사시사철 오직 자식 염려만 한다. 그리고 '항상 열심히 살아가거라' 말하며 용기와 격려를 아끼지 않는다. 마치 타박타박 힘든 길을 걷고 있는 여인(旅人)에게 길동무의 격려가 큰 힘을 북돋워주듯이 말이다.

누구나 시간이 흐르면 세월의 무게를 감당하기 힘들다. 아버지도 예외는 아니다. 서서히 무대에서 쓸쓸히 퇴장하는 순간이 온다. 이때 어깨가 축 처진 아버지의 뒷모습을 보면서 화자는 아버지의 수호자를 자처하고 나선다. '이제 힘이 되고 싶어요/친구 되고 싶어요/쓸쓸한 당신의 뒷모습/제가 지켜드릴게요'.

2014 소치 동계올림픽 피겨스케이팅 부문에서 빙판의 선녀 김연아의 흠결없는 연기를 생생히 기억한다. 이는 빙판에 흠집 하나 남기지 않은 천의무봉에 버금가는 금빛 연기였다. 그러나 무엇보다도 우리 시대 위대한 어버이와 아름다운 금수강산이야말로 천의무봉 그 자체이다.

54

楚子發母(초자발모)

초나라 자발의 어머니

ㄴ **글자 뜻** **楚**(가시나무 초) **子**(아들 자) **發**(쏠 발) **母**(어머니 모)
ㄴ **출전** 열녀전(列女傳)
ㄴ **의미·비유**
❶ 자식을 위대한 장군으로 만들다.
❷ 자식을 올바로 교육시킨 어머니를 비유

사건유래의 요약

초(楚)나라 장수인 자발(子發)의 어머니에 관한 이야기다.

자발이 진(秦)나라를 공격하던 중에 군량이 떨어졌다. 사람을 보내 왕에게 구원을 청하고 돌아오는 길에 자신의 어머니에게 안부를 드리게 했다.

자발의 어머니가 문안 온 심부름꾼에게 물었다.

"병사들은 무엇을 먹고 지내는가?"

병사들은 "콩과 거친 현미밥을 먹고 있습니다."라고 대답했다. "그러면 장군은 무엇을 먹고 있는가?"라고 묻자 "장군께서는 아침저녁으로 고기와 도정된 쌀밥으로 잘 지내고 계십니다."라고 대답했다.

자발이 진나라를 격파하고 돌아왔다. 그러자 자발의 어머니는 문을 굳게 닫아걸고 아들을 집안으로 들이지 않았다. 그리고는 사람을 시켜 꾸짖었다.

"너는 듣지도 못했느냐 월왕(越王)구천(句踐)이 오(吳)나라를 칠 때 손님이 진한 술 한 병을 주자 사람들을 시켜 강의 상류에 붓게 하고 하류에서 병사들에게 마시게 했다 비록 그 맛은 없었지만 병사들이 전장에서 싸우는데 힘이 다섯 배나 불어났다. 또 다른 어느 날에 말린 양식 한 자루를 받게 되자 왕은 또 군사에게 주며 나누어 먹게 했다. 감미로운 맛이 목구멍도 채우지 못하는 적은 양이지만 전쟁터의 병사에게 열 배의 효과를 발휘했다. 너는 지금 장수이면서 병사들에게는 콩과 거친 밥을 나누어 먹게 하고 나만 아침저녁으로 고기와 쌀밥을 먹었다니 어찌된 일이냐 옛글에 '락(樂)을 즐기는데 도를 넘지 않는다면 어진사람이 편안하다.'(詩經) 이것은 화합을 잃지 말라는 말이다. 다른 사람은 죽음으로 몰아넣고 자신은 그 위에서 편안히 즐겼다는 것은 비록 승리를 거두었다 하나 그 방법에서는 틀린 것이다. 너는 내 자식이 아니니 내 집에 들어올 수 없다."

결국 자발은 어머니께 사죄한 뒤에야 집안으로 들어 올 수 있었다. 군자가 말하기를 "자발의 어머니는 가르쳐 깨우치게 했다"라고 했다.

이에 송(頌)을지어 칭송하다.

子發之母 刺子驕泰 將軍稻粱 士卒菽粒 責以無禮 不得人力 君子嘉焉 編于母德(자발지모 자자교태 장군도량 사졸숙입 책이무례 부득인력 군자희언 편우모덕). 자발의 어머니 자식의 교만을 나무랐네. 장군은 도정한 곡식, 병사는 콩과 거친 밥을 먹었으니 예가 없고서는 사람을 얻을 수 없음을 책망했네. 군자가 이를 아름답게 여겨 모덕(母德)에 배열시키도록 했다.

생활 속의 지혜

❶ 위대한 어머니는 자식을 큰 인물로 키운다.

❷ 세상 모든 사람들은 어머니의 기도로 자라난다.

❸ 부모의 깊은 사랑을 항상 생각하라.

보충자료

黃金滿籯不如敎子一經 賜子千金不如敎子一藝(황금만영불여교자일경 사자천금불여교자일예)

황금이 상자에 가득해도 자식에게 경서 한 권을 가르치는 것만 못하고, 자식에게 천금을 주는 것이 자식에게 한 가지 기술을 가르치는 것만 못하다.

조선후기 순조(純祖) 때 홍문관 부제학, 이조참판, 예조판서 등을 지낸 문신(文臣) 김학성(金學性, 1807~1875)과 그의 어머니와의 황금에 얽힌 일화를 소개한다.

장대비가 쏟아지는 어느 여름날이었다. 어린 두 형제의 글 읽는 소리가 집안에 낭랑하게 울려 퍼지고 있었다. 어머니는 세상에서 가장 듣기 좋은 두 아들의 글 읽는 소리를 들으며 마루에서 삯바느질을 하고 있었다. 삯바느질을 끝내야 저녁양식을 살 수 있었기에 흐뭇한 마음으로 자식들의 글 읽는 소리를 들으며 손놀림을 바삐 움직였다.

그런데 어느 순간 마당 한 쪽에서 낙숫물 소리와는 다른 소리가 들렸다. 무엇인가 싶어 가보니 언제부터 묻혀있는지 모를 항아리가 장맛비에 쓸려 윗부분이 조금은 뾰족히 창밖으로 나와 있었다. 어머니는 이게 왠 항아리인가 싶어 뚜껑을 열어보니 항아리 속에는 반짝반짝 빛나는 황금덩이가 가득 들어있었다.

어머니는 너무 놀라서 한 동안 꼼짝할 수가 없었다. 정신을 차리고, 보는 이가 없는가를 확인하고 황급히 뚜껑을 닫고 흙으로 깊이 파묻었다. 단단히 파묻었건만 그 후로도 며칠 동안 황금 묻힌 곳이 신경이 쓰였다. 안되겠구나 싶어 어머니는 서둘러 다른 곳으로 이사를 했다.

그 당시 그 집은 아버지가 돌아가시고 경제적으로 상당히 어려운 시기였다. 어머니의 삯바느질로 겨우겨우 생계를 유지하던 상황이었다.

자식들은 한참 크는데 배불리 먹이지 못하는 어머니의 심정이 어떠했을까? 그 금덩이만 있으면 자식들을 배불리 먹일 수 있는 양식은 물론이고 자신도 평생을 편하게 살 수 있었을 것이다. 하지만 어머니는 잠간의 망설임도 없이 그 금덩어리를 다시 파묻었다. 노력 없이 생긴 재물은 재앙의 근본이 될 뿐인 것을 알았기 때문이다.

돈은 사람을 게으르게 만들기 마련이다. 그때 집에 갑자기 많은 돈이 생겼다면 자식들은 분명히 공부를 게을리 했을 것이다. 어머니는 황금보다 자식들이 훌륭하게 자라는 것이 더 중요했기 때문이다.

사람들은 요즘 사회를 황금만능시대라고 한다. 또 황금의 위력은 과연 죄 지은 자 죄 없이 되고(有錢無罪) 죄 없는 자가 죄인으로 둔갑(無錢有罪)하는 희한한 세상이 되었다. 모두가 황금위주의 세상이 되었기 때문이다. 따라서 천리(天理), 인륜(人倫)까지도 황금에 밀려 부모를 살해하는 패륜은 물론 형제끼리 다투고, 친구와 멀어지고, 부부가 이혼하는 지경까지 오게 되었다. 모두가 후손을 위한다면 황금은 역시 소탐대실을 초래하게 됨을 알아야 할 것이다.

55

親仇不避(친구불피)

친구나 원수나 피하지 않는다(상관없다).

ㄴ**글자 뜻** 親(친할 친) 仇(원수 구) 不(아니 불) 避(피할 피)
ㄴ**출전** 여씨춘추 맹춘편 거사(呂氏春秋 孟春篇 去私)
ㄴ**의미·비유**
❶ 공직자는 현자를 등용하고 능력에 맞게 보직한다.
❷ 공(公)과 사(私)를 구분하지 못한 인사망사(人事亡事)에 비유

사건유래의 요약

우리는 쉽게 적재적소(適材適所))니 적재적처(適材適處)를 거론한다. 자리에 알맞은 인재를 앉혀야 한다고 누구나 한결 같이 말한다.

자리를 이동시킬 권한이 있는 사람은 자기가 가장 적합한 인사를 했다고 자부하지만 실제는 그렇지 않아 잡음이 난다.

뒷거래에 의하거나 정실에 좌우되는 일이 많기 마련이다. 공(公)과 사(私)를 구분하지 못해 인사망사(人事亡事)라는 말이 괜히 꼬집는 말만은 아니다. 인재를 발탁하는 사람이 아주 곧게 능력에 따라서 추천하고, 받아들이는 인사권자가 공정하게 반영한다면 그 조직은 탄탄대로에 올라선다.

기황양(祁黃羊)은 춘추시대(春秋時代) 진(晉)나라의 대부였는데 공정하기로 이름났다. 어느 날 평공(平公)이 남양(南陽) 현령 자리에 적합한 사람은 누가 좋을까 물었다. 기황양은 서슴없이 해호(解狐)라는 사람을 천거하였다.

평공이 놀라면서 "해호는 그대의 원수가 아닌가?" 하며 되물었다.

그러자 기황양은 "왕께서 인재를 천거하라 하셨지 원수를 물으신 것은 아니지 않습니까?"하는 대답에 해호를 등용하여 남양현령에 임명했다.

그 후 얼마 뒤 평공은 기황양에게 나라의 군사를 통수하는 위(尉)라는 자리에는 누가 적합한가하고 묻자 기황양은 "기오(祁午)가 적합합니다."라고 대답하자 왕이 "기오는 그대의 아들이 아닌가?" 하고 되물으니 기황양은 "위(尉)의 적임자를 물어 그대로 답했을 뿐"이라고 했다.

왕이 임무를 맡기자 추천한 이들은 훌륭하게 임무를 수행했다.

공자(孔子)가 이 일을 두고 "밖으로는 원수라 하여 피하지 않았고, 안으로는 아들이라 하여 피하지 않았으니 기황양이야말로 공평무사하다(外擧不避讎 內擧不避子 祁黃羊可謂公矣 외거불피수 내거불피자 기황양가위공의)라고 평했다."

유사성어

지공무사(至公無私) **옹치봉후**(雍齒封侯) **거수거자**(擧讐擧子)

생활 속의 지혜

❶ 모든 처사의 불평은 공평하지 못한데서 나온다.

❷ 누구든 공평한 대우를 받을 자격이 있다. (분수에 맞는 대우)

❸ 자기능력이나 개성에 맞도록 개발시켜 주어야 한다.

보충자료

惟以至公無私 立於光天和日(유이지공무사 입어광천화일)

오직 지극히 공평하여 사사로움이 없는 마음으로 당당히 빛나는 하늘, 화창한 태양 아래 서라. — 조선조 후기 崔漢綺

어떤 배 위에서의 이야기이다. 손님들은 모두 큰 부자였으며 그 중에는 랍비(스승)가 한 사람 타고 있었다. 부자들은 서로 자기의 재산을 비교하며 자랑하고 있었다. 그러자 랍비가 말했다.

"내가 제일 부자라고 생각하고 있지만 지금은 내 재산을 여러분에게 보여줄 수가 없습니다."

마침 그때 해적이 배를 습격했다. 부자들은 금은보석 등 자기의 모든 재산을 잃었다. 해적이 사라진 뒤, 겨우 배는 어떤 낯선 항구에 닿았다. 랍비는 곧 학식과 교양이 높다는 것이 항구 사람들에게 알려져 학교에서 학생을 모아 가르치기 시작했다.

얼마 뒤 이 랍비는 배에서 함께 여행했던 지난날의 부자들과 만났으나, 모두 비참하게 가난뱅이로 전락해 있었다. 그 사람들은 입을 모아 말했다.

"확실히 당신 말이 옳았소. 교양이 있는 자는 모든 것을 갖고 있는 것과 같소."

여러 가지 지식은 언제나 빼앗기는 일 없이 가지고 다닐 수 있으므로, 교육이 가장 중요한 것이라는 사실이 입증되었다.

남이 부러워 할 만큼 금슬이 좋기로 유명한 노부부가 있었다. 그들은 부유하지는 않았지만 서로를 위해주며 아주 행복하게 살았었다.

그런데 어느 날부터 할아버지가 안 좋아지기 시작했고 병원을 찾는 횟수가 잦아지자 할머니를 구박하기 시작했다. 할머니를 자신의 손과 발이 되게 시키는 것은 물론 모진 말로 마음을 아프게 하기도 했다. 어느 날 할아버지는 할머니가 떠오는 물을 마시다가 소리쳤습니다.

"이 여름에 이렇게 뜨거운 물을 마시라고?"

다시 물을 떠 왔더니 "아니 그렇다고 환자에게 찬물을 가져오면 어떻게!" 그리고 자녀들이 병문안 때문에 찾아오자 할아버지는 먹을 것을 안 내온다고 할머니를 나무랐습니다. 결국 할머니는 눈물을 훔치며 밖으로 나갔다. 이런 부모님의 모습을 본 큰 아들이 물었다.

"아버지, 지난세월 그렇게 어머니와 사이가 좋으시더니…, 아프신 다음엔 왜 그렇게 못살게 구시는 거예요?"

그러자 할아버지가 한숨을 내 쉬면서 입을 열었다.

"너희 엄마는 착하고 마음이 여려서 내가 죽고 나면 어떻게 살지 걱정이 돼서 비록 맘은 아프지만 정을 좀 떼느라 그랬지."

할아버지 눈엔 어느새 눈물이 가득 고였다.

인생의 소풍을 마치는 날 배우자에게 무었을 할 수 있을까. 영원할 것 같은 시간도 언젠가는 끝이 찾아온다. 함께하는 이 시간은 다시 돌아오지 않는다.

이 이야기는 많이 알려진 이야기다.

솔로몬 왕은 매우 현명한 사람으로 알려져 있었다. 어느 날 두 여자가 한 아이를 데리고 와서, 서로 자기 아이라고 다투며, 솔로몬 왕에게 재판을 청해 왔다. 솔로몬 왕은 여러 가지 사실을 조사해 보았지만 자기도 어느 쪽의 아이인지 알 수가 없었다. 유태인의 경우 소유물이 어느 쪽에 속하는가 알 수 없을 때에는, 공평하게 둘로 나누는 것이 통상의 관례였다. 그래서 솔로몬 왕은 이 아기를 칼로 두 토막으로 자르도록 명했다.

그러자 한쪽 어머니는 갑자기 미친듯이 울부짖으며, 그렇게 하려거든 차라리 그 아이를 저쪽 여자에게 넘겨주라고 외쳤다. 그 광경을 보고 솔로몬은 "너야말로 진짜 어머니다."라고 말하며 아이를 넘겨주었다. 어린이는 부모가 이야기하는 모양을 흉내 낸다. 성격은 그 이야기하는 모습으로 알 수 있다. 탈무드에 나오는 공평한 재판의 이야기이다.

56

沈魚落雁(침어낙안)

물고기가 물에 가라앉고, 날아가는 기러기가 떨어지다.

ㄴ**글자 뜻** 沈(가라앉을 침) 魚(물고기어) 落(떨어질 낙) 雁(기러기 안)
ㄴ**출전** 사기(史記) 한지(漢志)
ㄴ**의미·비유**
중국의 4대 미인으로 경국지색에 비유함.

사건유래의 요약

沈魚(침어)는 춘추전국시대의 대표적인 미인 서시(西施)를 말한다. 서시는 춘추말기의 월(越)나라의 여인이다.

어느 날 그녀는 강변에 있었는데 맑고 투명한 강물이 그녀의 아름다운 모습을 비추었다. 수중의 물고기가 그의 미모에 혼이 나가 지느러미활동을 멈추고 수영하는 것조차 잊고 천천히 강바닥으로 가라앉았다. 그래서 서시는 침어(沈魚)라는 칭호를 얻게 되었다.

서시는 오(吳)나라 왕인 부차(夫差)에게 패한 월(越) 왕 구천(勾踐)의 충신 '범려(范蠡)'가 보복을 위해 그녀에게 예능을 가르쳐서 호색가인 오왕(吳王) 부차(夫差)에게 바쳤다. 부차는 서시의 미모에 사로잡혀 정치를 돌보지 않게 되어 마침내 월나라에 패망(敗亡)하였다고 한다.

落雁(낙안)은 한나라의 왕소군(王昭君)이다. 왕소군은 재주와 용모를 갖춘 미인이다. 한나라 원제(元帝)는 후궁이 너무 많아서 일일이 만날 수가 없어 화공(畵工)을 불러 후궁들의 모습을 그리게 하여 그림을 보고 그날 저녁에 잠잘 곳을 결정지었다고 한다. 그러므로 궁녀들은 황제와의 동침을 위하여 자기 모습을 잘 그려달라며 화공에게 적게는 5만금, 많게는 10만 금의 뇌물을 바쳤다고 한다. 그런데 왕소군은 뇌물을 주지 않은 관계로 초상화에 점을 그려 넣음으로서 황제에게 그의 미모가 뜨이지 않았다.

그 후 한나라는 북쪽의 흉노와 화친을 위해 공주를 흉노(匈奴) 선우(單于)와 결혼시킬 것을 약속한 황제는 공주대신 후궁을 공주로 속여 보내기로 했는데 이 때 왕소군이 선발되어 선우와 결혼을 하게 되었다. 떠나기 전 황제가 왕소군을 불러보니 미모가 후궁의 으뜸이요. 응대도 잘하고 행동거지도 예쁘고 단아하였다. 황제가 후회하였지만 이미 정해진 뒤라 신의(信義) 때문에 바꾸지 않았다. 이내 그 일을 밝혀내어 화공들을 처단 하였다는 이야기도 전해온다. 집을 떠나가는 도중 그녀는 멀리서 날아가고 있는 기러기를 보고 고향생각이 나서 금(琴)을 연주하자 한 무리의 기러기가 그 소리를 듣고 그의 미모에 정신을 잃고 날개 움직이는 것을 잊고 땅으로 떨어져 내렸다. 이에 왕소군은 낙안(落雁)이라는 칭호를 얻었다.

유사성어

가인박명(佳人薄命) 傾國之色(경국지색)

생활 속의 지혜

❶ 예쁜 장미꽃은 가시가 있다.

❷ 교언영색 선의인(巧言令色 鮮矣仁)(논어)을 명심하여야 함.

보충자료

山高故不貴以有樹爲貴 人肥故不貴以有智爲貴(산고고불귀이유수위귀 인비고불귀이유지위귀)

산이 높다고 귀한 게 아니라, 나무가 있기에 귀한 것이다. 사람이 살쪘다고(예쁘다고) 귀한 게 아니라 지혜롭기에 귀하다.

여자(女子)와 여인(女人)의 의미는 같은 것 같지만 다르다.

네이버 사전에 의하면 여자는 여성(女姓)으로 태어난 사람, 여인(女人)은 어른이 된 여자, 즉 '성년이 된 여자'를 일컫는다.

역사적으로 볼 때 여자의 운명은 그 시대에 따라, 나라에 따라, 주어진 환경에 따라 그 취급과 대우가 달라지곤 했다.

원시시대 최초 모계사회(母系社會)로 시작하여 인간의 생활환경이 집단생활로 변모하기 시작되어 먹고 살기위한 사냥과 종족을 지키는 중요한 일이 남성위주로 전개되기 시작되고부터 사회는 부계사회(父系社會)로 전환되고 집단공동체생활가운데 가정위주의 삶이 점차 확산되면서부터 여성은 남자의 내조자(內助者)로 자리매김 되고, 불과 몇 세기 전까지 우리사회는 남존여비사상(男尊女卑思想)이 지배하는 사회였던 것만은 부인할 수 없는 사실이다.

그러나 생활의 기본과 삶의 행복을 추구하는 역할 중 가장 중요한 부분을 담당하는 핵심은 역시 여인들의 역할이었다.

현모양처(賢母良妻), 경국지색(傾國之色)등은 여인들의 역할을 대변하는 가장 널리 사용되는 용어들이다. 현모양처는 여성의 위대함을 대변하는 용어로써 널리 인용되고 있으나, 반면 미색에 의해 자신은 정치적 희생물이 되고, 나아가 가정·나라까지 망치는 경우로 강용되는 경우 또한 역사적으로 흔한 경우를 고사를 통하여 쉽게 알 수 있는 것 또한 사실이다.

전한(前漢)시대 유향(劉向)이 저술한 열녀전(列女傳)에 보면 여인(女人)들은 가히 천하 호령의 주체인 영웅호걸을 낳고, 길렀고, 가르치고, 또 내조한 여인들에 의해 세상이 운영되어 왔음을 확연히 알 수 있다.

가령 어머니의 역할로 세상을 운영했던, 주실삼모(周室三母)나 맹모지교(孟母之敎)는 시간과 장소를 불문하고 끝없이 훌륭한 교훈으로 회자(膾炙)되고 있다. 그리고 여인들은 아내로서, 자식으로서, 때로는 절의(節義)로서 영웅호걸과 함께 세상을 운영해왔다.

여인이지만 자기의 일생을 호화호식으로 마감한 사람이 있는가하면 정치적 희생물로 자신의 의사와는 정 반대의 삶을 산 여인도 많다. 그러나 대다수 여인들은 자신의 역할대로 세상과 부딪치면서 가정과 사회의 일원으로서 행복하거나 불행한 삶을 살아가고 있다.

우리나라의 여인들은 유학(儒學)을 신봉한 정책으로 말미암아 여인들은 세상에 한번 나아가 자기의 재주나 기개를 나타내 보지 못하고 일생을 마감하는 경우가 많았다. 그러나 세상이 아무리 남성위주라고는 하지만 유학정책에서도 신사임당(申師任堂), 허난설헌(許蘭雪軒), 등의 재능 있는 문장가와 논개(論介)나 유관순 같은 애국투사도 있었다.

당시 여인들의 재능을 무시한 남자들의 무지함을 되새기면서 현시대가 요구하는 남녀평등의 현상이 올바른 여인활용 정책임을 환영한다.

그런데 이제 미인은 태어나는 것이 아니라 만들어 지는 시대다. 외모는 얼마든지 뜯어 고칠 수 있어 추녀도 경국지색으로 바뀔 수 있다.

성형수술로 인생의 반전을 꿈꾸는 텔레비전 프로그램이 인기를 끌고 성형수술의 부작용 사건을 보도하는 아나운서는 뉴스를 전하면서 “또”라는 말을 강조하는 시대다. 얼마 전에는 미스코리아 출신 여배우가 성형미인임을 고백하여 논란의 대상이 된 적도 있다. 그런가 하면 중국에서는 한 여성이 성형수술을 한 사실이 밝혀져 뒤늦게 이혼당한 사연이 알려져 화제가 되기도 했다. 남편이 부인의 성형수

술 사실을 알게 된 것은 결혼 후 태어난 딸의 얼굴이 아내와 달랐기 때문이었다.

여성에게 자신의 미모는 절대적 가치로 존재한다. 또한 이러한 가치는 동서고금이 다르지 않다. 미모 하나로 세상을 얻은 여인이 있는가 하면 미모 때문에 결국은 비참한 최후를 마치기도 한다. 극과 극을 달리는 이 둘은 대체로 개별적 사안이 아니라 모두의 사안인 경우가 많다. 수능이 끝나면 어머니 손을 잡고, 또는 어머니 손에 이끌려 오는 여고생들로 성형외과 병원이 문전성시를 이룬다고 한다.

미인이 상품화되는 시대를 살면서 성형을 비난 할 수야 없지만 자신만의 아름다움을 먼저 사랑하는 법을 배웠으면 좋겠다.

> **士爲知己者死 女爲悅己者容**(사위지기자사 여위열기자용)
> 선비(남자)는 자기를 알아주는 사람을 위하여 죽고, 여자는 자기를 기쁘게 해주는 사람을 위하여 용모를 꾸민다.

용모와 자태는 자연 그대로의 신선하고 청아함이 신의 선물인데 함부로 다루면 아니 됨을 일깨우게 한다.

57

快山寃牛(쾌산원우)

원통하게 죽은 소

ㄴ**글자 뜻** 快(쾌할 쾌) 山(뫼 산) 寃(원통할 원) 牛(소 우)
ㄴ**출전** 孤山遺稿(고산유고) 雜著(잡저) 敍懷(서회)
ㄴ**의미·비유**
자신은 옳은 일에 매진했으나 도리어 죄를 얻게 됨을 비유함.

사건유래의 요약

정철(鄭澈)·박인로(朴仁老)와 함께 조선시대 삼대가인(三大歌人)으로 고산(孤山) 윤선도(尹善道: 字 約而, 號 孤山: 1587~1671)가 효종(孝宗)의 갑작스러운 죽음과 관련하여 산릉(山陵)문제와 조대비 복제(趙大妃 服制)문제가 대두되어 송시열· 송준길 등 노론파에 맞서 상소로써 항쟁했으나 과격하다고 하여1661년(현종2) 함경도 삼수(三水)에 유배되었는데, 나이 74세였다.

고산(孤山) 자신은 오직 나라를 위한 충정으로 글을 올렸을 뿐인데 이렇게 북쪽 변방에 유배되어 장차 천하의 궁벽한 곳에서 죽음을 맞게 될 처지를, 쾌산원우(快山寃牛)에 빗대어 '회포를 서술하다(敍懷)'를 썼다. 그 쾌산원우(快山寃牛)의 내용은 다음과 같다.

옛날에 쾌산(快山: 평안남도 영원군의 眞山)의 농부가 밭을 갈다가 피곤하여 쟁기를 놓고 잠시 언덕 위에서 낮잠을 자고 있었다. 이때 호랑이가 나타나 농부를 잡아먹으려 하였다. 이를 본 농부의 소가 호랑이에게 달려들어 힘껏 싸워서 마침내 호랑이를 쫓아 버렸다. 호랑이는 달아났고 밭은 짓밟혀 엉망이 되었다. 농부가 잠에서 깨어 일어났다.

호랑이로부터 주인을 구해낸 이 용감한 소에게 당연히 농부로부터 상을 받아야 하는데, 농부는 소가 호랑이를 쫓아내느라 밭을 엉망으로 만든 것은 모르고, 밭을 망쳤다며 불같이 화를 내고는 소를 죽여 버렸다. 그래서 세상에서는 이를 일러 '쾌산의 억울한 소(快山冤牛)'라고 부른다.(不知牛之爲逐虎而躪田。遂怒其牛而殺之。世稱快山冤牛。부지우지위축호이린전。수노기우이살지。세칭쾌산원우。)

고산은 늙은 신하가 나라와 백성을 위해 올바른 주장을 펴다가 북쪽 변방에 유배되어 죽음을 맞게 되었으니 '쾌산의 억울한 소'는 바로 자기라 생각했다.

'필부의 원통함이야 비록 죽는다 한들 말할 가치가 없다고 하더라도, 시비(是非)와 사정(邪正)이 이렇게까지 뒤집혀져 장차 나라의 사정이 좋아질 것을 기대할 수도 없게 되었으니 너무도 한심하지 않은가. 나라를 사랑하는 자가 진실로 드물구나. 사람이 누구나 제 몸을 사랑하면서도 또한 생각이 여기에 미치는 자가 없으니, 이것이야말로 옛말 그대로, 큰 집 한쪽에 불이 붙어 불길이 치솟고 있는데 제비는 집 속에서 새끼와 조잘대며 그 불길이 저에게로 다가오고 있는 것도 모른다는 격이라. 그저 슬플 뿐이다.'

유사성어

토사구팽(兎死狗烹) **득어망전**(得魚忘筌) **조진궁장**(鳥盡弓藏)

생활 속의 지혜

❶ 사건이 생기면 자세한 내막을 알아보고 적적한 조치를 해야 함.

❷ 시비(是非)와 사정(邪正)을 명확히 판단하는 지혜를 구비해야 함.

보충자료

愛國者固鮮矣 人莫不愛身(애국자고선의 인막불애신)

나라를 사랑하는 자는 원래 드문 법이고, 사람마다 자기 몸을 아끼지 않는 자는 없는 법이다.

비단 괘산에서 억울하게 죽음을 당한 소뿐만이 아니다. 세상에는 원통하고 억울한 일이 참 많다. 사람이 인생을 살아가는 동안 원통하고 억울한 일을 한 번이상은 당해보았을 것이다.

조선시대에는 이와 같은 억울한 일이 있을 때 임금께 직접 고할 수 있도록 신문고(申聞鼓)를 설치하여 억울한 백성의 한을 풀어 주었다. 그리고 조선중엽 때는 격쟁(擊錚)이라는 제도로 죄 없이 억울하게 당한 자들의 풀어주기 위한 또 다른 제도를 시행하였다.

노자(老子)는 보원이덕(報怨以德) 공자(孔子)는 이직보원(以直報怨)이다. 원한(怨恨)이란 '억울하고 원통(寃痛)한 일을 당하여 응어리진 마음'을 말한다. 원한의 반대말은 '고맙게 베풀어 주는 신세나 혜택'을 의미하는 '은혜'일 것이다. 남에게 억울하고 원통한 일을 당하게 되면, 마음에 원한을 품게 되고, 그 원한이 마음에 맺히게 되기도 한다. 원한 맺힘이 깊게 되면 그 원한이 뼈에 사무치기까지 한다. 그렇게 되면 원한을 갚고자 하는 생각까지 이르게 되는 것 아닌가 한다. 원한을 갚지 않고는 화병을 부를 수도 있다. 원한은 갚아서 풀어야 하는 것이다.

그런데 원한이 커지면 화해를 해도 잘 없어지지 않는 게 문제다. "큰 원한은 화해하여 풀더라도 반드시 남아있게 마련이다(和大怨, 必有餘怨 화대원, 필유여원)"(79장)라고 노자는 말한다.

원한을 갚는 방법 중 하나는 원한을 원한으로 갚는 것(以怨報怨)이다. 인간의 본능에 가장 충실한 방법이다. 그러나 예로부터 많은 성인들은 이러한 방법을 권하지 않는다. 이 방법은 당연히 사회의 혼란과 개인 간의 갈등을 증폭시키기 때문이다.

공자와 노자도 원한을 갚는 방법에 대해 조언을 하고 있다. 세상 살아보니 원한(怨恨) 없는 삶을 살기 쉽지 않다. 예나 지금이나 뭇사람들이 원한 때문에 마음고생이 많았다는 반증이다.

노자는 '원한을 당하게 되면 덕(德)으로 갚아라'('報怨以德' 〈노자 63장〉)라고 말한다.

덕으로 원한을 어떻게 갚는 것인가? 일반적으로 덕(德)을 사랑이나 은혜의 의미로 파악하여, 예수의 말씀처럼 "오른 편 뺨을 치거든 왼편도 돌려대라."(마 5:39) 혹은 "다른 사람이 나를 해코지 한다 할지라도 용서하고 사랑으로 대하라"는 의미로 받아들인다.

그러나 노자(老子)가 말하는 덕(德)은 우리가 일반적으로 알고 있는 덕(德)과 다르다. 노자의 덕(德)은 무위자연(無爲自然)에 바탕한 것이다.그것은 이것과 저것을 구분하는 분별지(分別知)에서 벗어나 사물을 하나로 받아들이는 것이다. 세속에서는 이것과 저것을 구분하지만 덕의 경지에서는 이것과 저것의 구분을 뛰어넘는다.

노자는 말한다. "화(禍)란 복이 의지하는 곳이며, 복(福)이란 화가 잠복되어 있는 곳이다."(禍兮福之所倚, 福兮禍之所伏 화혜복지소의 복혜화지소복) 즉, 화와 복은 서로 엎드려 있고, 기대어 있는 것이다. 화가 복이고 복이 화인 것이다. 화와 복은 하나인 것이다. 다만 인간이 이것을 화와 복이라는 이름으로 구분지어 놓은 것일 뿐이다.

이렇듯 노자는 화와 복뿐 아니라 서로 대립하는 것들은 근원적으로 하나로 파악을 한다.

마찬가지로 원한과 은혜 또한 그렇다. 원한과 은혜는 서로 엎드려 있고 기대어 있다. 원한이 은혜가 되고 은혜가 원한이 되는 것이다. 분별지에서 벗어나도 도(道)의 관점에서 보면 원한과 은혜가 하나인 것이다.

세상에 원한과 은혜가 따로 없는 것이다. 그러니 마음에 원한이 생기게 되면 원한을 원한으로 여기지 말라는 것이다. 마음 속 응어리진 원한을 풀어버리라는 것이다.

이런 이치를 깨닫는다면 화를 당해도 원한을 품지 않게 될 것이다. 남에게 당한 화를 화로 받아들일 때 그것이 원한으로 마음속에 남는 것 아닌가?

노자가 원한을 덕으로 갚으라는 말은 바로 이것이다. 원한을 원한으로 받아들이지 않는 것이다. 내가 품고 있는 원한이 오히려 내게 복으로 다가올 수 있다는 것을 깨닫고 나의 원한 속에서 복을 찾아보아야 하는 것이다. 그리하면 원한은 저절로 풀린다고 노자는 말하는 것이다.

공자는 이런 노자의 주장에 반대를 한다. 논어·헌문(論語·憲問)에 다음의 이야기가 있다.

혹자가 말하였다. "덕으로써 원한을 갚는 것이 어떻습니까?" 공자께서 말씀하셨다. "무엇으로써 덕을 갚을꼬? 직(直)함으로써 원망을 갚고, 덕(德)으로써 덕(德)을 갚아야 한다."(或曰, 以德報怨, 何如. 子曰, 何以報德. 以直報怨. 以德報德 혹왈, 이덕보원, 하여. 자왈, 하이보덕. 이직보원. 이덕보덕)

공자는 노자가 주장하는 이덕보원(以德報怨) 대신 이직보원(以直報怨) 즉 직(直)함으로써 원한을 갚으라고 말한다. 여기서 직(直)이 의미하는 바가 중요하다.

일반적으로 직(直)을 '사회적 도덕 기준' 정도로 이해한다. 주자(朱子)도 직(直)을 지공무사(至公無事) 즉 지극히 공평하고 사사로움이 없음으로 설명한다. 요즘 말로 하면 사회적 규범이라 할 수 있을 것이다. 그러나 공자의 직(直)의 진정한 의미는 안으로 자기를 속이지 않고 밖으로 남을 속이지 않는 것 즉 자기의 심정을 그대로 발로하는 것이다.

공자가 말하는 직(直)은 외적인 사회적 규범이 아니라 내적인 양심의 발로라 하겠다. 원한을 직으로 갚으라는 말은 원한에 대해 솔직한 감정의 표시를 하라는 말이다. 다만 그것은 지극히 공평하고 사사로움이 없어야 함은 물론이다. 직(直)이라는 것은 지공무사(至公無私)한 감정의 표현이라 하겠다.

논어(論語)에는 진정한 직(直)이란 무엇인가에 관한 이야기가 적지 않게 등장한다.

섭공이 공자에게 말하였다.

"우리 고장에 직(直)을 몸소 실천한 사람이 있는데, 아버지가 양을 훔치자 아들이면서도 그 사실을 일러바쳤습니다."

"저희 고장의 직(直)한 사람은 그와 다릅니다. 아버지는 자식을 감싸주고 자식은 아버지를 감싸줍니다. 직(直)은 바로 그 가운데 있다고 봅니다."(葉公語孔子日 吾黨有直躬者其父攘羊而子證之 孔子日 吾黨之直者異於是父爲子隱子爲父隱直在其中矣 섭공어공자왈 오당유직궁자기부양양이자증지 공자왈 오당지직자이어시부위자은자위부은직재기중의) — 論語·子路

아버지가 남의 양을 훔쳤으면 통상 그 자식은 결코 그 사실이 밖으로 드러나기를 바라지 않는 것이 인지상정이다. 이러한 마음속의 심정을 그대로 드러내는 것이 직(直)이다. 그런데 아버지가 남의 양을 훔쳤다고 증명하기에 이르렀으니 이는 직(直)을 팔아 이름을 사려는 자가 아니면 몰인정한 사람일 것이므로 진정한 직(直)은 될 수 없다는 말이다.

노나라에 직(直)하기로 유명한 미생고(微生高)라는 사람이 있었는데, 어떤 사람이 미생고에게 식초를 빌리러 왔다. 미생고는 마침 자기 집에 식초가 없자 이웃집에서 식초를 빌려와 주었다. 그 소식을 들은 마을 사람들이 미생고를 직(直)한 사람이라고 칭송했다는 이야기이다. 그런데 이 이야기를 전해들은 공자께서는 오히려 개탄하시는 것이었다.

"누가 미생고를 직(直)하다고 하는가? (자기 집에 식초가 없다고) 이웃집에서 빌려다 줬다니!"(子曰 孰謂微生高直 或乞醯焉 乞諸其隣而與之 자왈 숙위미생고직 혹걸혜언 걸제기인이여지.) — 논어 · 공야장

마을 사람들은 미생고를 直한 사람이라 말하지만 공자의 생각은 다르다. 직(直)은 외적인 사회 규범을 따르는 것이 아니라 내적인 마음의 순수한 발로이다. 집에 식초가 없으면 없다고 말하는 것이 진정한 직(直)인 것이다. 그런데 미생고는 다른 사람들의 평판을 의식해서 즉 내적인 마음의 순수한 발로를 억누르고 다른 집에 가서 식초를 빌려다 준다. 이것은 거짓 직(直)인 것이다.

마음의 원한을 직(直)으로 갚는다는 의미를 생각해 보자. 직(直)은 안으로 자기를 속이지 않고 밖으로 남을 속이지 않는 것이다. 즉 자신의 심정을 본래 그대로 발로시키는 것이다. 달리 말하면 직(直)은 사회 속에서 배우고 익힌 규범이 아니고 그 규범 이전의 인간 순연의 심정인 것이다.

직(直)은 사람이 날 때부터 가지고 있는 본성 즉 본래의 모습이다. 그 본래의 모습으로 살아가는 것이 인생의 본도(本道)이다. 따라서 직(直)한 사람은 마음의 원한에 대해 호오를 분명히 하고 표현한다.

그러나 단순한 본능적 감정의 표현이 아니다.그것은 자신이 처한 상황 속에서 최적, 최선의 표현을 하는 것이다. 원한을 이렇게 상대에게 드러낼 때 상대 역시 자신의 심정을 가감 없이 드러낼 것이다. 즉 서로의 감정을 분명하게 표출함으로써 마음속의 원한을 풀어낼

수 있다는 것이다.

마음속의 원한을 갚는 방법으로 노자는 덕(德)을 공자는 직(直)을 말한다.

노자의 접근 방법은 이성적이다. 자신이 당한 원한에 대한 숙고를 요구한다. 나의 마음속의 원한을 숙고를 통해 무화시키려 한다.

공자의 접근 방법은 감정적이다. 자신의 원한에 대한 감정을 드러냄으로서 마음속의 원한을 무화시키고자 하는 것이다.

노자의 방법은 자신의 원한을 드러내지 않고 속으로 무화시킨다. 여성적이다. 공자의 방법은 반대로 자신의 원한을 드러냄으로써 원한을 풀고자 한다. 남성적이다.

'은생어해 해생어은(恩生於害 害生於恩)'이란 구절이 있다. 원불교에서 가장 중요하다고 할 수 있는 일원상 서원문에 나오는 구절이다.

내가 직접 전문은 본 것은 아니지만, 음부경이란 경전에 매우 비슷한 구절이 있다고 한다. 거기엔 '은생우해 해생우은(恩生于害 害生于恩)'으로 나와 있다고 한다. '어(於)'나 '우(于)'나 어조사로 되어 있으니 비슷한 뜻일 것으로 생각된다.

내가 아는 범위에서 직역한다면 '은혜가 해에서 생겨나고, 해가 은혜에서 생겨난다.' 쯤 될 것이다. 미리 첨언해 두고 싶은 말은, 깨달은 분들의 말씀은 결국 깨달은 이라야 온전히 이해할 수 있다.

다만 깨달은 이들의 입장에서 무언가 말이나 글로 표현한다는 것은, 깨닫지 못한 이들에게 어떻게라도 도움이 되게 하려는 간절한 뜻이 있을 것이다.

58

破廉恥(파렴치)

염치를 깨뜨리다.

ㄴ**글자 뜻** 破(깨뜨릴 파) 廉(청렴할 렴) 恥(부끄러울 치)
ㄴ**출전** 관자(管子), 목민(牧民)
ㄴ**의미·비유**
부끄러움을 부끄러움으로 알지 못하는 뻔뻔스런 행위

사건유래의 요약

나라에는 네 가지 강령(綱領)이 있다. 그 가운데 하나가 끊어지면 (나라가) 기울고, 두 가지가 끊어지면 위태로워지고, 세 가지가 끊어지면 뒤집어지고, 네 가지가 끊어지면 멸망한다.

기우는 것은 바로잡을 수 있고, 위태로운 것은 안정시킬 수 있으며, 뒤집어지는 것은 일으켜 세울 수 있지만, 멸망한 것은 다시 일으킬 수 없다. 무엇을 일러 네 가지 강령이라 하는가?

첫째는 예(禮), 둘째는 의(義), 셋째는 염(廉), 넷째는 치(恥)이다. 예(禮)란 절도(節度)를 넘지 않는 것이요, 의(義)란 스스로 나아가지 않는 것이며, 염(廉)이란 잘못을 은폐하지 않는 것이고 치(恥)란 그릇된 것을 따르지 않는 것이다.

그러므로 절도를 지키면 윗사람의 자리가 평안하고, 스스로 나아가지 않으면 백성들 사이에 교활함과 속임이 없고, 잘못을 은폐하지 않으면 행실이 저절로 온전해지고, 그릇된 것을 따르지 않으면 사악한 일이 일어나지 않는다.

이 이야기는 《관자(管子) 〈목민(牧民)〉》에 나오는데, '염치(廉恥)'란 청렴하고 부끄러움을 아는 것을 말한다. '파렴치'란 염치를 깨뜨리는 것으로, 잘못을 은폐하고 부끄러움을 모르는 것을 말한다. 이 사유(四維)에다 '효제충신(孝悌忠信)'의 네 덕목을 합친 것을 팔덕(八德)이라 한다.

유사성어

후안무치(厚顔無恥) **몰염치**(沒廉恥) **적반하장**(賊反荷杖)
주객전도(主客顚倒)

생활 속의 지혜

❶ 인간이기를 포기하지 않게 가르쳐라.

❷ 인간의 가치의 마지막 목표는 부끄러움을 아는 것이다.

❸ 어릴 때부터 가정에서부터 염치를 가르쳐서 습관이 되도록 교육.

보충자료

看面人皆人 察心人惑獸 人人人不人 莫以面皮究(간면인개인 찰심인혹수 인인인불인 막이면피구)

얼굴만 보면 다 사람 같은데 마음을 살펴보면 간혹 짐승인 사람도 있네. 사람, 사람마다, 사람답거나, 사람답지 않으니, 얼굴 겉모습으로만 판단하지 말기를…. — 임광택

청렴(淸廉)은 정치하는 이른바 위정자들에게 반드시 주입해야 할 덕목이다. 그리고 부끄러움은 인류가 지향하는 가치(價値)기준의 최고봉이기도 하다.

인류 최고의 스승인 공자는 정치를 논하면서 "(정치하는 자들이 백성들을) 인도하기를 법으로 하고, 가지런하기를 형벌로 하면, 백성들

이 형벌로 면할 수 있으나 부끄러워함은 없을 것이다.(道之以政 齊之以刑 民免而無恥 도지이정 제지이형 민면이무치)"라고 가르치고 있다.

政(정)은 춘추시대의 정치인들의 정치수법을 말한다. 겉으로 백성들을 잘 살게 하는 정책을 실시한다고 선전하고, 그 비용을 충당한다는 명목으로 많은 세금을 걷고 있다. 그리고 걷은 세금 대부분을 자신이 착복하고 나머지 돈으로 정책을 수행한 후, 일이 잘못될 경우는 정책을 담당한 실무자에게 그 책임을 돌리는 수법이다.

이러한 수법으로 정치를 하면 백성들은 납세의 부당함을 알기 때문에 수단과 방법을 가리지 않고 탈세를 하려고 하며, 정책이 수립될 때마다 손해를 보기 때문에 모든 정책에 반발하게 되어 혼란에 빠지게 된다.

이렇게 되면 정치하는 사람들은 형벌에만 걸리지 않는다면 탈세를 하는 등 자기욕심을 차리기 위하여 무슨 짓이든 하게 되고 설사 법에 저촉되어 형벌을 받게 되더라도 그 형벌이 정당하다고 생각하지 않으므로 수치스럽게 생각하지 아니한다. 심지어는 자랑스럽게 생각하기까지 할 것이다.

언젠가 산행을 하는데 오랜만에 만난 어르신이 질문을 하셨다. "이 세상에서 우리가 제일 많이 먹는 게 무엇일 것 같으냐?"라는 질문에 나는 "공기나 물이 아닐까요?"라고 망설임 없이 대답하였다. 그런데 그 어르신 말씀이 "우리가 살아가는데 제일 많이 먹는 것은 마음이다."라고 말씀하셨다.

우리는 하루에도 수도 없이 마음을 먹는데 사람들이 그 마음을 잘못 먹어서 병이 생기고 나쁜 기운이 세상에 가득 찬다는 것이다. 백번지당하신 말씀이다. 잘 먹고 잘 싸는 것이 도(道)라고 하였듯이 먹고 싸는 것만큼 소중한 것이 또 어디 있겠는가?

우리는 음식을 먹을 때 세상에서 좋고 깨끗한 것만을 골라서 먹는다. 수돗물을 믿지 못해서 생수를 시켜 먹고, 공기 또한 좋은 공기를 마시고자 공기 청정기를 사고, 심지어는 산소까지 돈으로 사서 마시기도 한다. 그러나 정작 우리가 가장 많이 먹는 마음이 얼마나 좋고 깨끗한지 생각해 보아야 한다.

우리가 날마다 수도 없이 먹는 마음! 이 마음을 좋은 것으로 먹는 것은 각자의 몫이다. 요즘 세상에서 내 의지대로 먹을 수 있는 유일한 것이 어쩌면 마음일 것이다. 그런데 그 마음 하나를 좋게 먹지 못해 잡다한 번뇌에서 벗어나지 못한다. 참 한심하고 답답한 노릇이다.

춘추시대 제(齊)나라 환공(桓公)을 보좌하여 최초의 패자(覇者)가 되게 한 관중(管仲)은 사유(四維)를 통하여 후세에게 큰 교훈을 남겼다.

사유란 예(禮), 의(義), 염(廉), 치(恥)이다. 예는 예절(禮節), 의는 법도(法度), 염은 청렴(淸廉), 치는 부끄러움이다.

사유는 본래 관중이 "백성은 먹고 입는 것이 넉넉해야 예의나 체면, 법 따위를 알게 된다하여 국가를 유지하는데 반드시 필요하다"고 했다.

이에 조선시대 실학자 성호(星湖) 이익(李瀷: 1681~1763)은 사유의 평가를 예가 끊어지면 기울어지고, 의가 끊어지면 위태하고, 염이 끊어지면 엎어지고, 치가 끊어지면 멸망하게 된다.

이에 예가 기울어지면 바로잡을 수 있고, 위태로움도 편안하게 만들 수 있고, 엎어진 것도 일으킬 수 있지만, 멸망하는 것은 회복 시킬 수 없다(禮節則傾, 義絶則危, 廉絶則覆, 恥絶則滅, 傾可使正, 危可使安, 覆可使起, 滅不可使復也 예절즉경, 의절즉위, 염절즉복, 치절즉멸, 경가사정, 위가사안, 복가사기, 멸불가사부야).

이어서 예란 모습으로 말하고, 의란 마음으로 말한 것이니 이는 몸가짐을 너무 방자하게 말라는 것이요 청렴하면 남의 것을 빼앗지 않고, 부끄러워하면 남을 두렵게 여기는 것이니 이는 해(害)가 남에게 미치지 않는다.

예모(禮貌)는 비록 없어진다 할지라도, 오히려 의심(義心)만은 있을 수 있고, 의심은 비록 버린다 할지라도 오히려 염결(廉潔)은 있을 수 있고, 염결은 비록 변한다할지라도, 오히려 수치(羞恥)는 있을 수 있다. 그러나 기탄없이 욕심을 부림에 이르러서는 당장 멸망을 볼 수 있다.

이것이 바로 차례차례로 따르게 되는 일인데 기울어지거나 위태롭거나 엎어지거나 하는 것은 서기지망(庶幾之望: 거의될 듯한 희망)이 있다.

혹 멸망하기 전에 고치기를 마치 사람의 심한 병환을 구함에 황급하고 민망히 여겨서 목숨이 끊어지지 전에 낫도록 하는 것처럼 해야 한다는 것이니, 그 뜻이 매우 절실하다. (성호사설 23권)

기업에게 있어, 예(禮)는 고객을 존중하고 그들에 대한 신의를 지키는 것이고, 의(義)는 시대의 변화를 이끄는 끝없는 도전이라 해도 좋을 듯하다. 고객의 신의와 변화에 대한 도전 없이 생존할 수 있는 기업은 없다.

그리고 염(廉)은 위기관리로 정의하여도 좋겠다. 모든 사람이 그러하듯 모든 기업도 사고와 잘못을 피할 수 없다.

최근 많은 기업들이 크고 작은 사고로 인해 위기를 겪었다. 하지만 그 위기를 헤쳐 나가는 방법은 모두 달랐다. 상황을 더 악화시킨 기업이 있는가 하면, 그 위기를 오히려 기회로 전환하여 기업 이미지를 더 바람직한 방향으로 증진시킨 기업도 있다.

끝으로 치(恥)는 부끄러움을 아는 것, 즉 기업의 윤리를 지키는 것이다. 기업의 본질이 이익의 추구임은 틀림이 없다. 하지만 기업이 사회적 책임을 도외시하고 이익에만 집중한다면, 결국 그 기업은 그 경영을 지속하지 못한다. 지속가능성을 보장해주는 것이 기업 윤리이다.

따라서, 이렇게 정리해본다.

"기업에는 네 가지 '벼리'가 있다. 이들을 기업의 '예의염치(禮義廉恥)'라 한다. 예(禮)는 고객을 존중하는 것이고, 의(義, 옳음)는 변화를 추구하여 도전하는 것이며, 염(廉, 바름)은 위기를 슬기롭게 관리하는 것이고, 치(恥, 부끄러움)는 윤리와 사회적 책임을 다하는 것이다."

59

閉月羞花(폐월수화)

달이 구름 속에 숨고, 꽃도 부끄러워 고개를 숙였다.

ㄴ **글자 뜻** 閉(닫을 폐) 月(달 월) 羞(부끄러울 수) 花(꽃 화)
ㄴ **출전** 삼국지(三國志) 당지(唐志)
ㄴ **의미·비유**
중국의 4대 미인으로 경국지색에 비유함 / 美人薄命

사건유래의 요약

폐월(閉月)은 후한(後漢) 삼국시대 초선(貂蟬)을 두고 이르는 말이다. 초선은 삼국지 초기에 나오는 인물로 한(漢)나라 대신(大臣) 왕윤(王允)의 양녀인데, 용모가 명월(明月) 같았을 뿐 아니라 노래와 춤에도 능했다.

어느 날 저녁에 화원에서 달을 보고 있을 때에 구름 한 조각이 달을 가렸다. 왕윤이 말하기를 "달도 내 딸에게는 비할 수가 없구나. 달이 부끄러워 구름 뒤로 숨었다."고 하였다. 이 때부터 초선은 폐월(閉月)이라고 불리게 되었다. 초선은 왕윤의 뜻을 따라 간신 동탁과 여포를 이간질 시키며 여포로 하여금 동탁을 죽게 만든 후 의로운 목숨을 거둔 여인이다.

중국의 4대 미녀 양귀비(楊貴妃)의 이름은 양옥환(楊玉環)으로 당 현종(唐 玄宗)에게 간택되어 현종의 며느리로 입궁을 한 후로 남편과 잘 지내고 있었으나 간신들의 꼬임에 빠져 며느리를 후궁으로 삼았다.

그런데 양귀비는 행복보다는 매일 같이 우울해 했다고 한다. 어느 날 양귀비가 화원에 가서 꽃을 감상하며 우울함을 달래다 무의식

중에 함수화(含羞花)를 건드리게 되었는데, 갑자기 함수화는 양옥환(楊貴妃)의 미모에 부끄러워 잎을 말아 올렸다고 한다. 그래서 당 현종이 그녀를 '꽃을 부끄럽게 하는 아름다움'에 찬탄하며 양귀비를 '절세가인(絶世佳人)'이라 칭했다고 한다.

양귀비는 가무에 능하고 미모가 출중해 17세에 당나라 현종의 18번째 아들의 비(妃)로 간택이 되었는데, 며느리가 절세미인인 것을 알고 아들의 여자를 빼앗아 태진궁에 머물면서 매일 사랑을 나누었다고 한다.

풍만하고 요염한 양귀비는 현종의 사랑을 받기 위해서 매일 새로운 화장법을 개발하였다고 하는데 현종은 양귀비를 자신의 말을 이해하는 꽃 해어화(解語花)라고 불렀다고 한다.

당 현종은 양귀비에게 푹 빠져 사치를 일삼고 그녀의 친인척을 고관으로 발탁해 권력을 장악하게 하였는데 결국 백성들은 도탄에 빠지고 안녹산의 모반까지 일어나면서 중국 고대의 4대 미녀 양귀비는 비참한 최후를 맞이하였고 당나라는 쇠퇴의 길로 접어들었고 수년 후 결국 망하고 말았다.

유사성어

명모호치(明眸皓齒) **경국지색**(傾國之色) **화용월태**(花容月態)
단순호치(丹脣皓齒)

생활 속의 지혜

❶ 사람을 외모로서 평가하면 재앙일 수도 있다.
❷ 사람은 미모를 가꾸는 것도 중요하지만 인격을 수양함이 올바른 도리임을 명심해야 한다.
❸ 미인에 빠진 군주는 항상 나라까지 망하게 한다.

보충자료

인간은 아름다움(美)을 위해 존재하며, 미(美)를 추구하기 위해 온갖 노력을 기울인다. 심지어는 가정이 무너지고 나라가 멸망하는 것조차 잊어버리고 미인에 빠져 헤어나지 못하는 군주들은 역사를 통해 널리 회자(膾炙)되고 있다.

삼국지의 주인공 중의 한 사람인 조조(曹操)의 아들 조식(曹植)이 지었다는 낙신부(落神賦)의 일부를 소개하고자 한다.

목덜미는 길고 갸름하며 (延頸秀項)
흰 살결을 드러내고 있다 (皓質呈露)
향기로운 연지를 바르지도 않고 (芳澤無加)
분도 바르지 않았다 (鉛華弗御)
머리는 구름처럼 높게 틀어 올리고 (雲髻峨峨)
눈썹은 길고 가늘어 아름다운데 (修眉聯娟)
빨간 입술은 선연하게 눈길을 끌고 (丹脣外朗)
하얀 이는 입술 사이에서 빛난다 (皓齒內鮮)
맑은 눈동자로 살짝 눈웃음을 치는데 (明眸善睞)
보조개가 턱 선을 잇는구나 (靨輔承權)
아름다운 자태는 요염하기 이를 데 없고 (瑰姿艷逸)
거동은 고요하면서도 여유롭다네 (儀靜體閑)

"엷은 구름에 쌓인 달처럼 아련하고 흐르는 바람에 눈이 날리듯 가뿐하다." 폐월(閉月)은 여기에서 비롯되었다.

또한 "어깨선은 깎은 듯 매끄럽고 허리에는 흰 비단을 두른 것 같다. 목덜미는 길고 갸름하며 흰 살결을 드러내고 있다. 향기로운 연지를 바르지도 않고 분도 바르지 않았다. 머리는 구름처럼 높게 틀어 올리고 눈썹은 길고 가늘어 아름다운데 빨간 입술은 선연하게 눈길을 끌고 하얀 이는 입술 사이에서 빛난다. 맑은 눈동자로 살짝 눈웃음을 치는데 보조개가 턱 선을 잇는구나." 여기서 명모(明眸)란 시원스럽고 맑은 것, 호치(皓齒)는 하얗고 아름다운 이를 말한다. '명모호치(明眸皓齒)'는 미인의 조건이 되었다.

나중 시인들은 이 말을 빌려 미인을 뜻 할 때 명모호치 또는 폐월수화(閉月羞花)라고 노래했다.

동양에서 일컫는 미인의 조건을 상기해 보자.

중국의 미인 조건은 10가지 조건을 제시한다.

첫째, 烏髮蟬嬪(오발선빈: 머리 빛이 검고 매미날개처럼 쪽진 두 갈래 머리)으로부터 열 번째 股香佩薰(고향패훈: 향기를 내는 주머니를 찬 것 같은 피부에서 향기가 있는 사람)까지로 머리부터 발끝까지 두루 미인의 조건을 제시한다.

우리나라에서도 10가지 조건을 제시하고 있는데 곧 백(白), 흑(黑), 홍(紅), 장(長), 단(短), 광(廣), 협(狹), 태(態), 세(細), 소(小)로 분리하되 분리된 조건 당 세 가지씩이니 총 30가지를 제시한 셈이다.

즉 삼백(三白: 살결, 치아, 손은 하얀색이라야 하고) 삼흑(三黑: 눈동자, 머릿결, 눈썹은 칠흑같이 검어야 한다.)으로 예를 들을 수가 있다.

여하튼 미인은 남자를 즐겁게 하는 마력(魔力)이 있는 반면에 여자에게는 질투의 대상이 되기도 하기 때문에 항상 사건이 발생하며 망국에까지 이르게 됨을 역사를 통해 알 수 있다.

60

解弦更張(해현경장)

거문고 줄을 풀고 다시 고쳐 매다.

ㄴ**글자 뜻** 解(풀 해) 弦(시위 현) 更(고칠 경) 張(베풀/펼칠 장)
ㄴ**출전** 한서(漢書) 동중서전(董仲舒傳)
ㄴ**의미·비유**
느슨한 분위기를 고쳐 긴장하도록 만들거나 사회적, 정치적으로 제도를 개혁하는 것을 말함.

사건유래의 요약

한(漢)나라 사람 동중서(董仲舒)는 젊은 시절부터 《춘추(春秋)》를 공부하여 효경제(孝景帝) 때에 박사(博士)로 임명되었다. 동중서는 채소밭이 있었지만 3년 동안이나 돌보지 않았을 정도로 학문에 정진했다. 벼슬길에 나아가고 물러나는 것에 대한 선택, 몸가짐과 행동거지에 예가 아니면 행동하지 않는 그를 선비들은 모두 스승으로 존경했다. 무제(武帝)가 즉위하자 현량(賢良)과 문학(文學)으로 천거된 선비가 백 명을 헤아렸는데, 동중서도 현량의 자격으로 천자(天子)의 책문(策問)에 응했다.

어느 날 무제가 동중서에게 국사에 대해 묻자 동중서가 대답했다.

"지금 한나라는 진(秦)나라의 뒤를 계승하여 썩은 나무와 같고 똥으로 덮인 담장과 같은 지경이니, 아무리 이 나라를 잘 다스리려고 하더라도 어떻게 해 볼 방법이 없습니다. 법이 나오면 간사한 짓이 발생하고, 명령을 내리면 속임수가 일어나서 마치 뜨거운 물로 끓는 것을 그치게 하는 것과 같고, 땔감을 안고서 불을 끄려고 하는 것과 같아서 힘을 들이면 들일수록 무익할 뿐입니다. 비유하자면 거문고의 소리가 맞지 않으면 심한 경우에는 반드시 줄을 풀어서 새롭게 매어야만 연주가 가능한 것과 같습니다. (이와 마찬가지로)정치를 해도 제대로 시행되지 않으면 심한 경우에는 반드시 법을 바꾸어 개혁함으로써 교화를 베풀어야 다스려지는 것입니다. 새롭게 줄을 매어야 할 때 새롭게 매지 않는다면 아무리 훌륭한 악사(樂師)가 있다 하더라도 연주를 잘할 수가 없듯이, 개혁해야 할 때 개혁하지 않는다면 아무리 위대한 현인이 나타난다 하더라도 나라를 잘 통치할 수가 없을 것입니다. 그러므로 한나라가 천하를 차지한 이래로 나라를 잘 다스리려고 했음에도 불구하고 지금껏 잘 다스릴 수 없었던 것은 개혁해야 할 때를 잃고 개혁하지 않았기 때문입니다."

유사성어

개현경장(改弦更張) **개현역장**(改弦易張) **일장일이**(一張一弛)
파사현정(破邪顯正)

생활 속의 지혜

❶ 낡고 묵은 생각이나 제도는 과감히 고쳐야 함.
❷ 아름답고 새로운 환경은 즉시 받아들여 자기 것이 되도록 해야 함.
❸ 조직의 리더나 위정자들 사익보다는 공익을 우선해야 함.

보충자료

纏以舊染 繞以俗見 展轉相仍 習與性成(전이구염 요이속견 전전상잉 습여성성)

해묵은 관습과 세속의 견해에 얽매여 계속해서 영향을 받아 습성이 이루어진다. — 한성민(漢聖民)

연세가 지긋한 노인이 값이 비싸 보이는 도자기를 들고 조심스럽게 길을 가고 있었다. 길을 지나가는 사람들이 그 도자기를 보고 아름다움에 놀라 모두 감탄했다.

그런데 길을 조심스럽게 가던 노인이 그만 돌부리에 걸려 몸을 휘청거리다가길바닥에 넘어지고 말았다. 그 바람에 들고 있던 귀한 도자기가 땅에 떨어져 산산조각이 나고 말았다.

지나가던 사람들은 안타까운 눈빛으로 노인을 바라보았다. 그러나 노인은 담담한 표정으로 툭툭 털며 자리에서 일어났다. 그리고 깨진 도자기 조각들을 조심스럽게 치우더니 아무 일도 없었다는 듯 다시 길을 갔다.

이 모습을 본 한 젊은이가 노인에게 다가가 물었다.

"어르신, 제가 보기에 상당히 값 나가는 도자기인 것 같은데, 그 보물 같은 귀한 것을 깨트리고 어찌 뒤도 안 돌아보고 담담하게 가실 수 있습니까?"

그러자 노인은 허허 웃으며 말했다.

"이미 깨진 도자기를 보고 아무리 후회한들 그 무슨 소용이 있겠소? 뒤늦게 후회하느니 차라리 앞을 잘 보고 조심하며 걸어가는 것이 더 낫지 않겠나."

공자는 "이미 끝난 일을 말하여 무엇 하며, 이미 지나간 일을 비난하여 무엇 하리.(成事不說遂事不諫 旣往不咎 / 성사불설수사불간 기왕불구)"라고 말했다.

우리는 후회 없는 일만 하며 살아갈 수는 없다. 다만 그 후회를 교훈으로 삼고 착실하게 앞을 보며 걸어가는 것이 중요하다. 삶은 뒤를 보는 게 아니라 앞을 보며 달려가는 긴 여정이기 때문이다. 흘러간 물로는 결코 물레방아를 돌릴 수 없다. 손에 쟁기를 잡고 뒤를 돌아보지 말라. 오직 앞으로 앞으로 나아가라.

장상현의

故事成語

❷

장상현의 故事成語 ❷

장상현 편저

발 행 일 | 2020년 07월 24일
지 은 이 | 장상현
발 행 인 | 李憲錫
발 행 처 | 오늘의문학사
출판등록 | 제55호(1993년 6월 23일)
주　　소 | 대전광역시 동구 대전로867번길 52(한밭오피스텔 401호)
전화번호 | (042)624-2980
팩시밀리 | (042)628-2983
전자우편 | hs2980@hanmail.net
카　　페 | cafe.daum.net/gljang(문학사랑 글짱들)
cafe.daum.net/art-i-ma(월간 충청예술문화)

공 급 처 | 한국출판협동조합
주문전화 | (02)716-5616
팩시밀리 | (02)716-2999

ISBN 979-11-6493-065-4 (03810)
값 20,000원

* 이 책은 ㈜교보문고에서 eBook(전자책)으로 제작하여 판매합니다.
* 잘못 제작된 책은 바꾸어 드립니다.